Papel certificado por el Forest Stewardship Council®

Primera edición: enero de 2025

© 2025, María Esclapez
© 2025, Penguin Random House Grupo Editorial, S. A. U.
Travessera de Gràcia, 47-49. 08021 Barcelona
Imágenes de interior: iStock

Penguin Random House Grupo Editorial apoya la protección de la propiedad intelectual. La propiedad intelectual estimula la creatividad, defiende la diversidad en el ámbito de las ideas y el conocimiento, promueve la libre expresión y favorece una cultura viva. Gracias por comprar una edición autorizada de este libro y por respetar las leyes de propiedad intelectual al no reproducir ni distribuir ninguna parte de esta obra por ningún medio sin permiso. Al hacerlo está respaldando a los autores y permitiendo que PRHGE continúe publicando libros para todos los lectores. De conformidad con lo dispuesto en el artículo 67.3 del Real Decreto Ley 24/2021, de 2 de noviembre, PRHGE se reserva expresamente los derechos de reproducción y de uso de esta obra y de todos sus elementos mediante medios de lectura mecánica y otros medios adecuados a tal fin. Diríjase a CEDRO (Centro Español de Derechos Reprográficos, http://www.cedro.org) si necesita reproducir algún fragmento de esta obra.

Printed in Spain – Impreso en España

ISBN: 978-84-02-43031-1
Depósito legal: B-19.338-2024

Compuesto en Comptex & Ass., S. L.

Impreso en Gómez Aparicio, S. L.
Casarrubuelos (Madrid)

BG 3 0 3 1 1

MARÍA ESCLAPEZ

Tu miedo es tu PODER

**AFRONTA TUS MIEDOS
Y TRANSFORMA TU VIDA**

BRUGUERA

INTRODUCCIÓN

¿Quién no ha tenido miedo alguna vez en su vida? Miedo a ser rechazado, a cometer errores, a que pasen cosas malas, al fracaso, al éxito, a no ser suficiente, a la soledad, al abandono, al sufrimiento, a perder a alguien a quien quieres mucho, a volverse loco, a tomar decisiones, a las enfermedades, a la muerte, a conducir, a aburrirse, a la incertidumbre, a salir de casa, miedo al miedo… Hay tantos que la lista es interminable.

El miedo es la emoción que surge cuando el cerebro procesa que estamos ante una amenaza real o imaginaria. Es la manera que tiene nuestra mente de avisarnos de que no estamos a salvo; la sensación de alerta que nos prepara para enfrentar o evitar la situación que lo provoca. Sin miedo iríamos por la vida sin consciencia real del peligro de las cosas. El miedo, por lo tanto, es algo más que una simple emoción: es una herramienta útil, funcional y adaptativa que nos protege y nos mantiene a salvo. Llega, cumple con su propósito y se va.

Se va.

Se supone que se va.

¿Qué pasa cuando no lo hace? ¿Qué pasa cuando se queda y echa raíces en nuestra mente, robándonos la tranquilidad y convirtiendo cada instante de nuestra vida en una batalla? Cuando el miedo deja de ser útil, se transforma en una cárcel y aparece la ansiedad, uno de sus mil rostros.

El miedo surge en múltiples ámbitos de la vida, se disfraza, se filtra en nuestros pensamientos, se camufla en nuestra mente y, en ocasiones, tal vez más de las que desearíamos, se instala en nuestro pecho. No entiende de edades, clases sociales, sexos ni profesiones. El miedo nos hace sentir vulnerables. Tener miedo nos da vergüenza. Sentimos que debemos ocultarlo, cuando, en realidad, compartirlo, muchas veces, nos hace sentir más ligeros. No importa cuántas veces lo hayas enfrentado, ni cuán seguro de ti mismo creas estar, cuando aparece y se instala, arrasa. Te sientes la cosa más pequeña del planeta y lo peor de todo es que sabes que, aunque lo rechaces, aunque intentes evitarlo y apartarlo de tu vida, siempre está ahí, esperando el momento.

Cuando echo la vista atrás y recuerdo los momentos más desagradables de mi vida, me doy cuenta de que el miedo y la angustia también estaban ahí, conmigo. Algunos de esos momentos eran reales, sin embargo, otros no eran más que escenarios que solo ocurrían en mi mente. ¿Cuántas situaciones catastróficas has visualizado en tu mente y al final no han sucedido? Yo caía una y otra vez en las trampas del miedo sin darme cuenta de que me pasaba la mitad de la vida sufriendo por cosas que nunca iban a pasar.

La mitad de la vida.

Se dice pronto, pero se sufre lento.

Sabes de qué hablo, ¿verdad? De repente tu vida es como esa pesadilla en la que corres con todas tus fuerzas y nunca consigues moverte del sitio, o esa en la que tienes que marcar un número de teléfono para pedir ayuda, pero tus dedos parecen gelatina y nunca puedes contactar con nadie.

Te sientes la persona más vulnerable del mundo, llena de dudas e incertidumbres.

Caes en un pozo del que es muy difícil salir porque, cada vez que lo intentas, esos malditos pensamientos catastróficos y autodestructivos te atrapan y te hunden más y más.

Qué difícil es abordar todo eso cuando estás dentro de esa vorágine. Qué difícil es salir de ese bucle de anticipación, temor, autoexigencia y culpa. Qué difícil es luchar contra esos pensamientos intrusivos que te acorralan una y otra vez. Qué difícil es ser tu peor enemigo y que tu cabeza no ponga de su parte. Qué difícil es darte cuenta de que estás atrapado, querer salir y no poder.

Asociamos mucho el miedo a las fobias o a algún trauma o problema infantil, y en cambio es el origen de la gran mayoría de nuestros males.

Ruido mental, preocupaciones, rumiaciones, necesidad de controlarlo todo, pensamientos automáticos, obsesiones, culpa, problemas físicos que parecen no tener una causa clara o dificultades para conectar con los demás. Todos parecen problemas diferentes, pero todos tienen una causa común: el miedo. Cuando algo nos remueve, el miedo nos acompaña. ¡Y menudo compañero de viaje!

En este libro no encontrarás nada que tenga que ver con hacer desaparecer el miedo, algo que todos hemos deseado conseguir en algún momento. Aquí aprenderás a trazar una línea entre lo funcional y el sufrimiento. Comprenderás cómo funciona el miedo, por qué se instala en ti, de dónde vienen muchos de tus miedos y qué puedes hacer para manejarlos; y lo más importante: cómo puedes cultivar la seguridad dentro de ti para que, pase lo que pase, el miedo no te haga sentir desbordado. Descubrirás una recopilación de recursos para trabajar esta emoción y sus múltiples formas, pero también iniciarás la búsqueda de la seguridad en las relaciones contigo mismo y los demás. Porque calmar el miedo está bien, pero entenderlo, saber qué te enseña y sentir que, pase lo que pase, siempre tendrás una tabla de madera en la que flotar en medio del océano es aún mejor.

Quiero que emprendas un viaje hasta lo más profundo de ti mismo, donde comprobarás que el miedo, aunque incomoda, tiene mucho que decirte. ¿Qué pasaría si, en lugar de huir, te detuvieras a observarlo de cerca? ¿Qué pasaría si pudieras mirarlo a los ojos y entenderlo? ¿O si pudieras escuchar lo que intenta decirte cada vez que asoma? ¿Y si lo aceptaras de manera radical? Dejarías de ver el miedo como tu enemigo y se podría convertir en una oportunidad: de conocerte, de mejorar, de vivir con seguridad.

Estás a punto de empezar un recorrido hacia lo desconocido, una excursión por el laberinto que todos llevamos dentro.

¿Te has preguntado en alguna ocasión cuándo fue la primera vez que sentiste miedo? ¿Qué hiciste con él? ¿Lo ignoraste? ¿Lo enfrentaste? ¿O te dejaste atrapar? A lo largo de estas páginas, te zambullirás de lleno en la introspección y navegarás por tus recuerdos, para que esto no sea solo un paseo, sino un proceso transformador de verdad.

En cada capítulo, exploraremos distintas facetas del miedo. Veremos cómo se manifiesta y cómo cambia según las cosas que nos van pasando. Aprenderemos a reconocer sus señales, a identificar sus trampas, a estudiar sus orígenes, a salir de los bucles, a desgranar sus mecanismos y a hackearlo (esto suena bien, ¿verdad?).

Te hablaré, desde la ciencia y el cariño de mi experiencia, de:

- Cómo procesamos la información.
- Cómo funcionan el cuerpo y la mente cuando sentimos miedo.
- El miedo irracional.
- El origen del miedo.
- El miedo a que te pasen cosas buenas por el miedo a perderlas.
- La incapacidad de disfrutar de las cosas buenas que te pasan.
- Por qué, aunque sepas que un peligro no es real, igualmente sientes miedo.

- Por qué solo te fijas en lo malo.
- Cómo focalizar la mente para que no sientas que ella va más rápido que tú.
- El miedo a ser improductivo.
- El miedo a cometer errores.
- El miedo a aburrirte.
- La culpa.
- Sueños y pesadillas que se repiten.
- Higiene del sueño.
- Las trampas de la mente (sesgos y distorsiones cognitivas).
- Pensamientos automáticos.
- Pensamientos intrusivos.
- El secuestro amigdalar.
- Preocupaciones.
- Rumiaciones.
- Cómo salir del bucle mental.
- La necesidad de control.
- El humor como estrategia.
- La aceptación radical del miedo.
- El miedo y la seguridad en las relaciones con uno mismo y con los demás.
- El miedo al abandono.
- El miedo a no ser suficiente.
- El miedo a que nos hagan daño.
- El miedo a la soledad.
- El miedo al miedo.
- La relación que existe entre el miedo y la ira.
- Cómo manejar el miedo y la ira en nuestros conflictos con los demás.
- Cómo acompañar a las personas que nos rodean en la gestión del miedo y la ira.

He volcado en estas páginas años y años de trabajo e investigación, así que te acompañaré con todo lo que sé y todo lo que soy.

No es un camino fácil, pero sí es uno necesario.

¿Estás listo?

Tras leer este libro, no volverás a ver el miedo de la misma manera.

NOTAS IMPORTANTES

Es posible que leer lo que hay escrito en estas páginas te remueva, así que tómate un descanso cuando lo necesites. Respira profundamente y sigue cuando estés preparado. Durante la lectura, puede suceder que te des cuenta de que necesitas responder a más cuestiones de las que se proponen, así como trabajar en ti mismo; si es así, no lo dudes y recurre a un profesional. Este libro recoge muchos conocimientos sobre el miedo y unas técnicas muy valiosas para trabajar los vínculos con los demás y con uno mismo, pero recuerda que no es terapia y no sustituye un servicio médico o psicológico.

Ve a tu ritmo, pero lee con calma y no tengas prisa; necesitarás interiorizar toda la información que irás encontrando.

El orden de los capítulos está pensado para que se lean uno detrás de otro, así que te recomiendo que no te saltes ninguno. Además, conforme vayas avanzando en la lectura te darás cuenta de que hay explicaciones y herramientas de capítulos anteriores que se recuperan más adelante para dotarlos de un sentido más exacto.

Sobre los sucesos descritos en este libro

En este libro encontrarás descritas vivencias personales estrictamente reales de la propia autora.

Por otra parte, también podrás leer testimonios basados en hechos reales de sus pacientes. Estos últimos están ligera y moderadamente modificados con la intención de salvaguardar y respetar la identidad e intimidad de las personas implicadas.

Todos los nombres utilizados en la narración son ficticios, por lo que cualquier parecido con la realidad que el lector pueda encontrar es fruto de la casualidad.

Sobre la gramática

En el libro se usa el género masculino para facilitar su lectura pero este libro va dedicado a cualquier persona que desee y necesite leerlo, independientemente de su identidad y expresión de género.

Nota de la autora sobre el contenido

Siempre que hablo de conceptos neurobiológicos tienes que tener en cuenta que, cuando menciono partes del cerebro y describo sus procesos, lo hago desde una visión pedagógica sencilla para que todo el mundo, sea experto en el tema o no, pueda comprender cómo trabaja su cerebro. El funcionamiento de cada elemento hay que entenderlo como parte de un entramado más complejo, coordinado y sistémico. Hable de la parte del cerebro que hable, tenemos que saber que jamás funciona de manera simple y aislada. Este no es un libro en el que vayas a encontrar explicaciones neurocientíficas exhaustivas y complejas; al contrario, intento hacer fácil lo difícil para que el conocimiento no solo esté al alcance de unos pocos. Mi objetivo es aportar claridad en temas de salud mental del día a día y ayudar a la gente a que se entienda un poquito más, no a que se haga más lío. Si además eres psicólogo y necesitas esquemas o explicaciones sencillas para tus pacientes, esta obra también te puede servir. A lo largo de los diferentes capítulos encontrarás modelos, metáforas y ejemplos que, aunque puede que para algunos resulten reduccionistas, son fáciles de entender. Cuando hablamos de medicina, sabemos que el hígado, los riñones o el estómago son órganos que no funcionan de manera aislada en el cuerpo; con el cerebro pasa lo mismo. En mi libro *Tú eres tu lugar seguro*, por ejemplo, hablaba de la teoría de los tres cerebros de MacLean. Esta teoría, que volveremos a repasar brevemente, es el perfecto ejemplo de lo que te estoy diciendo: no es del todo exacta, pero nos ayuda muchísimo a comprender cómo funcionan las cosas en el interior de nuestra cabeza sin entrar en racionamientos de nivel experto.

1
CÓMO FUNCIONA EL MIEDO

El conocimiento es poder, así que, para tener poder sobre el miedo, tenemos que conocerlo.

Qué es el miedo

El **miedo** es una emoción básica cuya función está directamente relacionada con la supervivencia.

A lo largo de la historia de la humanidad, el miedo ha sido una respuesta adaptativa que nos ha permitido reaccionar ante amenazas y peligros del entorno, lo cual quiere decir que es una emoción útil y que tiene un objetivo: **protegernos**. Gracias a esta emoción podemos activarnos y poner en marcha otras respuestas del organismo. Sin miedo, las personas seríamos más propensas a exponernos a situaciones peligrosas. Por ejemplo, si estoy cerca de un gran acantilado y siento miedo, puedo protegerme de caer al vacío intentando no acercarme mucho al borde; sin embargo, si no siento miedo, mi conducta no será tan prudente y puede que termine cayendo.

El miedo nos permite reaccionar ante cosas que podrían hacernos daño.

El miedo suele ser temporal y desaparece cuando se elimina la amenaza o el peligro.

Si esto es así, ¿cómo es posible, entonces, que pueda llegar a ser una de las emociones más incapacitantes? Resulta que el miedo aparece cuando realmente estamos ante un peligro, pero también cuando creemos que algo puede ser un peligro; es decir, **podemos tener miedo a peligros reales y a peligros imaginarios**. Esta máxima explicaría que sintamos miedo ante lo que ocurre en el momento, pero también ante situaciones de incertidumbre en las que, aunque no esté sucediendo nada ahora mismo, la mera posibilidad de que algo que tememos llegue a pasar puede activar la emoción.

Imagínate, estás en tu casa solo y tranquilo. De repente escuchas un ruido y te pones en alerta. Aún no sabes la procedencia de ese ruido, pero tu mente ya baraja diferentes hipótesis, que van desde que pueda tratarse de un crujido de la madera del armario que tienes en el cuarto hasta la increíble, pero no del todo improbable, posibilidad de que un asesino en serie haya trepado por la fachada de tu casa cual Spiderman y se haya colado por la ventana. Bueno, y eso si no estás viendo una peli de miedo, porque, de ser así, la opción del fantasma demoniaco que ha decidido pasar la tarde en tu casa también podría ser viable. Sin aún confirmar nada, tu cuerpo elegirá qué hipótesis es «la correcta» y reaccionará automáticamente a ella como si fuese real.

Es importante aclarar que, ante un mismo estímulo, las personas podemos reaccionar de diferente manera según nuestra historia personal, nuestra sensibilidad (cuanto más percibes y más sientes, más posibilidades de elucubrar con el miedo) y otros factores importantes que puedan estar influyendo en nosotros (estrés, situación familiar, medicación, enfermedades, etc.). Esto quiere decir que, ante ese mismo ruido, habrá personas que escojan como opción «correcta» el crujir de la madera del armario y otras que crean firmemente que la opción «correcta» es la del fantasma o el asesino en serie, por muy irracional que suene.

Las personas, a diferencia del resto de los animales, tenemos unas estructuras corticales muy desarrolladas que facilitan el lenguaje y permiten la reflexión y el pensamiento, lo que explica por qué podemos reaccionar ante cosas que solo están ocurriendo en nuestra imaginación (y que pueden ser igual o más descabelladas que la hipótesis del ladrón o la del fantasma).

> Aunque no es lo mismo enfrentarnos a un problema que imaginar que nos enfrentamos a un problema, el cerebro lo procesa como si fuera lo mismo debido al desarrollo de las áreas corticales (relacionadas con el lenguaje, la reflexión y el pensamiento).

La incertidumbre es uno de los muchos camuflajes que usa el miedo y, en mi opinión, es el peor. La sensación de no saber qué va a pasar puede llegar a absorberte como un vórtice absorbería un barco en alta mar, y fíjate si es fuerte que la mayoría de los casos que vemos en las consultas de psicología y psiquiatría tiene su origen en este miedo. La pregunta es: ¿por qué?

Te voy a narrar la sensación con una alegoría. No seré yo Edgar Allan Poe, pero lo voy a intentar. Vamos a sumergirnos en la terrorífica atmósfera de la incertidumbre.

Si tuviera que describir de manera alegórica la incertidumbre, diría que es como caminar por un sendero oscuro en el que no ves absolutamente nada; no sabes qué hay más adelante, no sabes qué te encontrarás al final del camino, pero ahí estás, observando la oscuridad, que no solo oculta el paisaje, sino que también distorsiona tu percepción. Las sombras te hacen ver peligros donde no los hay (como cuando por el día dejas un montón de ropa encima de la silla del escritorio y por la noche ese montón se convierte en alguien sentado observándote). Unas veces te apetece abandonar el camino, y otras, correr sin rumbo y a lo loco, esperando que la velocidad te ayude a llegar antes a la meta. Pero esto no es un videojuego, esto es el sendero de la vida y, por desgracia, por mucho que quieras correr, las cosas pasarán cuando tengan que pasar.

El aprendizaje que podemos sacar de esta alegoría sobre el miedo como incertidumbre es que debemos saber cómo iluminar el camino mientras bailamos con las sombras. Estas intentarán susurrarte todos los peligros que podrías encontrar en tus siguientes pasos (tropezar con una piedra, caer en una trampa, perderte…) y, al hacerlo, también te ayudarán a mantenerte en alerta para lo que pueda venir. Así es el miedo: a la par que te resulta una carga, te protege. Tan ambiguo como él solo. Con cada paso, las piedras del camino se iluminan; solo cuando avanzas, puedes ver mejor qué hay en él, no antes. No, tampoco podrás adivinarlo por mil cábalas que hagas. Recuerda que estás en el camino del miedo. Da igual las vueltas que le des en tu cabeza, con quién hables o cuántas veces decidas repasar tus planes A, B, C, D, E, F… Hasta que no avances no podrás saber qué hay ahí.

Diferencias entre miedo, estrés y ansiedad

El miedo, el estrés y la ansiedad no son entidades aisladas y, en muchas ocasiones, interactúan entre sí. Como sé que puede que te surjan dudas sobre estos conceptos, aunque es complicado delimitar cada uno de ellos porque se solapan en algunos aspectos, voy a intentar explicarlos para que los tengas lo más claros posible.

- **Miedo:** es la emoción que surge ante una amenaza real o imaginaria específica. Tiene la función de proteger al individuo y se caracteriza por una reacción de «lucha o huida» que prepara al cuerpo para responder rápidamente. El miedo es una emoción adaptativa, excepto si aparece con demasiada frecuencia y dificulta la vida de la persona.
- **Estrés:** es la respuesta fisiológica y emocional ante una demanda o desafío. Aunque, por lo general, lo asociamos a algo negativo, existe el estrés positivo (eustrés). Aparece con la intención de desplegar recursos que nos ayuden a motivarnos, activarnos y atender una situación concreta (entregar un trabajo de la universidad, cumplir plazos con los pagos pendientes, llegar puntual a la oficina tras haberte despistado un poco con la hora, llevar a los niños al colegio a tiempo, etc.). Sin embargo, también puede darse el que ya conocemos de sobra, el negativo (distrés), cuando esa activación persiste a largo plazo y se vuelve crónica. El eustrés tiene una función adaptativa, mientras que el distrés afecta a la salud física y mental.
- **Ansiedad:** es el conjunto de reacciones fisiológicas, emocionales (miedo, desasosiego o inquietud) y conductuales que tienen lugar ante situaciones menos específicas que aquellas que activan el miedo. Puede surgir por la preocupa-

ción de eventos futuros y por la rumiación sobre experiencias pasadas negativas, aunque también puede ser más difusa y no tener una causa aparente. La capacidad de experimentar ansiedad también se considera un mecanismo adaptativo de la especie humana, sin embargo, si se convierte en un estado prolongado que afecta al individuo en cualquiera de sus áreas vitales, puede requerir intervención profesional.

La comprensión total del miedo requiere reconocer el papel que desempeñan la ansiedad y el estrés. En este libro te hablaré principalmente del miedo, pero no olvides que este siempre tiene presencia en los otros dos fenómenos, dado que están interrelacionados y pueden manifestarse a la vez en situaciones similares. Quiero que tengas en cuenta que, cada vez que te hable de miedo, te estaré hablando de procesos que también aparecen cuando sentimos ansiedad y estrés. Así que te pido que no los pierdas de vista y que intentes tenerlos presentes en cada explicación (por mi parte, yo procuraré nombrarlos cuando considere que tengan protagonismo en lo que te esté contando).

El procesamiento de la información

¿Por qué ante unos estímulos reaccionamos como si nada y ante otros nos alteramos? O lo que es lo mismo, ¿cómo procesa nuestra mente la información y cómo afecta ese procesamiento a la respuesta que da nuestro organismo?

Te lo contaré de manera fácil y sencilla.

En psicología utilizamos el **esquema E-O-R** para hablar del fenómeno del procesamiento.

La E equivale a estímulo. Un estímulo es cualquier cosa

que pueda ser procesable, venga del exterior o de nuestro interior. Estímulos externos pueden ser, por ejemplo, un olor, un sabor, un sonido, un color... Y de estímulos internos tenemos muchos también. Para que te hagas una idea de por dónde voy, un recuerdo o un pensamiento intrusivo son ejemplos de estímulos internos, porque no vienen de fuera, sino que surgen de nuestro interior.

La O equivale a organismo. La palabra «organismo» se refiere a cualquier receptor u órgano que sea capaz de descifrar el estímulo, procesar la información y elaborar una respuesta. En este caso, podemos incluir dentro de la O a nuestros cinco sentidos y a nuestro cerebro. Los cinco sentidos se encargan de recibir el estímulo y transmitirlo hasta el centro de procesamiento por excelencia: el cerebro; este es el que se encarga de elaborar una respuesta (lo que nos lleva a explicar la R).

La R equivale a respuesta. La respuesta es lo que surge tras procesar la información.

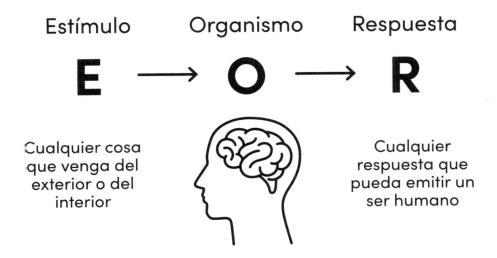

Con el ejemplo que voy a poner a continuación lo verás superclaro:

(E) ESTÍMULO EXTERNO
Veo a la que fue hace años una de mis mejores amigas.

(O) ORGANISMO
- Mis ojos visualizan la imagen de mi amiga y la mandan a mi cerebro.
- Mi cerebro recibe esa imagen, la procesa y la relaciona con información previa recopilada sobre mi amiga (las tardes de risas, los dramas por teléfono, las noches de fiesta, los cafés en el parque...). La reconoce y manda una señal a la parte del cuerpo que se encargará de emitir una respuesta.

(R) RESPUESTA
El cerebro manda varias órdenes:
- A mis sistemas nervioso y endocrino, les manda la orden de generar una serie de sustancias relacionadas con la sorpresa y la felicidad que hacen que sienta que el corazón me da un vuelco.
- A mis pensamientos, les manda la orden de responder internamente con un: «¡Ey, esta chica fue mi mejor amiga! La sigo queriendo mucho, le daré un abrazo».

- A mis labios les envía la orden de sonreír y a mis brazos la de extenderse con la intención de abrazar a mi amiga.

Vamos a adentrarnos en más detalles interesantes sobre la R. Los seres humanos tenemos **cuatro sistemas de respuesta**:

- **FISIOLÓGICO:** hace referencia a la reacción o cambio que ocurre en el cuerpo tras un estímulo. La herramienta fisiológica de nuestro cuerpo para enfrentar un peligro, demanda o desafío es el **estrés**. Generamos estrés cuando necesitamos estar activados a nivel fisiológico para responder ante algo que puede hacernos daño. La respuesta fisiológica está directamente relacionada con nuestro sistema nervioso autónomo (SNA).

    Ejemplos: aumento de la frecuencia cardiaca, producción de sudor, liberación de hormonas (como la liberación de cortisol en respuesta al estrés), contracción de las pupilas, etc.

    «Estoy sudando debido a que tengo que hablar en público».
    Respuesta fisiológica: «Estoy sudando».
    Estímulo: «Tengo que hablar en público».

- **EMOCIONAL:** es la respuesta relacionada con las emociones y los sentimientos.

    Ejemplos: felicidad, nerviosismo, sorpresa, ira, miedo, tristeza...

«Me siento feliz porque me ha tocado la lotería».
Respuesta emocional: «Me siento feliz».
Estímulo: «Me ha tocado la lotería».

- **COGNITIVO:** se refiere a lo que pensamos sobre nosotros, los demás o el entorno que nos rodea.

«Menos mal que ya me queda menos para acabar mi jornada laboral; es viernes y hace calor».
Respuesta cognitiva: «Menos mal que ya me queda menos para acabar mi jornada laboral».
Estímulo: «Es viernes y hace calor».

- **CONDUCTUAL:** es la respuesta relacionada con lo que hacemos; es decir, con la conducta observable.

«Como porque tengo hambre».
Respuesta conductual: «Como».
Estímulo: «Tengo hambre».

Aunque te los haya explicado por separado con la intención de que los entendieras mejor, tienes que saber que estos sistemas de respuesta siempre se activan al mismo tiempo cuando hay un estímulo.

Mira este ejemplo:

RESPUESTA FISIOLÓGICA
Sudo, el corazón me late a mil por hora (taquicardia), parece que me falta el aire y que me vaya a ahogar. Mis manos tiemblan y mis piernas apenas pueden sostenerme en pie.

RESPUESTA EMOCIONAL
Miedo.

RESPUESTA COGNITIVA
«No quiero suspender el examen. Preferiría evitar esta situación. ¿Y si me voy?».

A menudo somos conscientes de estas respuestas y, desde nuestra parte más cognitiva, elaboramos una lectura negativa, pero no de la situación, sino de las respuestas que está dando nuestro cuerpo: «No quiero que la gente me vea así, voy a montar un numerito», «Siento mucha ansiedad, me va a dar algo», «Los demás van a pensar que soy débil». Respuesta conductual: me voy del examen.

Conocer cómo funcionan estos cuatro sistemas de respuesta es muy útil cuando queremos trabajar cualquier miedo, ansiedad, fobia, obsesión, pensamiento rumiativo, etc., porque lo que expresan los sistemas de respuesta equivale a lo que comúnmente conocemos como **síntomas**.

En ocasiones no somos conscientes de la totalidad de estos síntomas porque, o bien no nos fijamos en ellos, o bien son síntomas muy difíciles de identificar sin pruebas de por medio.

Si vamos en modo automático por la vida, es normal que de primeras nos cueste mucho identificarlos todos, pero es verdad que, aunque seamos personas acostumbradas a reflexionar y observar, no siempre vamos a ser conscientes de todas las respuestas. Por ejemplo, la liberación de cortisol es una respuesta fisiológica que podemos medir a través de pruebas específicas, pero que no podemos identificar por mucha introspección que hagamos. Esto suele pasar con los síntomas fisiológicos, por lo tanto, a lo máximo que aspiramos con ellos cuando hacemos trabajos de conciencia e introspección es a identificar indicios (como el sudor, la taquicardia, el temblor, la presión en el pecho, etc.) de que fisiológicamente estamos activados. Para que me entiendas, no te puedes levantar por la mañana y decir: «¡Hoy tengo la adrenalina por las nubes!», porque eso no lo sabes con certeza, dado que no te has hecho un examen específico de catecolaminas, pero sí puedes decir: «Hoy siento una presión en el pecho».

Cuando observamos cómo reaccionamos ante los estímulos y atendemos a cómo se comportan nuestros síntomas, logramos dos objetivos:

1. **Prestamos atención a los síntomas.**
2. **Comprendemos cómo funcionan dichos síntomas.**

Una vez alcanzados estos objetivos, tendremos una conciencia más profunda de cómo se comporta aquello que queremos trabajar, lo cual nos permitirá poder manejarlo mejor.

En mis consultas suelo recomendar un ejercicio muy útil para observar los síntomas de lo que queremos trabajar. Dado que en este libro te hablo del miedo, vamos a orientarlo al miedo. La idea es rellenarlo cada vez que aparezca el malestar.

SITUACIÓN	RESPUESTA FISIOLÓGICA	RESPUESTA COGNITIVA	RESPUESTA EMOCIONAL	RESPUESTA CONDUCTUAL
Estoy en casa viendo la tele y, de repente, me acuerdo de que mañana tengo una reunión importante	Taquicardia, sudoración	«¿Lo sabré hacer bien? ¿Estoy realmente preparado para este trabajo? A ver si a mis compañeros no les va a gustar lo que proponga...»	Miedo, nerviosismo	Lo hablo con mi pareja
Estoy en el baño; voy a ducharme. Me miro en el espejo y veo un lunar que antes no tenía	Presión en el pecho	«Los lunares pueden ser síntoma de cáncer de piel» «Necesito saber si tengo cáncer de piel»	Ansiedad	Cojo el móvil y busco en internet si este lunar es normal. Busco opiniones de personas que cuenten en foros experiencias sobre apariciones de lunares repentinos
He de tomar una decisión difícil	Necesito ir al baño cada dos por tres	«Si elijo mal, decepcionaré a mi familia y a la gente que me rodea»	Tengo miedo a equivocarme	Cojo un folio y me pongo a escribir los pros y los contras

SITUACIÓN	RESPUESTA FISIOLÓGICA	RESPUESTA COGNITIVA	RESPUESTA EMOCIONAL	RESPUESTA CONDUCTUAL
Mi pareja habla constantemente con su ex porque tienen un hijo en común	Mareo, diarrea	Rumiaciones sobre los diferentes escenarios en los que mi pareja se da cuenta de que sigue enamorado de su ex «Me ha dicho muchas veces que me quiere, pero, a pesar de eso, sigo pensando que mi miedo se puede hacer realidad»	Celos, miedo, ira, rabia	Le pregunto insistentemente por el tema Chequeo su móvil a escondidas para comprobar que realmente no están tonteando
En el trabajo estoy pasando por una etapa de mucho estrés y exigencia. Me paso el día cansado, sin embargo, me cuesta conciliar el sueño y no duermo bien por las noches	Insomnio, taquicardia	«Seguro que no duermo y mañana estoy cansado otra vez» «Tengo que dormir» «Llevo tres noches durmiéndome a las tantas. ¿Qué me pasa? ¿Estaré mal?» «Jamás superaré esta fase» «Mañana tengo que madrugar. Solo voy a dormir tres horas...»	Ansiedad Miedo	Miro el reloj constantemente y pruebo diferentes técnicas de relajación, pero, cada vez que parece que estoy a punto de quedarme dormido, me da taquicardia y me vuelvo a despertar como si estuviera en alerta

Cómo funcionan el cuerpo y la mente cuando sentimos miedo

Entender cómo funcionan el miedo y nuestra mente nos aporta comprensión y, también, cierta sensación de control. Pasamos de no saber qué nos ocurre a saberlo y descifrar qué sucede en nuestro interior.

Cuando el miedo se activa, nuestro cuerpo se prepara para responder de dos maneras:

- **Lucha: nos enfrentamos al peligro.**
- **Huida: evitamos el peligro.**

Por ejemplo, si tengo que ir a una fiesta, pero me da miedo la interacción social, puedo escoger la vía de «luchar» e ir a la fiesta (acercarme al peligro) o la vía de «huir» y no ir a la fiesta (evitar el peligro).

Si estas dos formas de respuesta no funcionan, pasamos a la tercera, que no se considera respuesta como tal porque más bien se trataría de una ausencia de esta: la **parálisis** o estado de shock. La parálisis solo se activa cuando el miedo es tan fuerte que el cerebro colapsa porque no sabe de qué manera abordar la situación. Es la «respuesta no respuesta». Puede darse, por ejemplo, en el caso de un niño víctima de abusos sexuales perpetrados por alguien de su entorno familiar o en el caso de una persona que, de manera inesperada, recibe la noticia de que un familiar muy querido y allegado acaba de fallecer.

A continuación vamos a adentrarnos en detalle en el funcionamiento de algunas partes del cerebro claves para el procesamiento del miedo.

Si recuerdas bien, en *Tú eres tu lugar seguro*, que es el libro donde dedico más espacio a hablar del apego y el trauma, te hablé de la teoría de los tres cerebros de McLean. Esta teoría se sigue usando a día de hoy a modo de metáfora para entender nuestras emociones y pensamientos. Aunque no es del todo exacta, a nivel psicopedagógico nos ayuda a acercarnos de una manera sencilla a las bases neurobiológicas del miedo. La repasaremos brevemente.

Según esta teoría, tenemos tres cerebros: **reptiliano**, **emocional** y **racional**. Las tres partes están conectadas entre sí, pero cada una se encarga de un objetivo y de procesar la realidad de una manera diferente.

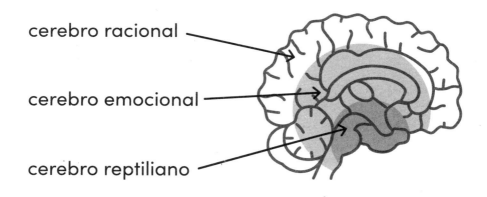

El **cerebro reptiliano** (tronco encefálico) es la parte de nuestro cerebro que se encarga de regular aspectos relacionados con la supervivencia, como la respiración, la temperatura, la digestión y los reflejos.

El **cerebro emocional** (sistema límbico) es la parte que permite que sintamos emociones como el asco, el miedo, la ira, la tristeza, la sorpresa o la felicidad. En esta parte encontramos tres estructuras cerebrales muy importantes: el tálamo, la amígdala y el hipocampo. Vamos a verlas con detenimiento:

- **Tálamo.** Es el mensajero o, dicho de otro modo, una estación de relevo sensorial. A esta estructura le llega la información de nuestros sentidos y hace un «filtrado básico» que consiste en priorizar la transmisión de señales importantes. Luego manda la información a las áreas corticales (cerebro racional) o a la amígdala (cerebro emocional), dependiendo de si esas señales son o no una amenaza inmediata y potencialmente peligrosa. Si la amenaza es potente, manda la información directamente a la amígdala; si considera que debe ser analizada en detalle, la manda al cerebro racional para que analice en profundidad y determine su peligrosidad.
- **Amígdala.** Es la torre de control de las emociones. Es **fundamental en el procesamiento del miedo** y en la activación del SNA cuando percibe una amenaza. Tiene un papel clave en la formación de **memorias emocionales**, es decir, las experiencias que fueron importantes a nivel emocional en algún momento de la vida. Con esto, permite que el cerebro recuerde experiencias pasadas que fueron emocionalmente significativas.
- **Hipocampo.** Es el bibliotecario de la mente. Trabaja con la amígdala para procesar las experiencias emocionales; son colegas de despacho. Él guarda las **memorias contextuales** y tiene el poder de recurrir a ellas cuando es necesario (es decir, cuando se percibe una amenaza). Su misión principal es proporcionar contexto a la amígdala (el hipocampo es como el amigo que te da el contexto en los chismes que te cuenta tu otro amigo). Con esta acción, el hipocampo puede modular y regular la reacción de la amígdala, evitando que esta actúe indiscriminadamente ante cualquier estímulo.

El **cerebro racional** (áreas corticales) es la parte que se encarga de tareas como el habla, el pensamiento, la comprensión lectora, la reflexión y la lógica. Tiene otra función, además, que es la de regular las emociones procesadas por el cerebro emocional, interviniendo para calmar la sensación de amenaza. Esta regulación suele ser efectiva a menos que:

1. **La amígdala esté muy activada debido a una amenaza inmediata y potencialmente peligrosa.**
2. **El hipocampo proporcione un contexto que refuerce la percepción de peligro, en lugar de mitigarla.**

Esto lo vas a entender mucho mejor en el siguiente apartado.

Las dos vías del miedo

Según el neurocientífico Joseph Ledoux, existen dos sistemas de procesamiento del miedo y el estado de alerta:

- **Sistema rápido:** es una vía instantánea que manda la información de los estímulos (E) al tálamo. El tálamo envía esta información directamente a la amígdala (O). Luego la amígdala activa el SNA para emitir una respuesta de lucha o huida (R).

    E = estímulo.
    O = tálamo-amígdala.
    R = activación del SNA (lucha/huida).

- **Sistema lento:** es una vía más lenta porque se incorporan más estructuras cerebrales. En esta, la información de los estímulos (E) llega al tálamo (O), el tálamo se la pasa a las áreas corticales (cerebro racional) para que hagan un análisis racional y detallado del peligro, dado que se encargan del análisis racional y consciente. Paralelamente a las áreas corticales, se activa el hipocampo, que proporciona un contexto basado en la memoria de experiencias anteriores y ayuda mucho a la amígdala a decidir cómo responder. Las áreas corticales y el hipocampo mandan sus conclusiones a la amígdala, que, en función de esta información, decide si es necesario activar el SNA (R) o no.

E = estímulo.
O = tálamo-áreas corticales/hipocampo-amígdala.
R = activación del SNA (si es necesario).

El sistema rápido se asocia con amenazas inmediatas y potencialmente peligrosas, mientras que el lento evalúa situaciones que pueden requerir una respuesta más compleja. Digamos que la diferencia entre el sistema rápido y el lento es que el lento «reflexiona y contrasta las fuentes», el rápido, sin embargo, no.

Mira estos ejemplos:

- **Sistema rápido:** me persigue un león, corro.
- **Sistema lento:** mi jefe me ha dicho que quiere reunirse conmigo el lunes, así que me preocupo y empiezo a pensar qué he hecho mal o sobre qué temas querrá hablar. Me paso unas horas reflexionando sobre mi rendimiento de los últimos días. «¿Será que quiere despedirme?», me pregunto.

En el sistema rápido, no te rayas. En el sistema lento, te rayas. Vamos, que, cuando estás en tu casa dándole vueltas sin parar a alguna preocupación, estás activando el sistema lento.

El miedo irracional

Cuando sentimos un miedo intenso ante posibles amenazas que no representan un riesgo o un peligro real, sentimos **miedo irracional**.

El miedo irracional es complicado de manejar, no solo porque no tiene ninguna base lógica, sino porque en la mayoría de las ocasiones la persona que lo padece sabe que es así. Cuando alguien es consciente de que lo que siente no tiene lógica, cuestiona sus sentimientos, por lo que la persona sufre por el miedo en sí mismo y por la sensación de inutilidad que genera saber que tiene un miedo absurdo.

En consulta es común ver personas que no solo tienen que luchar contra su miedo y su propio machaque, sino también contra la invalidación emocional constante que percibe del entorno:

- «Qué exagerado».
- «Ya son ganas de amargarse».
- «Eso te pasa porque no tienes problemas de verdad».
- «No sé por qué te tienes que preocupar por algo que no te está pasando».
- «Eres demasiado sensible».
- «Eres débil, no aguantas nada».

Como si no tuvieran ya suficiente, deben lidiar también con personas que son incapaces de comprender que la mente, en muchas ocasiones, sufre por cosas que parecen no tener sentido. Esto ocurre porque generacionalmente hemos sido educados en el «No tengas miedo» (o en el «No llores» o «No hace falta que te enfades»). Hemos aprendido que sentir emociones, de alguna manera, es malo. Que es mejor no mostrar cualquier cosa que no sea felicidad y que si no estás bien es porque no quieres o porque no te esfuerzas lo suficiente, como si lo que sientes fuera algo que eliges.

Nos cuesta acompañar el miedo del otro, ya sea un niño o un adulto. Nos incomodan las emociones desagradables de los demás. Cuando le preguntamos a alguien cómo está, siempre esperamos que nos diga que está bien, nunca esperamos un «Hoy tengo ansiedad» o un «Hoy me he despertado con cierta sensación de desasosiego». Desde luego, es complicado responder con sinceridad a ese «¿Qué tal estás?» si tras cada respuesta sincera hay una réplica invalidante similar a los ejemplos que te señalaba anteriormente. Lo curioso es que, pese a que nos generen cierto rechazo las emociones desagradables de los otros, hay personas que se siguen empeñando en educar a los niños con frases que llevan el miedo implícito, como «Ve con cuidado», «No hagas eso» o «Tú solo no puedes». Este remix de intenciones es como decir, por un lado, «No tengas miedo» y, por el otro, «Siente miedo». Es decir, la actitud que muestro (como adulto) ante las emociones desagradables es de rechazo, de evitación y de invisibilización del malestar, pero inconscientemente te invito a generar emociones desagradables. ¡Menudo cacao! Así estamos. Por supuesto, con esto no quiero decir que no haya que alertar a los niños de los posibles peligros que se puedan encontrar, me refiero a que no hay que inducir el miedo en extremo, a que es posible alertar de algo malo sin caer en la sobreprotección y el alarmismo. Se puede educar en la responsabilidad sin «meter el miedo en el cuerpo». Aunque haya mencionado la palabra «niños», hay adultos que siguen recibiendo este tipo de mensajes alarmistas por parte de su entorno más cercano.

Te pondré un ejemplo, para que veas por dónde voy.

Una pareja de amigos llamados Ángela y Javi decidieron irse de vacaciones a la otra punta de España con su bebé de cuatro meses. Me contaron que habían decidido viajar en coche por comodidad de todos; así, si el bebé lloraba durante el trayecto, necesitaban dar alguna toma o consideraban parar y pasear tranquilamente, lo harían sin prisa y con calma. Tenían localizados los centros de salud y los recursos necesarios disponibles durante todo el trayecto y su estancia. La idea era estar en familia y despejarse del día a día. A mí me pareció una idea fantástica. Al entorno cercano no tanto. Según me contaron, los comentarios de la madre de Javi fueron: «¿Cómo os vais a ir con un bebé tan pequeño de vacaciones en coche? ¡Y por la autovía! ¡Con lo peligroso que es y la de accidentes que hay!», «¿Y si el bebé llora?», «¿Y si os pasa algo por ahí?». De repente, unos padres responsables que solo querían pasar tiempo en familia eran unos padres asustados que dudaban acerca de la decisión tomada. Pasaron de estar tranquilos y tenerlo todo bajo control a estar nerviosos y plantearse si aquellas medidas que habían tomado tal vez no eran suficientes. Pasaron de confiar en sí mismos y su desempeño como padres a dudar de si realmente lo estaban haciendo bien con su hijo. De repente, estos adultos funcionales dejaron de serlo y pasaron a ser niños asustados.

El caso es que, tras charlar sobre esto, reflexioné mucho al respecto. Por muy bienintencionados que fueran los comentarios de la abuela, me parecía tremendamente injusto que unos padres que en ningún momento habían dejado de lado sus responsabilidades de repente tuvieran «el miedo metido en el cuerpo». Quizá esos avisos, expresados de esa manera tan alarmante, pueden ser útiles en personas que no consideran el peligro, pero no era el caso. Javi y Ángela habían demostrado ser adultos funcionales y responsables. Al final, mis amigos hicieron lo que se habían planteado de inicio, pero intoxicados de dudas y miedos. Lo que podría haber sido un viaje tranquilo se terminó convirtiendo en un trayecto lleno de ansiedad e incertidumbre «por si pasaba algo».

Se puede advertir de lo que uno considera que hay que estar pendiente, pero hay que saber comunicarlo. Hay una gran diferencia entre las frases que veíamos antes y decir: «¿Habéis tenido en cuenta qué haréis en caso de que el bebé se ponga malito? Hay unas gasolineras que tienen microondas donde podréis calentar la leche del bebé si tenéis que parar para darle de comer. Si veis que el tiempo se pone feo o que hay mucho tráfico, parad y tomaos algo por ahí, total, no tenéis prisa», «Si necesitáis cualquier cosa, podéis llamarme». ¿No crees?

¿Por qué sentimos miedo real ante peligros imaginarios?

En humanos, se asocia la activación del **sistema lento** con la posibilidad de sentir miedo ante situaciones imaginarias. Tiene sentido, dado que en el sistema lento intervienen las áreas corticales (cerebro racional), que son esas áreas que, como te comentaba antes, tenemos más desarrolladas que el resto de los animales y que se encargan del pensamiento, el lenguaje y la reflexión. Si en el procesamiento del miedo interviene la reflexión, es evidente que tenemos más margen para desarrollar «el rollo» que podemos llegar a imaginar. Sin embargo, en el sistema rápido, como no intervienen las áreas corticales, no nos da tiempo a nada más que a reaccionar.

Dado que este sistema lento también activa el SNA y con ello las respuestas de lucha o huida, podemos reaccionar ante un peligro imaginario como si fuera un peligro real y objetivo.

La mente no distingue lo real de lo imaginario.

Algo cotidiano que nos ayuda a entender esto de reaccionar con todo nuestro ser a las cosas que no existen son las películas. Hay pelis que te atrapan tanto que, cuando te quieres dar cuenta, estás reaccionando como si formaras parte de ellas: si hay un momento de tensión, sudas y te agarras al asiento; si hay momentos de humor, ríes; si al protagonista le traicionan, te enfadas; si estás viendo la escena de una muerte o despedida, lloras… De adolescente tenía una amiga que no podía ver pelis de miedo porque luego creía firmemente que los espectros de la peli estaban en su casa. (Esta amiga es la que me ha inspirado el ejemplo del miedo irracional que puede desencadenar escuchar un ruido en casa, que puede llegar a hacerte pensar incluso en la presencia de espíritus. Cero risas. Una vez fui a su casa y terminé sujetando el palo de una escoba mientras buscábamos al fantasma. Por supuesto, allí no había nada).

Una vez hablé de este tema con una paciente que me confesó que, viendo una peli de zombis, tuvo que pararla unos segundos para decirse a sí misma: «Todo va bien, estoy en casa, es una peli». Supongo que esto también tendrá que ver con una cuestión de empatía y sensibilidad, pero es curioso cómo, en mayor o menor medida, cuando nos sumergimos mentalmente en tramas ficticias, nuestro cerebro puede ser capaz de responder activando el SNA como si fuéramos nosotros quienes tenemos que correr, llorar o luchar en la vida real.

¿Cuáles son las respuestas de lucha y huida que pone en marcha el sistema nervioso autónomo?

La respuesta que el cerebro crea necesaria emitir es la que mandará a través del SNA y este a su vez, dado que está conectado al cuerpo, activará diferentes procesos según a los órganos que corresponda.

El SNA se divide en dos:

- **Sistema nervioso simpático:** se activa cuando estamos angustiados o sentimos miedo.

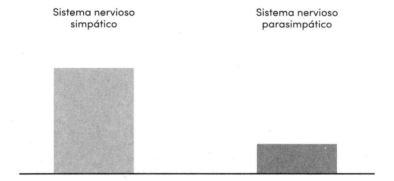

- **Sistema nervioso parasimpático:** se activa cuando estamos tranquilos.

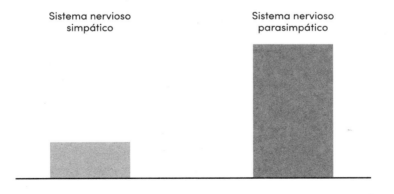

En la siguiente imagen podrás ver a qué síntomas corresponde la activación de cada uno:

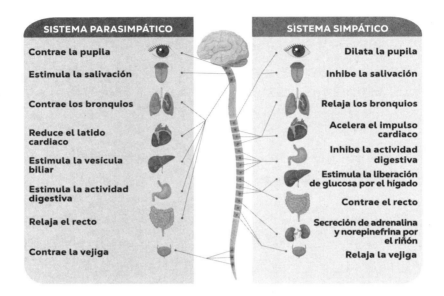

La activación simultánea de ambos sistemas es imposible porque, claro, no podemos estar nerviosos y tranquilos al mismo tiempo. No podemos contraer y dilatar las pupilas a la vez, por ejemplo. Por eso las técnicas de relajación suelen ser bastante efectivas, porque, mientras estamos relajándonos, no podemos activarnos. Lo que sí puede pasar es que mientras estamos intentando relajarnos aparezca algún pensamiento importante al que nos aferremos y activemos más el sistema simpático que el parasimpático. Más adelante te daré herramientas para manejar esto.

Como ves, las respuestas que emiten los diferentes órganos corresponden a lo que anteriormente te decía que es la respuesta fisiológica. Cuando queramos ser conscientes de cómo está nuestro cuerpo, deberemos prestar atención a la respuesta fisiológica; es decir, a estos síntomas.

A veces pasa que creemos que la mente está tranquila, pero notamos que el cuerpo permanece activado y no entendemos qué está pasando. Esto puede suceder por dos motivos:

1. **Cuando hemos pasado por periodos de estrés y el cuerpo aún no ha sido capaz de desacelerarse y regularse a la baja (esto lo veremos en profundidad en el capítulo dos).**
2. **Algo que está ocurriendo, que ocurrió o que pensamos que puede ocurrir nos está afectando sin que nos demos cuenta. El cuerpo responde cuando aún ni siquiera somos conscientes de a qué respondemos. El cuerpo es sabio.**

He visto estados de ansiedad que se estaban dando a nivel de respuesta fisiológica, pero no a nivel de respuesta cognitiva. En estos casos, al principio las personas solo son capaces de articular un «No sé qué me pasa», sin embargo, tras una breve entrevista para indagar el origen del malestar, pueden llegar a identificar una posible causa.

Si alguna vez te pasa esto, puedes intentar rebobinar tu mente para ver qué ha ocurrido y cómo has reaccionado ante lo que ha ocurrido en las últimas veinticuatro o cuarenta y ocho horas. Si esto no funciona, también puedes indagar si lo que te ha pasado recientemente tiene relación con algún suceso que ocurrió en el pasado y te marcó. A veces también puede pasar que sí te estés dando cuenta de lo que te está sucediendo, pero decidas mirar hacia otro lado porque sientes que no tienes tiempo, energía o fuerza para afrontarlo. Lo malo es que en estas situaciones, como veremos en el capítulo cuatro, el cuerpo «grita». Sea como sea, recuerda que un profesional puede guiarte y asesorarte si lo necesitas.

¿Por qué, aunque sepa que un peligro no es real, igualmente siento miedo?

Emoción versus razón, la eterna batalla. Qué romántico, ¿verdad? Desde luego, y aunque lo parezca, de romántico esto no tiene nada. Siento romper la magia. Resulta que la batalla nunca ha sido entre mente y corazón, sino entre cerebro racional y cerebro emocional. O sea, que todo queda en casa. El cerebro luchando contra sí mismo. ¡Lo que nos faltaba!

Una parte de la mente actúa por lo que cree lógico (cerebro racional) y la otra por lo que siente (cerebro emocional), de ahí que lo que percibamos sean mensajes discrepantes que no logran más que hacernos un tremendo lío. La lucha se percibe más o menos así: «**Siento** miedo, pero **sé** que realmente no hay nada que temer».

> Cuando tienes miedo a algo que sabes que no existe ni tiene por qué existir, por dentro, tu cerebro emocional está peleando contra tu cerebro racional.

Vamos a adentrarnos en este fenómeno de manera más concreta.

El cerebro racional es el que trata de regular la respuesta del cerebro emocional, sin embargo, a veces, esta regulación falla.

Pero ¿por qué falla? Porque un cerebro emocional muy activado domina sobre un cerebro racional.

Recordemos que en el cerebro emocional está la amígdala, la torre de control de las emociones. En la amígdala pasa lo que en la peli de Disney *Del revés*, hay una sede central desde la que se vigila lo que sucede fuera. Digamos que, en la vida real, el cotarro no lo maneja Felicidad, lo maneja un **chihuahua**.

Puede que estés pensando que me he equivocado al escribir la palabra o que el corrector me la ha cambiado por otra, pero no, he puesto «chihuahua» porque realmente quería decir «chihuahua».

Tu chihuahua interior

Me gusta trabajar con el niño interior, pero, cariño, yo en este libro te voy a hablar del chihuahua interior.

Los chihuahuas están muy locos. Tan pronto están la mar de tranquilos como, de repente, mutan a una especie de demonio descendiente directo de Satanás. O sea, tú ves a un chihuahua tranquilo y te da como confianza, pero tienes que ir con cuidado porque al milisegundo puede fijarse en una pierna random que pasa por delante y transformarse.

Esos animales son 50 por ciento temblor, 50 por ciento ira.

Pasan de estar tranquilos a activarse al 200 por ciento y, cuando se activan, se la pela todo.

Bueno, pues la amígdala es un chihuahua. No tengo pruebas, pero tampoco dudas. Si la amígdala sospecha que hay un peligro y el hipocampo le da un contexto que refuerce esa percepción, tenemos al chihuahua activo.

O sea, si tu mente es un coche y, de normal, el volante lo lleva el cerebro racional, cuando hay bulla entre el racional y el emocional, el chihuahua se activa y se hace rápido con el volante. Imagínate un chihuahua enfadado al volante. Nada bueno puede salir de ahí.

Ante un estímulo que se considere potencialmente peligroso (aunque, en realidad, no lo sea), se puede desencadenar la respuesta del miedo y, con ello, activar el sistema de alerta (el chihuahua enfadado). Aunque el cerebro racional puede intentar entrometerse, si la respuesta emocional es muy intensa y el estrés es muy elevado, no tiene mucho que hacer. ¿Quién puede hacer algo frente a un chihuahua enfadado?

¿Por qué solo me fijo en lo malo?

Porque has enseñado a tu chihuahua a pasar el escáner y estar a la que salta en modo «¿Ante qué puedo reaccionar hoy?».

La amígdala (o el chihuahua), por naturaleza, tiene mucha facilidad para reaccionar ante estímulos que percibe como negativos. Además, se sabe que, cuanto más se activa, más se sensibiliza, lo que significa que, con el tiempo, puede reaccionar con mayor rapidez e intensidad ante estímulos similares. Si una persona se enfoca repetidamente en lo malo, refuerza este mecanismo en la amígdala, lo que puede llevarla a sobrerreaccionar en situaciones que, objetivamente, no lo justificarían (como el chihuahua reaccionando ante una pierna random).

El chihuahua que aprende a activarse rápido se seguirá activando rápido.

Con el tiempo, esta tendencia a «fijarse en lo malo» puede volverse automática, afectando de manera intensa a la forma en la que la persona se percibe a sí misma y al mundo que la rodea. Las personas que aprenden a «fijarse en lo malo» pueden llegar a alimentar la creencia de que hacerlo es una herramienta útil, sin embargo, el cerebro ya tiene la capacidad de fijarse en lo malo sin que lo aprendamos o reforcemos porque está diseñado para sobrevivir; si ya lo hace por sí solo, no hace falta que se refuerce más. Pensar que es bueno fijarse en lo malo porque así lo tienes todo controlado y nada horrible puede pasarte no es más que la creencia de que tienes el control absoluto de las cosas, cuando, en realidad, lo que estás haciendo es cubrir tu necesidad de control, que es diferente. Sobre el control te hablaré en el capítulo siete.

Nuestro cerebro está diseñado para sobrevivir.

Fijarte solo en lo malo empieza realmente por un **sesgo de atención**.

El cerebro tiene tendencia a prestar más atención a aquellas cosas que considera un peligro; es normal, está diseñado para sobrevivir. Para el cerebro, es más seguro sobreestimar una amenaza que ignorarla, así que llega a priorizar la supervivencia sobre la lógica. Esto puede hacer que, incluso cuando no haya peligro, te enfoques igualmente en señales, indicios o posibilidades que pudieran sugerir lo contrario.

Aunque este sesgo es innato y no tiene por qué causar problemas, **hay personas que, por su historia personal, lo ter-**

minan fortaleciendo y aplicando a casos aleatorios. Algunas lo aprenden hasta tal punto que terminan por no disfrutar de nada, ni siquiera de las cosas buenas, porque en todo pueden llegar a identificar una amenaza.

Miedo a que te pasen cosas buenas porque puedes perderlas

Aprender a fijarse solo en lo malo tiene un precio.

Hay personas que solo están tranquilas cuando todo en su vida está bien, o sea, cuando tienen la certeza absoluta de que no tienen ni tendrán ningún problema de absolutamente nada. Sin embargo, buscar una seguridad absoluta, en que no existan problemas y amenazas, es una expectativa muy poco realista. Siempre hay problemas, siempre. La vida es difícil y siempre hay algo: una preocupación, un asunto por resolver, un trabajo por entregar, unos papeles que rellenar, una conversación pendiente, una tarea no gestionada a tiempo… Vamos, cualquier cosa que nuestro cerebro pueda percibir como una amenaza. Es más fácil que todos los planetas del universo se alineen a que todo, absolutamente todo, en nuestra vida vaya bien y sepamos con certeza que seguirá así.

Las personas que solo se fijan en lo malo **se han acostumbrado a pasar constantemente «el escáner» detector de amenazas**. Cuando hacen eso repetidas veces a lo largo del tiempo, llega un momento en el que, paradójicamente, dejan de disfrutar de las cosas buenas que tienen y pasan a sufrir por temor a perderlas. Están tan acostumbradas a fijarse en lo malo que no pueden disfrutar de todo lo bueno que hay en su día a día y, aunque se esfuercen en hacerlo intentando centrarse en vivir el presente, su cerebro vuelve automáticamente al modo «escaneando cosas malas».

En Instagram he hablado alguna vez de esto, especialmente

cuando he tratado el tema de la ansiedad y, curiosamente, muchas personas dicen sentirse identificadas; sienten que se **autoboicotean**, que sufren cuando en su vida hay cosas malas, pero que no saben disfrutar de todo lo bueno que les pasa. Su mente se convierte en una cárcel con barrotes imaginarios.

No poder vivir en paz a menos que todo en la vida esté perfectamente alineado es una tortura, porque la tranquilidad absoluta no existe. Intentarlo te mantendrá en un estado de vigilancia y desazón constantes que te llevará a:

- **Aumentar tus niveles de ansiedad.** Estar todo el rato pendiente de las cosas que están saliendo mal o que pueden salir mal es agotador, desgasta y perjudica mucho la salud.
- **Perder la capacidad para disfrutar de las cosas buenas del presente.** Anticipar posibles amenazas genera una paradoja: en lugar de disfrutar de los buenos momentos, sufres por la posibilidad de perderlos.
- **Sentir frustración.** Estar tan preocupado por perder lo que temes perder te impedirá disfrutar, y eso te generará frustración y malestar.
- **Retroalimentar el perfeccionismo y el control.** Estar todo el día poniendo en marcha «el escáner» para identificar qué va mal no hace más que reforzar patrones que aumentan aún más la ansiedad.

> Vivir supone asumir riesgos. Nadie sabe qué le deparará la vida. Todos tenemos problemas que resolver. Nunca todo es perfecto.

Te decía antes que la historia personal tiene mucho que ver con este aprendizaje. Vamos a explorar qué cosas de la historia personal pueden fortalecer este mecanismo.

Sistema de creencias sesgado

Hay personas que consideran que no merecen las cosas buenas que les pasan o que gozar de lo bueno es ser egoísta, por eso nunca priorizan el disfrute y dan más peso a dedicar su vida a gestionar lo malo que hay en ella.

Esto puede deberse a variables como:

- **La autoexigencia.** Es común en personas que sienten que deben «ganarse» el derecho a disfrutar, entendiendo lo de «ganarse» como que deben cumplir con sus responsabilidades, que no pueden disfrutar si no han cumplido el objetivo que ellas piensan que deben cumplir. Estas personas pueden pensar cosas como: «Debo tener una jornada cien por cien productiva, no puedo descansar, de lo contrario, no me habré ganado el derecho a disfrutar» o «Si me permito disfrutar, estaría ignorando todo lo malo que hay en mi vida. Debo ocuparme primero de las cosas que están mal».

  Tampoco ayuda el hecho de que, socialmente, parece que asociamos el éxito con estar a tope de cosas, ir desbordado y corriendo de un lado para otro. Hablamos sin parar de salud física y mental, pero tener un trabajo considerado «tranquilo» o buscar llevar una vida «tranquila» muchos lo calificarían de mediocre.

  Hemos llevado la exigencia tan al extremo que incluso la salud se asocia al estar siempre ocupado: trabajar ejercicios de fuerza, vigilar los tóxicos que hay en casa, mirar las etiquetas de todo lo que comemos…

Recuerdo el caso de una paciente con un trastorno de la conducta alimentaria (TCA) muy restrictivo con la comida que me explicaba en consulta cómo de importante era para ella perder peso. En uno de sus cuadernos de introspección escribió: «Si no pierdo un kilo esta semana, no puedo premiarme yendo a la playa con mis amigas. No lo merezco». Al leer esto me sorprendió ver que para ella su responsabilidad era perder peso y, si no lo conseguía, no se permitía disfrutar de algo bueno porque creía no merecerlo.

- **Falta de autoestima.** Tener una autoestima baja hace que creas no merecer las cosas buenas que te suceden. Sentir que no eres suficiente, muchas veces, implica pensar que solo eres válido o válida cuando sientes la aprobación de los demás.

- **Creencias religiosas llevadas al extremo.** En la religión cristiana se valora mucho la humildad y se anima a disfrutar con moderación, sin caer en el hedonismo, ya que, de hacerlo, la persona se alejaría de su parte espiritual y, por ende, de Dios. De esta manera, es fácil llegar a creer que gozar de la vida no es bueno.

- **El desarrollo de la empatía con quienes tienen menos.** ¿Alguna vez has visto las noticias y, entre tantas guerras y desgracias, has pensado que tus problemas no eran importantes? Que haya otros problemas graves en el mundo no resta importancia a tus preocupaciones, pero puede darse el caso de que alguien lleve al extremo este pensamiento. Recuerdo una anécdota que me contó una paciente anciana durante mis primeros años ejerciendo como psicóloga. Hablando sobre su historia personal, me relató cómo se sintió mientras su hijo hacía la mili lejos de casa. Me explicó que donde él estaba hacía mucho frío y que ella, aunque fuera pleno invierno, por empatía, decidió no poner la estufa en su casa durante todo el invierno. Sintió no merecer la estufa (algo bueno) porque su hijo no tenía estufa en la mili y estaba pasando frío. «Si él pasaba frío, yo no iba a estar calentita en mi casa. Me sentía mal», me dijo. Esta historia me dio mucho que pensar, pero nada de lo que sabía en ese momento podía dar explicación a este fenómeno, hasta que más tarde logré entender qué había detrás. Hoy te lo cuento a ti.

Alto sentido del deber

Estar acostumbrado a focalizarse solo en las obligaciones no deja tiempo para disfrutar las cosas buenas, y menos si las cosas buenas son improductivas.

Las obligaciones son una forma de amenaza porque «Si no hago esto, puede pasar esto otro».

Además, no ayuda que, culturalmente, se premia que cumplamos todas nuestras obligaciones y, si no llegamos, se considera que hemos fallado. La realidad es que llegar a cumplir con todo es imposible.

Experiencias pasadas

Si alguna vez te ha pasado algo malo después de algo bueno, es posible que hayas aprendido que, detrás de la calma, siempre viene la tormenta (y no al revés); es decir, que, tras algo bueno, siempre viene algo malo.

Historia familiar

La historia familiar tiene muchísimo peso en la forma que tenemos de ver el mundo y las amenazas. Podemos encontrarnos con familias que «heredan» una visión de la vida que la concibe como una oportunidad para vivir y disfrutar, y familias que «heredan» la narrativa contraria: un camino de malos tragos. Y sí, el entorno familiar, sin darse cuenta, también puede acostumbrarnos a tener siempre activado «el escáner» especializado en identificar lo negativo si toda la vida hemos estado recibiendo mensajes del tipo:

- «Está bien esto que has conseguido, pero no te emociones mucho, que lo puedes perder».
- «Disfruta de esto bueno que te ha pasado, pero no tientes a la suerte».
- «Genial este logro, pero hay que seguir trabajando».

Estos mensajes de prudencia basados en el «sí, pero…» dejan mucha huella. La prudencia está bien, pero también lo está aprender a disfrutar de las cosas buenas que nos pasan sin pensar en la posibilidad de perderlas o de que aparezcan cosas malas. Hay que saber disfrutar de los momentos buenos sin la necesidad de recordar que hay amenazas por ahí fuera, listas para atacar.

Lo malo viene solo, no hace falta buscarlo.

Cuando el cerebro aprende a vivir en alerta, le cuesta parar, desconectar y volver a su modo normal. No podemos ir por la vida con el chihuahua acelerado, nervioso y al borde de la activación. Si somos de esas personas que han aprendido a pasar «el escáner» para evaluar los peligros del entorno, dejar de hacerlo nos costará muchísimo, pero hemos de intentarlo.

Es importante ser consciente de que tu cerebro hace esto y de que lo hace por todo lo que acabas de leer. No me gustaría que pensaras que esto sucede porque tú quieres o porque a ti te apetece. Tampoco me gustaría que te quedaras con la sensación de que alguien de tu entorno ha querido a conciencia que percibas las cosas así, ni me gustaría que te machacaras por cualquier error que cometiste en el pasado y que hayas recordado mientras leías estas explicaciones. Mi objetivo al contarte todo esto es que comprendas por qué tu cabeza funciona como lo hace y ello te ayude a manejar mejor tu vida. Conocer la mente siempre te facilita mucho más el trabajo que quieras hacer con ella. Tomar conciencia de las cosas es el primer paso, y tú ya lo estás dando.

En el capítulo tres profundizaremos en el tema de la historia personal y los orígenes del miedo, pero ahora me encantaría darte unas claves para comenzar a trabajar aquello a lo que llamamos «vivir el presente». **Aprender a vivir el presente es importante para empezar a disfrutar de las cosas buenas que nos pasan**, y esto, querido lector, se entrena. Vamos a empezar a entrenar a nuestro chihuahua interior para que no sufra tanto. Nuestro chihuahua se merece estar tranquilo y activarse solo cuando realmente lo necesitamos.

2
MANTENTE EN EL PRESENTE

Una buena estrategia para que la mente no vaya acelerada y el chihuahua no esté al borde de la activación o se aferre a la búsqueda de preocupaciones es saber reconducirlos al presente. Prestar atención a las cosas buenas que nos pasan tiene que ver con la capacidad de centrarnos en el aquí y ahora.

La mayoría de nosotros vivimos atrapados en nuestras obligaciones, con horarios de infarto, la mente dispersa y rodeados de pantallas y estímulos distractores. Esto dificulta que mantengamos la atención plena en el presente, sin embargo, es posible adiestrar la mente, y yo quiero que tú lo intentes. Por eso, me gustaría que me acompañaras a ver una serie de aspectos que pueden ayudarte.

Deja de ser una persona multitarea

No eres una persona multitarea, aunque creas que sí. Si estás concentrado en muchas cosas, no estás concentrado en ninguna.

No puedes hacer varias actividades a la vez, especialmente si de ellas se encarga la misma área cerebral.

Puede que creas que esto no va contigo porque estás acostumbrado a hacer muchas cosas a la vez, pero siento romper tu burbuja: no estás haciendo muchas cosas a la vez, estás haciendo primero una y luego otra.

El cerebro no puede estar pendiente de dos cosas al mismo tiempo, necesita focalizarse en una sola. Lo que sí puede hacer es cambiar el foco de la atención de manera muy rápida, tanto que parece que las estamos haciendo a la vez.

Si ves una serie mientras miras el móvil, lo que hace tu cerebro es esto: ver la serie-mirar el móvil-ver la serie-mirar el móvil-ver la serie-mirar el móvil... Puede que tengas la sensación de estar enterándote perfectamente de lo que ocurre en la serie y de la conversación que mantienes por WhatsApp, pero te aseguro que no estás al cien por cien en ninguna de estas dos cosas. No estás concentrado en las dos cosas a la vez, estás pillando contexto de aquí y de allá, y tu cerebro procesa superficialmente cada estímulo suelto para analizarlo como un todo.

Tu cerebro hace esto, mira. Te lo voy a demostrar.

¿Qué ves aquí?

¿Un cuadrado? Yo solo veo cuatro ángulos rectos repartidos en cuatro partes diferentes del folio.

Bueno, en realidad yo también veo un cuadrado porque mi mente funciona como la tuya, pero, si lo piensas bien, no podemos decir que literalmente haya un cuadrado dibujado. Lo que sucede es que nuestro cerebro está preparado para procesar la información como un todo. Encuentra formas, las reúne y saca una conclusión. Así procesa de forma fácil y sencilla las cosas sin la necesidad de invertir demasiado tiempo o energía.

Como te contaba en *Me quiero, te quiero*, esta forma de procesar las cosas responde a un rasgo evolutivo que ponemos en marcha para protegernos de posibles peligros. Si procesamos las cosas rápido, podemos protegernos rápido, pero, claro, no podemos procesar algo rápido si tenemos que ir forma a forma; es mejor reunirlas todas en algo conocido y facilitarnos la faena. ¿Ocho líneas colocadas en ángulos rectos, de tal manera que al cerebro le recuerdan a un cuadrado? Entonces es un cuadrado, seguro. El cerebro se encarga de rellenar las líneas que faltan; él completa la información con la que ya tiene en la base de datos, como, por ejemplo, haber visto un cuadrado alguna vez en su vida.

Cuando la mente alterna diferentes tareas, hace lo que desde la neurociencia llamamos una «alternancia continuada de la atención». Algo que hace que nuestro cerebro se agote antes, dado que gasta más energía.

Aprende a aburrirte

Alternar continuamente la atención entre unos estímulos y otros nos acostumbra a estar constantemente hiperestimulados. Una vez acostumbrados a este ritmo, lo pasamos mal cuando tenemos que volver a un ritmo más tranquilo. Descubrimos que no sabemos concentrarnos, que necesitamos acción, movimiento.

No nos engañemos, vivimos en una sociedad que nos obliga a ir acelerados por la vida. Sácate un máster mientras estudias la carrera. Da de comer al niño mientras atiendes una llamada. Come mientras trabajas. Ve una serie mientras haces ejercicio. ¿Por qué no una cosa detrás de otra? ¿Por qué tenemos que hacerlo todo a la vez? Porque así somos mejores, nos sentimos más productivos, más exitosos, más realizados… ¿Y más enfermos? ¿Cómo de normal es ir así de acelerado por la vida? ¿Cómo es posible que hayamos normalizado ser personas multitarea, agotadas, con altos niveles de estrés y profundamente ansiosas?

Hace muchos años tuve en consulta a una paciente que se llamaba Beatriz, una mujer de treinta años, muy exigente e incapaz de hacer una sola cosa a la vez. Planchaba viendo la tele, estudiaba escuchando música, estaba con el móvil mientras viajaba en metro, veía series mientras hablaba con sus amigas por el móvil, y así con todo.

Era muy exigente consigo misma, así que la reté. Un día le recomendé aburrirse. Lo cierto es que la idea no le gustó nada, pero era un reto y eso la atraía y la motivaba.

—¿Aburrirme? —preguntó escéptica.

—Sí. Haces muchas cosas, y todas a la vez. Eso no te viene nada bien.

—Vale. ¿Y cómo hago para aburrirme?

Beatriz siempre preparada para la acción. Su respuesta ya me pareció ansiosa. Lo que dijo sonó a «Déjate de historias, dime qué tengo que hacer para estar bien. Vamos, deprisa».

—Puedes probar a no hacer nada —le respondí—. Uno de los motivos por los que sientes ansiedad es porque tu mente está acelerada, tienes que aprender a desacelerar.

—Pero no hacer nada es perder el tiempo.

—En tu caso es ganarlo —dije rotunda—. Cuando paras, no pierdes, ganas. Pierdes cuando permaneces todo el rato a unos niveles de ansiedad que perjudican tu salud mental y física. No todo en esta vida es conseguir cosas y ser productivo.

Beatriz se quedó en silencio. Tras unos segundos de reflexión, dijo:

—¿Probar a no hacer nada? ¡Qué difícil es eso!

—Te puedo poner un ejemplo, si quieres.

—Vale, porque así de primeras estoy muy perdida.

—Puedes irte a un parque y observar qué sucede.

—¿Sin más?

—Sí, sin más. Pasarán cosas y verás gente, perros, niños… Tu mente se centrará en el entorno y comenzarás a divagar.

—Pero eso no es no hacer nada. ¿No hacer nada no se supone que es no pensar y dejar la mente en blanco? —Lo cierto es que su duda era muy lógica.

—No, dejar de pensar es imposible. A lo máximo que podemos aspirar cuando decimos «No hacer nada» es a lo que te decía: limitarnos a observar. Un detalle importante para poder hacerlo bien es tener el móvil en modo avión. Si lo tienes conectado y te llega alguna notificación, te distraerás y tu mente, por inercia, querrá volver a la multitarea.

Beatriz no se fue de aquella sesión muy convencida. Casi diría que se fue algo enfurruñada, pero yo estaba segura de haber jugado una buena baza con ella: presentarle un reto a alguien exigente es como enseñarle un caramelo a un niño.

Dos semanas más tarde volvimos a vernos.

—María, hice aquello que me recomendaste, lo de no hacer nada. —Parecía muy emocionada—. Me fui de aquí pensando que se te había ido la olla. Perdón por pensar eso, pero es que me parecía imposible hacer lo que me pedías. Al principio no me salía, pero lo seguí intentando. Un día me descubrí a mí misma sin hacer nada en el metro. Subí, me senté y no saqué el móvil. Me quedé observando el entorno: gente hablando por teléfono, leyendo, discutiendo, riendo… ¿Y sabes qué? Empecé a divagar y comencé a buscar caras en el vagón, como cuando buscas formas en las nubes o en la pared, ¿sabes?

—Ah, sí. ¡Pareidolias!

—¡Sí! —exclamó—. ¿Te referías a eso con lo de no hacer nada?

—Exacto, eso era. ¿Y cómo te sentiste?

—Me sentí relajada. Me gusta ese estado y no sentí que perdiera el tiempo. Cuando llegué a casa, me puse a hacer cosas, pero noté que no iba tan acelerada como siempre.

¿Qué cosas hizo Beatriz para empezar a «no hacer nada»?

- Desconectarse del móvil.
- Mirar a su alrededor y observar lo que la rodeaba, prestando atención a personas, colores o sonidos.
- Dejar divagar su mente.
- No juzgar el proceso.
- Dejarse llevar y relajarse.
- A la primera no le salió, pero se armó de paciencia y siguió intentándolo.

Beatriz continuó trabajando la atención plena reconduciendo su mente a una sola tarea. Poco a poco, empezó a poner límites, especialmente con el uso del teléfono, que era a lo que siempre echaba mano mientras hacía otras cosas. Si era la hora de comer, comía sin móvil y sin tele. Si quería ver una serie, la veía… sin móvil. Si quería hablar con sus amigas por WhatsApp, hablaba con ellas tumbada en el sofá, sin la necesidad de estar haciendo nada más. **No se trataba de dejar de hacer cosas, se trataba de hacerlo todo, pero no todo a la vez.**

Una cosa detrás de otra

Anticipar lo que está por venir nos desconecta del presente y nos acelera.

Si te duchas mientras piensas en la cita que tienes programada para dentro de dos horas, no te estás duchando, estás en la cita que tienes programada para dentro de dos horas.

Si estás hablando con tu pareja sobre un problema y estás pendiente de recoger a los niños, no estás hablando de ese problema con tu pareja, estás recogiendo a los niños.

Si comes pensando en que después tienes que reparar el coche de tu amigo, no estás comiendo, estás reparando el coche de tu amigo.

Si trabajas en una cosa mientras piensas en lo que tienes que hacer después, no estás trabajando en esa cosa, estás trabajando en la que tienes que hacer después.

Si estás intentando conciliar el sueño mientras piensas en el examen de mañana, no estás conciliando el sueño, estás haciendo el examen de mañana.

Si estás jugando un partido de tenis mientras piensas en una posible derrota, no estás jugando un partido de tenis, estás viviendo tu derrota.

Si estás manteniendo relaciones sexuales con tu pareja y a la vez estás preocupado por si no tienes un orgasmo, no estás teniendo relaciones sexuales con tu pareja, estás visualizando el escenario de no tener un orgasmo.

Si haces una cosa pensando en cualquier otra, no estás haciendo esa cosa, estás haciendo cualquier otra.

Tú estás donde está tu mente porque tu mente no diferencia lo real de lo imaginario.

No podemos centrarnos en el presente si anticipamos el futuro. O, como decía mi abuela: «No puedes estar al plato y a las tajadas».

Mantenerte ocupado pensando en lo que está por venir te impedirá concentrarte en lo que estás haciendo ahora y, si no te concentras en lo que haces, difícilmente acabarás y podrás empezar algo nuevo. En conclusión: quieres llegar a todo, pero no llegas a nada, así que generas ansiedad por lo que está por llegar y también por ser incapaz de concentrarte en lo que tienes entre manos. Menudo trabalenguas, imagínate esto en tu cabeza. Así, normal que sintamos ansiedad, ¿no crees?

Si ahora es tu momento de trabajo, trabaja como el que más.

Si ahora es tu momento de desconexión, ya puede acabarse el mundo, es tu momento de desconexión.

Un truco es usar una agenda, así consigues que tu cabeza entienda que lo que toca ahora no es lo que toca mañana, sino lo que toca ahora. Visualmente viene genial para que la cabeza se centre.

Menos FOMO y más JOMO

El acrónimo FOMO proviene del inglés *fear of missing out*, que, traducido al español, significa «temor a perderse algo». Quienes sufren FOMO sienten que el resto de las personas están disfrutando de experiencias emocionantes e interesantes que ellos se están perdiendo. Esto hace que generen ansiedad y el deseo de estar continuamente conectados con lo que otros están haciendo.

Veamos algunos ejemplos:

- Mi equipo de fútbol ha ganado y siento que todo el mundo lo está celebrando por todo lo alto menos yo.
- Veo en redes sociales una foto de personas que conozco disfrutando de sus vacaciones y siento que me estoy perdiendo algo increíble.
- Tengo dos conciertos y elijo ir a uno de ellos. Mientras estoy allí, pienso que seguro que en el otro concierto se lo están pasando mejor.

La principal causa del FOMO son las **redes sociales**, ventanas al exterior que nos muestran realidades sesgadas que pueden hacernos creer que nuestra realidad no es tan emocionante como lo que está pasando ahí fuera, que no estamos aprovechando lo suficiente la vida o que estamos perdiendo oportunidades de algo interesante. Quizá lo que está pasando ahí fuera no es tan emocionante como nos parece, pero, como idealizamos las situaciones que viven los demás, creemos que sus vidas son mejores que las nuestras. (Sin embargo, recordemos que muchas de las personas que muestran en redes lo maravillosa que es su vida viven justamente de eso. Que hay parte de verdad, pero también hay mucha parte de marketing). Las redes sociales pueden hacer mucho bien, pero también mucho daño si no se manejan adecuadamente. Hay personas que entran a las redes sociales para asegurarse de que no se están perdiendo nada e incluso, sin darse cuenta, ponen en marcha mecanismos de chequeo constante. Fíjate hasta qué punto podemos llegar que el otro día una amiga me dijo que, si no hacía los ejercicios «para estar bien» que recomendaba no sé quién, tenía la sensación de no estar haciendo correctamente las cosas.

La sensación de estar perdiéndonos experiencias maravillosas (que, como te digo, lo mismo tampoco son tan maravillosas) nos genera ansiedad, y esto nos desconecta del presente. El FOMO nos invita a enfocarnos más en lo que podría estar pasando que en lo que en realidad está pasando.

No te estás perdiendo nada. Los demás no tienen una vida mejor ni más plena. Solo estás construyendo una realidad a partir de una información sesgada.

Lo contrario de FOMO se conoce como **JOMO**, acrónimo formado del inglés *joy of missing out*, que se podría traducir como «la alegría de perderse algo», o sea, la capacidad de desconectar y de ser feliz con lo que tienes y haces sin estar pendiente de lo que tienen y hacen los demás. Esto, irremediablemente, te ayuda a estar y vivir en el presente.

El JOMO te invita a no estar constantemente conectado o involucrado en todo. Que, ojo, no es que sea malo estar conectado a los demás o involucrarte en actividades, lo malo es pasarse de rosca y que tu bienestar dependa de ello, como en el FOMO.

En conclusión, el FOMO se centra en la preocupación por lo que falta y el JOMO se centra en ser feliz con lo que se tiene o se hace. Por eso, el FOMO te saca del presente y el JOMO te ayuda a estar en el presente.

Aquí algunos tips que te ayudarán a practicar el JOMO:

- **Genera conciencia.** Pon el foco en que lo que estás viendo en las redes no es más que una realidad sesgada e interiorízalo bien.
- **Desconecta un poco de las redes sociales.** En el momento en que las redes sociales te hacen daño, hay que replantearse ciertos límites. Para trabajar en ello, puedes reflexionar acerca de cosas como: qué son, a quién sigues, qué contenidos estás consumiendo y para qué las estás usando. Debido a la neuroplasticidad de nuestro cerebro,

todo, absolutamente todo lo que consumimos en redes, nos va modificando por dentro.

- **Haz lo que realmente te hace feliz.** Enfócate en actividades que te gusten de verdad, sin preocuparte por si son populares o no. Escúchate y vuelve a conectar contigo mismo. A veces prestamos tanta atención a lo de fuera que olvidamos que nosotros mismos tenemos la clave para estar mejor. Tú sabes con qué disfrutas, qué te calma, qué cosas no te sientan bien, etc. Lo que pasa es que se te puede olvidar porque lo de fuera lo eclipsa, o puedes llegar a menospreciarlo y cambiarlo por cosas que vienen de fuera y que te venden como supuestamente mejores.
- **Revisa tus prioridades.** Pregúntate si lo que sientes que te estás perdiendo realmente es importante para ti o si es solo una percepción creada por la presión social. Que seas tú quien dirige tu vida, no la sociedad.
- **Cambia el chip.** En lugar de pensar en lo que te estás perdiendo, piensa en lo que estás ganando al elegir no participar en algo.
- **Aprende a estar solo.** En el capítulo diez te daré herramientas concretas para esto.

¿Por qué nos cuesta tanto parar de verdad?

El miedo a no hacer nada en esta sociedad es casi palpable. Además de normalizar el ir por la vida acelerados, hemos aprendido a ser productivos por encima de todas las cosas, especialmente las personas autoexigentes. Pero ¿qué es ser productivo? A menudo lo pienso. Seguramente lo primero que te venga a la cabeza sea: generar dinero, contribuir a la economía de casa, estudiar y sacar buenas notas... Asociamos ser productivo con ganar dinero y obtener logros, pero (y aquí vienen algunas cuestiones que puede que te rompan un poquito por dentro) ¿acaso cuidar de tus hijos no es ser productivo? ¿O cuidar a un familiar enfermo? ¿O pasar por un embarazo? ¿O salir adelante a pesar de la depresión y la ansiedad? ¿O recuperarte de una grave lesión de rodilla? Yo diría que sí. En todas y cada una de estas situaciones estás haciendo cosas útiles, lo estás dando todo; tu mente y tu cuerpo están activadísimos, ¿cómo no vas a ser productivo haciendo todo eso? Pues no, no te sientes productivo porque no lo asocias con dinero o logros. Pero ¿qué quieres que te diga? A mí, a día de hoy, hasta descansar o dormir una siesta me parece productivo si es lo que mi cuerpo necesita, le pese a quien le pese. Ahora, eso sí, hace unos años no pensaba igual. Hace unos años dormir me parecía una pérdida de tiempo, hasta que un día peté y mi familia me echó la bronca muy en serio: o me cuidaba y cambiaba el chip, o terminaría enfermando, y no solo psíquicamente, sino también físicamente. A veces los psicólogos necesitamos un buen tirón de orejas. Ya sabes, la mente y sus cosas, que te encierras, te encierras y no eres capaz de ver más allá.

Si el contenido de estas líneas te es conocido, es posible que te sientas mal cuando consideras que no estás haciendo nada «de provecho» (ya sabes, que no estás ganando dinero o logrando cosas «de verdad»).

¿Te suenan estas frases?

- «Estoy perdiendo el tiempo».
- «No he invertido bien el tiempo de estudio, así que no me merezco descansar, tengo que seguir».
- «El tiempo es oro».
- «No estoy haciendo nada útil».

Te pasas la vida trabajando, estudiando, cuidando, atendiendo a tus obligaciones (impuestas o escogidas), etc., y, **cuando por fin puedes descansar, tu cabeza te lo impide.** Te cuesta disfrutar de las vacaciones o los días libres. Te sientes mal por descansar, pero sabes que necesitas hacerlo porque tu cuerpo te lo pide a gritos. ¿Qué diantres está pasando?

Vamos a hacer un repaso a todos los posibles motivos.

- **Cerebro acelerado.** Parte de este impedimento tiene que ver, como ya hemos visto, con la aceleración a la que has obligado a trabajar a tu cerebro. Tu chihuahua está a tope. Mientras dura esta aceleración mental, tu cuerpo sigue fabricando cortisol, la hormona del estrés, así que tu mente no sabe parar, y tu cuerpo, intoxicado de cortisol, tampoco.
- **Adicción al estrés.** Cuando estamos estresados, nos mantenemos en alerta. Para algunas personas, este estado de alerta y energía puede volverse adictivo, puesto que estar ocupadas supone sentir que la vida tiene sentido, que merecen cosas porque lo están dando todo. Vivir con la sensación de que estar activadísimo es hacerlo bien también engancha. Sin embargo, intentar ser suficientemente bueno ya es hacerlo bien. No hace falta llegar desgastado al final del día para sentir que lo estás haciendo bien.
- **Adicción a la recompensa.** Ser productivo se asocia con el éxito. Los éxitos traen consigo felicitaciones, aplausos y reconocimiento, lo que hace que se activen los circuitos de recompensa en el cerebro y se libere la dopamina, una sustancia relacionada con el placer inmediato. Ante la ausencia de productividad, hay ausencia de recompensa y, por ende, de dopamina, así que el cerebro busca maneras de volver a segregar la sustancia. Dado que el cerebro en-

tiende la relación entre hacer cosas productivas y sentirnos bien, las hace para obtener esa dopamina que tanto echa de menos. Cabe destacar que no es malo recibir recompensas por las pequeñas cosas que vamos logrando, lo malo es generar adicción. No pasa nada por no estar todo el rato siendo recompensado, no necesitas completar tareas sin parar para sentirte válido; también hay que saber parar. Cada cosa en su debido momento.

- **Asociamos la productividad con la valía personal.** Cuanto más haces, más vales. Llevamos años asociando la productividad con la valía personal. Años. Y ahora, cuando tenemos algún día libre, nuestra mente busca mantenerse ocupada en algo productivo para sentirse bien. Nuestra valía, en general, la asociamos a condiciones. «Si hago las cosas bien…», «Si trabajo bien…», «Si logro X cosa…». Es curioso que la mayoría no nos sintamos válidos y queridos de manera incondicional.

- **Las ocupaciones como vía de escape.** Hay quien necesita estar ocupado para escapar de su realidad o de sus pensamientos y emociones, para sentirse útiles y alcanzar así el bienestar.

- **Contagio social.** Las personas tenemos la tendencia a ajustar nuestros comportamientos de tal manera que encajen más con los de la sociedad en la que vivimos. Hace un tiempo, un paciente me dijo que estaba estudiando un máster porque en su clase todo el mundo lo hacía, además de la carrera. Me confesó que no hacerlo le haría sentir que era alguien con menos valía que el resto. Me produjo mucha curiosidad que su motivo fuera ese.

- **El miedo a cometer errores.** El miedo a cometer errores puede paralizarte y bloquearte hasta el punto de ser incapaz de mover ficha, pero también puede generar una falsa sensación de seguridad si nos lleva a hacer cosas pensando que así hay menos opciones de cometer errores. Desde luego, de primeras no parece haber una relación lógica entre no parar y cometer menos errores (de hecho, es posible que suceda al contrario y que no hacer pausas nos lleve al agotamiento y, por ende, a cometer más errores), sin embargo, el hacer cosas nos genera sensación de control y esta sensación disminuye el miedo («Al menos tengo la sensación de estar haciendo algo»).

Hablemos con detenimiento del miedo a cometer errores porque mira que es raro encontrar a alguien en este mundo que no tenga miedo a cometer errores o que no confunda el error con su identidad («Si me he equivocado, es que yo no valgo»).

El miedo a cometer errores lo interiorizamos desde la infancia.

Por una parte, cuando somos pequeños, el entorno suele hacer más hincapié en los errores que en los aciertos, dando más importancia y relevancia a las cosas que hacemos mal y hemos de corregir que a las que hacemos bien. Con esto interiorizamos que errar va seguido de un castigo y que es algo horrible. Por otra parte, no hay que olvidar que vivimos en un mundo adultista en el que la mayoría no tenemos perspectiva de lo que es un niño y desarrollamos una tendencia a exigir según nuestros parámetros:

- **Ejemplo 1:** un niño está abriendo y cerrando una puerta mientras su madre habla con otra madre y le dicen: «¡Pórtate bien!». El niño se está portando bien, lo que pasa es que está investigando cómo funciona la puerta porque es un niño y necesita experimentar con el entorno. No está haciendo daño a nadie, no está molestando. Simplemente está comportándose como un niño. Si está a punto de pillarse los dedos con la puerta o la bisagra está suelta, es de sentido común advertirle de ese peligro y alejarle de él si es necesario, pero nada más. Que el adulto no vea correcto abrir y cerrar una puerta continuamente en un entorno social no quiere decir que el niño tenga que comportarse como el adulto.

- **Ejemplo 2:** un niño está en la mesa de un restaurante con sus padres chupando el tenedor mientras esperan que les sirvan la comida. Sus padres le dicen: «Estate quieto».

    El niño no está haciendo nada malo, está chupando su cubierto. No puedes esperar que un niño se comporte igual que un adulto en la mesa.

- **Ejemplo 3:** un niño está corriendo y jugando con sus amigos en el parque. El padre le dice que es hora de irse a casa y él le ignora. El padre le dice: «Eres malo porque no me haces caso».

    No es que el niño sea malo, es que no te hace caso a la primera porque es un niño y esa conducta desafiante forma parte de su desarrollo. Que en el mundo de los adultos no sea aceptable la desobediencia o no acudir a la primera no quiere decir que en el mundo de los niños tampoco lo sea. Si el problema es importante porque la conducta es problemática o hay detrás otro tipo de historial, habrá que abordarlo y trabajarlo de otra manera, pero de ahí a saltar a la primera de cambio con esa frase hay un trecho.

    Hay que dejar que los niños sean niños.

Así, de adultos, es imposible que la perspectiva y las vivencias no estén marcadas por esta supuesta importancia que tiene el equivocarse.

> Las emociones que generamos al cometer errores son más difíciles de gestionar que las que generamos al obtener éxitos.

Los reconocimientos que obtenemos cuando hacemos algo bien generan emociones agradables. Sin embargo, hacer lo que sea mal implica una reflexión sobre lo que ha pasado, posiblemente una conversación y, por supuesto, una serie de emociones incómodas difíciles de gestionar. Pese a lo bien que podamos manejar estas situaciones, ya sea con nosotros mismos o con los demás, es cierto que la percepción de una cosa y de otra es por completo diferente. La primera se percibe directamente como un refuerzo y la segunda como un castigo (hablamos de percepción, no de realidad). Es comprensible que nos sintamos mal cuando cometemos errores, especialmente al evaluar las consecuencias, pero es que esa sensación es la que ha de ser. Si nos sintiéramos bien cometiendo errores o nos diera igual, sería raro y desde luego nada funcional. El malestar que se genera, en este caso, es adaptativo porque es el que nos motiva al aprendizaje y nos moviliza a la acción. Con no sentir que es el fin del mundo ni obsesionarnos o machacarnos con la culpa cada vez que nos equivocamos, es más que suficiente. Nos marca más cómo nos han enseñado a percibir los errores desde fuera (como hemos visto) que el malestar natural que generamos al cometer un error.

Muchas personas evitan hacer cosas
o tomar decisiones para no enfrentarse
al miedo que genera la posibilidad de
cometer un error y tener que afrontar las
sensaciones desagradables que supone.

Lo que debemos interiorizar es que cometer
errores es otra forma de aprender.

Piensa en un error que hayas cometido recientemente y contesta a las siguientes preguntas:

¿Qué pasó exactamente? Describe el error sin interpretaciones emocionales, limítate a explicar solo los hechos.

_____
_____
_____
_____
_____

¿Qué estaba bajo mi control y qué no? A veces asumimos responsabilidades que no nos tocan, es el momento de reflexionar al respecto.
_____
_____
_____
_____
_____

¿Cuáles fueron mis intenciones? A veces nuestra intención es buena, pero, aun así, cometemos errores.
_____
_____
_____
_____
_____

Del 0 al 10, siendo 0 nada y 10 muchísimo, ¿en qué medida me afectó cometer ese error?
_____
_____
_____
_____

¿Qué emociones identifico?
_____
_____
_____
_____
_____

¿Aprendí o puedo aprender algo de ese error?
_____
_____
_____
_____
_____

¿Ese error cambió en algo mi forma de actuar?
_____
_____
_____
_____
_____
_____

¿Hay algo que pueda hacer para mitigar las consecuencias de ese error?
_____
_____
_____
_____
_____
_____

¿Qué cualidades o virtudes poseo que me puedan ayudar a no cometer el mismo error la próxima vez?
_____
_____
_____
_____
_____
_____

¿Me ha ayudado a relacionarme de manera diferente con los demás?
_____
_____
_____
_____
_____

¿Cómo reaccionaría si alguien que no fuese yo hubiera cometido el mismo error? Por ejemplo, una amiga me cuenta que ha cometido el mismo error. ¿Qué le diría?
_____
_____
_____
_____
_____

¿Este error define quién soy?
_____
_____
_____
_____
_____

¿Soy capaz de perdonarme por haber cometido este error?
_____
_____
_____
_____
_____

La culpa

La culpa aparece cuando cometemos errores y se caracteriza por ser bastante complicada de gestionar.

En una charla en la que hablaba sobre autoestima, una mujer levantó la mano y preguntó: «¿Por qué, si el cerebro busca sobrevivir, sentimos culpa? ¿Qué tiene que ver la culpa con la supervivencia?». Lo cierto es que tiene mucho que ver, así que le expliqué lo que te voy a contar a ti a continuación.

Existen dos tipos de culpa: la culpa constructiva y la culpa destructiva.

La culpa constructiva

Surge como una emoción reguladora entre el individuo, su propia conciencia y la sociedad. Esto es otra forma de supervivencia, tal vez podríamos llamarla supervivencia social. El cerebro genera culpa para establecer un equilibrio entre el individuo, la sociedad y su sistema de valores.

- Es mejor ajustar nuestro comportamiento y arreglar lo que hayamos podido hacer mal que quedarnos solos.
- Es mejor ajustar el comportamiento y arreglar lo que hayamos podido hacer mal que saltarnos el sistema de valores.

Ya sea porque los demás nos dicen que hay algo que hemos hecho mal o porque nosotros mismos así lo consideramos, la culpa aparece para señalarnos aquello en lo que hemos fallado y nos motiva a reparar el daño causado.

En este caso, la culpa es útil, buena y tiene una función social. Nos ayuda a sobrevivir en un ambiente compartido con más personas, nos ayuda a mantener íntegro nuestro sistema de valores y nos recuerda que tenemos ciertas responsabilidades para con los demás. No es malo sentir este tipo de culpa, al contrario, es bueno, porque nos motiva a ser mejores personas y a llevarnos mejor con quienes nos relacionamos.

La culpa destructiva

Este tipo de culpa no es tan adaptativa; de hecho, ni siquiera resulta útil. Es problemática porque es un tipo de culpa que genera muchísimo malestar y que no nos ayuda a seguir adelante, sino que nos bloquea y estanca, y, querido lector, la culpa puede llegar a ser muy destructiva cuando supone un peso emocional continuo.

Este tipo de culpa nos empuja al automachaque, a la rumiación y a la autoexigencia, encerrándonos en un bucle de sufrimiento del que es muy complicado salir por uno mismo. Estar atrapado en esta vorágine es una tortura: la mente tiende a dar vueltas constantes al error cometido con la intención de buscar una solución, algo que nunca llega; de todas formas, si llegara, no serviría de nada porque el pasado no se puede cambiar, lo que hace que, además de culpa, generemos frustración e impotencia. Cuantas más vueltas damos al error, más nos pesa y más alimentamos la creencia de que pudimos haber hecho las cosas mejor de lo que las hicimos.

Aquí también se activa el mecanismo de supervivencia, pero de manera diferente. En este caso no se genera un ajuste entre el individuo y la sociedad, sino que la persona trata de escapar de un peligro que no existe. (En este caso el peligro sería el error, que, al repetirse en bucle en la mente una y otra vez, lo vivimos como si fuera algo que está sucediendo en el presente en vez de como algo que pertenece al pasado. La mente tampoco entiende de tiempos).

La culpa destructiva puede estar relacionada con un elevado nivel de autoexigencia o con una distorsión de lo que han de ser y no han de ser nuestras responsabilidades. Ocurre que generamos culpa al sentir que «no hacemos lo suficiente», que deberíamos estar haciendo otra cosa, o al pensar en todo lo que no hemos hecho, en lugar de pensar en todo lo que sí hemos hecho. También puede ocurrir que asumamos responsabilidades que no nos pertenecen, bien porque hemos crecido con un alto sentido de la responsabilidad y no conocemos otra manera de abordar la vida, o bien porque desde fuera nos manipulan para que creamos que algo que no es nuestra responsabilidad sí lo es.

La angustia que se genera con esta culpa suele ser muy incapacitante, especialmente para quienes creen que «somos lo que hacemos», dado que confunden los actos con la identidad y pasan de pensar «He hecho algo mal» a «Soy mala persona», algo que es un grave error. Hacer algo mal no implica ser mala persona.

> Recordatorio: las cosas que hacemos, sentimos o pensamos no definen quiénes somos. Lo que define quiénes somos son nuestros valores.

La culpa destructiva hunde y no permite avanzar, por lo que, si identificamos que estamos en este punto, es importante recibir ayuda profesional; de lo contrario, la culpa puede instalarse y generar estados depresivos importantes.

- **Analiza qué tipo de culpa estás sintiendo.** ¿Es constructiva o destructiva? En el capítulo seis te acompaño a salir de los bucles, por lo que la información que te dé en ese capítulo puede ser muy interesante para alimentar este tip.
- **Diferencia si la culpa viene de dentro o de fuera.** Es decir, si lo que sientes es la consecuencia de haber faltado a tus valores o no haber alcanzado las expectativas que tenías, o si es el resultado de una manipulación externa.
- **Lo que suele hacer la persona manipuladora para que sientas culpa y cedas a sus peticiones es partir de una realidad en sus discursos.** Luego, esa realidad te la comunica de manera sesgada y distorsionada para que dudes de tus propios pensamientos y emociones, con esto logra que cedas o hagas cosas a cambio de su perdón o su cariño. En estos casos es importante prestar atención a sentimientos como la incomodidad constante o la sensación de «encierro» que producen estas situaciones. Si quieres aprender a identificar la manipulación de una manera más detallada, te recomiendo leer *Me quiero, te quiero*.
- **Enfócate en el futuro.** En lugar de quedarte atrapado en el pasado, busca en qué puedes mejorar de cara al futuro.
- **Los eventos del pasado están en el pasado.** Hemos de observar los sucesos del pasado como si estuviéramos viajando en un tren y formaran parte del paisaje

que vamos dejando atrás. No puedes parar el tren, bajarte y quedarte ahí siete años contemplándolos, porque el tren no va a detenerse todo ese tiempo ni los demás pasajeros van a esperarte. El tren sigue y el paisaje pasa. Por eso, a esos eventos, los miramos, les prestamos la atención justa y seguimos adelante.

- **Observa cómo te hablas y te tratas cuando sientes culpa.**
- **¿Puedes hacer algo ahora para enmendar esa culpa (pedir perdón, por ejemplo)?** A veces hay que aprender a hacer lo que se pueda con lo que se tenga. En el capítulo siete profundizamos más sobre esta cuestión.

3
EL ORIGEN DEL MIEDO

¿De dónde viene ese miedo?

Más allá de sentir miedo como respuesta instintiva a una amenaza, ¿te has preguntado alguna vez por qué hay unas personas más miedosas que otras? A pesar de ser una emoción básica, el miedo no nos afecta a todos por igual. Cada mente, dentro de unos parámetros similares, funciona de manera diferente. Hay quien va por la vida teniéndole miedo a todo y quien va por ahí viviendo al límite. ¿Por qué? La respuesta está en nuestra historia personal ya que, en mayor o menor medida, todos los miedos van siendo modelados desde muy temprano por lo que sucede a nuestro alrededor.

Lo que hemos aprendido sobre nosotros mismos y el mundo que nos rodea se debe a la información que hemos ido recopilando desde nuestra infancia a través de nuestras experiencias y las relaciones que hemos establecido con los demás.

Como veíamos en *Tú eres tu lugar seguro*, en nuestro cerebro está codificada toda la información que fuimos adquiriendo de absolutamente todo; por eso, siempre que necesitemos respuestas, tenemos que hacer un viaje al pasado con la intención de relacionarlo con nuestro presente y poder explicar así todos (o casi todos) los sucesos que se están dando en la actualidad.

Gracias a la teoría del apego de Bowlby, sabemos que nuestros primeros años de vida tienen una gran importancia. Desde que nacemos somos esponjitas que absorbemos toda la información que nos rodea. Percibimos estados de ánimo y nos enteramos de todo. Observamos, tocamos, olemos, saboreamos, escuchamos y aprendemos. Sobre todo aprendemos. Por ello sabemos que la perspectiva que tengamos de nosotros mismos, de los demás y del mundo que nos rodea dependerá mucho de las personas de las que hemos estado rodeados en la infancia. Más tarde, según esta perspectiva adquirida, responderemos de una manera u otra a las cosas que nos vayan pasando.

En *Me quiero, te quiero* y *Tú eres tu lugar seguro* te hablo mucho de la teoría del apego y los diferentes tipos de apego, así que, como no quiero resultar repetitiva, no profundizaré mucho en ello, pero sí creo que es conveniente dar un rápido y breve repaso a la teoría antes de seguir.

Según esta teoría, hay cuatro tipos de apego: seguro, ansioso, evasivo y desorganizado.

SEGURO	ANSIOSO	EVASIVO	DESORGANIZADO
Si en la infancia: se tuvieron cuidadores accesibles y receptivos **En la edad adulta:** las personas confían en los demás, suelen sentirse seguras en sus relaciones, son capaces de formar vínculos estables y no temen la intimidad o el abandono	**Si en la infancia:** se tuvieron cuidadores inconsistentes, a veces presentes y otras ausentes o poco receptivos **En la edad adulta:** las personas tienden a ser inseguras en las relaciones, buscan validación constante y temen ser abandonadas	**Si en la infancia:** se tuvieron cuidadores emocionalmente distantes o que no respondieron a las necesidades afectivas **En la edad adulta:** las personas suelen evitar la intimidad y mantener una distancia emocional para no depender de los demás o sufrir	**Si en la infancia:** hubo situaciones de abuso o negligencia **En la edad adulta:** las personas pueden tener relaciones caóticas, en las que desean cercanía, pero también la temen

Estos estilos de apego influyen en cómo lidiamos con el miedo y la intimidad en la vida adulta.

Hay padres y madres que, sin darse cuenta, «traspasan» su manera insegura de ver el mundo o determinados miedos y fobias (una tía mía tiene miedo a los perros porque una vez le mordió uno y ahora su hija también les tiene miedo, aunque nunca ha vivido ninguna situación desagradable con ellos). Cabe decir que, en todos los casos que conozco, los adultos pensaban que con su actitud cauta o protectora beneficiaban a sus hijos, que lo hacían «por su bien», y esto es así porque no conocían otra forma de ver el mundo ni de reaccionar ante él. **Confundían preocupación con cariño y protección**, y, al hacerlo, a pesar de sus buenas intenciones, estaban generando, poco a poco, un problema con el que sus hijos tendrían que lidiar en el futuro.

Es difícil desarrollar confianza, seguridad y autonomía cuando creces bajo el paraguas de la preocupación.

He elaborado una pequeña lista de ejemplos de situaciones que han podido vivir, alguna vez en la vida, personas que contaron con adultos de referencia inseguros en su infancia. Con ellos solo pretendo clarificar a qué me refiero con eso de «traspasar la manera insegura de ver el mundo», no es una lista de criterios diagnósticos.

- No te dejaban ir a excusiones con el cole por si te pasaba algo.

- Cuando querías hacer alguna cosa por ti mismo, te decían que no podías, que era muy difícil o que mejor lo hacían ellos.
- Te avisaban de todos los peligros que podía haber en algo que querías hacer.
- Te recordaban insistentemente y casi a diario que fueras con cuidado.
- Tenían miedo de que participaras en actividades deportivas o físicas por si te lesionabas. Este miedo te lo hacían saber con comentarios como:
    - «Algún día me llamará el entrenador diciendo que te has abierto la cabeza».
    - «Verás el día que te lesiones y tengamos que ir corriendo a urgencias».
    - «¿Es que no hay otros deportes que supongan menos riesgo?».
    - «¿Y en la piscina esa a la que vas a entrenar hay alguien vigilando por si te ahogas?».
    - «Bueno, tú tampoco te vengas arriba haciendo peripecias, que, como te hagas daño, ya verás».
- Insistían en acompañarte a todos lados, incluso cuando ya eras lo suficientemente mayor para ir solo.
- Te revisaban constantemente los deberes del cole porque no confiaban en que los hubieras hecho bien.
- Te llamaban siempre para saber dónde estabas y con quién.
- Preferían que te quedaras en casa a que salieras por ahí, por si te pasaba algo.
- Cuando comenzabas un proyecto nuevo, te avisaban de todas y cada una de las cosas que podían salir mal, sin prestar atención (o prestando muy poca) a aquellas que podían salir bien.

A la hora de hablar de aprendizaje en la infancia, no solo hay que tener en cuenta el mensaje verbal que recibe de manera directa el niño, también hay que contar con lo que él observa, es decir, con la actitud de las personas de referencia. ¿Qué hacen sus adultos cuando sienten miedo? O, dicho de otra manera, ¿cómo manejan su propio miedo?

El otro día, Alicia, una paciente con la que llevo trabajando un tiempo el manejo de sus miedos y preocupaciones, me contó una situación que vivió de miedo absoluto en la que, gracias a lo aprendido en la consulta, pudo corregir correctamente los miedos de su hija. Te aseguro que refleja muy bien esto de la observación.

Mi paciente estaba en un avión con su hija Aitana de siete años. Iban de viaje de ocio a Emiratos Árabes. En la ruta aérea tenían que pasar cerca de la zona de conflicto entre Israel y Palestina, y tuvieron la mala suerte de que, en pleno vuelo, Irán lanzó unos cuantos misiles a Israel. Su avión tuvo que hacer un aterrizaje de emergencia en Turquía. Una vez en tierra, estuvieron parados unas cuantas horas dentro del avión. Alicia me contaba que, ante la incertidumbre de lo que podía pasar, estaba muerta de miedo. Sin embargo, al ver que su hija estaba a punto de entrar en pánico, se dio cuenta de lo que estaba ocurriendo y cambió el chip.

—María, mi hija me preguntó si íbamos a morir. No me extrañó para nada su pregunta, las personas del avión estaban muy nerviosas y algunas empezaron a llorar. Los ánimos estaban muy agitados.

—¿Qué le contestaste?

—Que no íbamos a morir, que mamá estaba ahí para protegerla. Le conté lo que estaba pasando desde la calma. Le dije la verdad, no quería mentirle, pero también le conté que donde estábamos no podía pasarnos nada y que pronto retomaríamos el vuelo. Usé todo el rato un tono suave y despreocupado. En mi cabeza, las cosas no sonaban tan convincentes, pero lo cierto es que no tenía evidencias de que fuera a ocurrir lo contrario, eso me ayudó a no dejarme llevar por el miedo. Cada vez que veíamos desde la ventanilla a alguien del aeropuerto, me inventaba una narrativa épica. Me costó muchísimo mantenerme tranquila, yo también tuve que pelear contra mis demonios, pero me aferré a la idea de que todo saldría bien, tal cual le estaba contando a Aitana. Pedí a la azafata un zumo y unas galletas para demostrarle que, en efecto, todo estaba bien, como siempre. Me acordé de eso que me dijiste una vez de que los niños necesitan entornos estables... Creo que lo que hice funcionó, porque al rato mi hija estaba tranquilamente comiéndose las galletas. Al final todo salió bien y pudimos volar a Dubái. Me sentí orgullosa de la manera en la que manejé el miedo, porque, si me hubiera dejado llevar, creo que Aitana lo habría pasado peor. No quería eso. No quería que mi hija sufriera.

—Lo hiciste genial —respondí.

—¿Sabes qué fue lo mejor de todo? Cuando volvimos a casa y la llevé al cole tras las vacaciones, al ver cómo contaba a sus amigos lo que había vivido en el avión, me quedé alucinada. ¡Lo explicaba como si hubiera sido una aventura superguay! ¿Te lo puedes creer?

—Claro, hiciste que para ella fuera guay. Tu hija vio la realidad a través de lo que tú le estabas transmitiendo, tanto por lo que decías como por lo que demostrabas. Los niños no son tontos y saben leer más allá de las palabras. Si le transmitiste calma, ella percibió calma.

Alicia, con un tremendo esfuerzo, pudo transformar una situación peligrosa en una aventura. Si, por el contrario, se hubiera unido al estado de pánico general, quizá su hija también se hubiera dejado llevar. Alicia no negó la realidad, solo la supo manejar.

Cada vez que me acuerdo de esa sesión, se me ponen los pelos de punta. Qué importante es regularnos como adultos para corregular bien a los niños, ¿verdad?

Sin embargo, no todos los miedos son adquiridos, sabemos que también hay miedos innatos: están grabados en nuestros genes porque resultan importantes para la supervivencia de nuestra especie, como el miedo a los ruidos fuertes, a la oscuridad, a las alturas, a las caídas, a los extraños, a la pérdida de vínculos y a determinados animales. No obstante, aun siendo innatos, es importante saber que también se pueden trabajar y que su mejor o peor manejo tiene que ver asimismo con cómo aprendemos a relacionarnos con ellos desde pequeños. Por ejemplo, supongamos que soy una niña que tiene miedo a los ruidos fuertes y que me pongo muy nerviosa cuando en las fiestas del pueblo tiran fuegos artificiales. Si veo que mi padre en ese momento se siente tan asustado como yo, dejará de ser el refugio en el que cobijarme; perderé mi referencia y, por ende, la capacidad de regular mi miedo, con lo que mi ansiedad se disparará aún más.

También hay que recordar que existen trastornos psicológicos que están estrechamente relacionados con el miedo, como la ansiedad generalizada, la depresión, el trastorno obsesivo compulsivo o las fobias. El origen de todos ellos es multifactorial, es decir, que no aparecen solo como resultado de algo innato o de la historia personal, sino que se deben a la interacción de **factores biológicos** (genética, química del cerebro, alteraciones del sistema nervioso, enfermedades, etc.), **psicológicos** (rasgos de la personalidad, historia personal, patrones de pensamiento, patrones de comportamiento, etc.) y **sociales y ambientales** (el entorno familiar, las relaciones interpersonales, el estilo de vida, el descanso, el nivel socioeconómico, el acceso a recursos y el contexto cultural).

El caso es que, si trabajamos el miedo como tal, hay que saber que, en mayor o menor medida, podemos fortalecer el manejo que hacemos de él.

- ¿Recuerdas cuándo fue la primera vez que viste a alguien asustado? Si no recuerdas la primera vez exacta, no pasa nada, puedes trabajar igualmente con el recuerdo de cualquier situación que te marcara o te llamara mucho la atención en un momento dado.
- ¿En qué situación específica se encontraba esa persona? ¿Sabrías describirla?
- ¿Había algún peligro real o era una preocupación más bien subjetiva?
- ¿Cómo reaccionó esa persona?
- ¿Qué expresión tenía en la cara?
- ¿Esa persona solía expresar abiertamente su miedo o intentaba ocultarlo?
- ¿Qué sentiste tú al ver a esa persona sintiendo miedo?
- ¿Cómo afectó el miedo de esa persona al ambiente o a otras personas presentes?
- Tras sentir ese miedo, ¿recuerdas si hubo alguna consecuencia? Es decir, ¿recuerdas si cambió su comportamiento o su forma de abordar las cosas a partir de ese momento?
- ¿Tuviste alguna conversación posterior con esa persona sobre lo que pasó?

- ¿Esa persona sentía miedo con frecuencia o, por el contrario, parecía no tener miedo nunca?
- ¿Qué cosas le asustaban?
- ¿Encuentras alguna conexión entre sus miedos y tus miedos? ¿Hay algún miedo específico que hayas heredado o aprendido de esa persona? ¿Cómo se manifiesta en tu vida actual?
- ¿Alguna vez viste a esa persona enfrentar y superar su miedo? Si es así, ¿cómo lo hizo y qué aprendiste tú de esa experiencia?
- ¿En qué medida crees que los miedos de las personas que te rodeaban en tu infancia influyeron en tu desarrollo personal o en tu forma de ver el mundo?

¿Cómo percibes el hecho de sentir?

Tal vez te pueda parecer una pregunta inútil, pero te aseguro que no lo es cuando sabes que hay personas que:

- Silencian sus emociones de tal manera que apenas son conscientes de lo que sienten.
- Se sienten mal por sentirse mal y se adentran en un bucle de exigencia, autocrítica y vergüenza.
- No son capaces de sostener el malestar cuando aparece, y buscan desesperadamente formas de evitar o escapar de cualquier situación incómoda.
- Se desconectan de sus emociones viviendo en un estado de apatía o negación constantes para evitar lidiar con el dolor.
- Se sienten abrumadas por sus emociones.
- Juzgan duramente lo que sienten porque no está en sintonía con lo que consideran «lo correcto».

- Minimizan lo que sienten, anteponiendo el sufrimiento ajeno (el «de verdad») a sus emociones, ya que consideran que las suyas «no son para tanto».
- Asumen las emociones de los demás como propias porque han aprendido a mimetizarse con el entorno como forma de sobrevivir en este mundo.

Ninguna de estas actitudes nos permite avanzar en la gestión de emociones.

Dejarnos llevar por la emoción, intentar controlarla, evitarla, suprimirla o pasarnos a un registro emocional diferente (por ejemplo, sentir rabia para no sentir tristeza) son estrategias que solucionan hoy, pero que generan problemas mañana.

Las emociones no se trabajan no queriendo sentirlas. Tampoco si las ignoramos o nos obsesionamos con ellas. Y no, de nada sirve enfadarnos o sentirnos mal por sentir. Como dice la psiquiatra y psicóloga Anabel González: «En el mundo de las emociones no cabe una visión controladora de las mismas».

> «No podemos navegar por el mar diciéndole al mar cómo ha de moverse, cómo de altas han de ser sus olas, por dónde han de ir sus corrientes y qué ritmo han de tener las mareas. Curiosamente, sí que intentamos hacer esto con nuestras emociones, aunque es igual de imposible».
>
> ANABEL GONZÁLEZ

Reflexiona

- ¿Cómo percibes tus emociones? ¿Y tus miedos?
- ¿Te llevas bien con tus miedos?
- ¿Rehúyes tus miedos o los afrontas?
- ¿Comparas tus miedos con los de otras personas?
- ¿Te juzgas cuando no puedes salir del bucle o cuando tus preocupaciones aparecen y te sientes incapaz de apartarlas?
- ¿Aceptas tu ansiedad?

Entiendo que, estés en el punto en el que estés, no has llegado ahí por capricho. Tienes que saber que la manera en la que percibes tus emociones, aunque no podemos ignorar la parte temperamental, tiene mucho que ver con el apego y el aprendizaje.

Imagina que una niña de nueve años intenta comunicar que siente malestar y preocupación porque tiene un examen de Matemáticas al día siguiente y le aterra suspender.

Vamos a ver tres ejemplos distintos de cómo la reacción de unos padres puede derivar en una situación o en otra.

- **Ejemplo 1. Los padres responden: «Bueno, hija, no pasa nada, estudia y verás como apruebas».**
  ¿Qué problema hay en esta respuesta? Aparentemente ninguno, parece una respuesta lógica. Aunque quizá ese es el problema, que es demasiado lógica. Estos padres no se han percatado de que la niña ya sabe que tiene que estudiar, lo que intentaba era hacerles saber lo que sentía: miedo. Y, como ya te habrás dado cuenta, estos padres, pese a que seguramente están respondiendo con toda su buena intención, no están atendiendo a ese miedo. Los padres están asegurándole que aprobará, sin embargo, la niña puede pensar: «¿Qué pasa si no apruebo? ¿Seré menos valiosa?

¿Me querrán menos?». Dado que no se está hablando del miedo, todas estas preguntas quedan sin respuesta.

Hay que validar el miedo, y hacerlo no quiere decir que se premie el suspender, quiere decir que se acompaña y se da otra perspectiva a los miedos. Tras ese miedo puede haber una trama mental imaginaria en la que la niña visualiza que el suspenso puede ser el apocalipsis, pero si no lo hablamos, si ignoramos su emoción y pasamos a la acción, jamás lo sabremos.

Si esta situación se repite en cualquier otra cuestión de la vida de la niña y la respuesta sigue siendo la misma (los padres dan soluciones, pero no se ocupan de las emociones de su hija), la pequeña terminará por entender que su miedo no es importante, que las emociones se dejan de sentir aplicando la solución al problema, o que da igual lo mucho que intente comunicar cómo se siente, porque los demás no van a saber sostener su malestar, así que dejará de comunicar sus emociones y, por ende, de conectar con ellas. Está aprendiendo que sentir es algo inútil, que lo importante es, básicamente, la solución que se aplique.

Esta niña se convertirá en una adulta completamente desconectada de sus emociones.

- **Ejemplo 2. Los padres responden: «¿Qué pasa, que has dejado el estudio para el último día? Pues, como suspendas el examen, verás. ¡Con lo que me cuesta a mí pagar la academia! ¿Qué te crees, que soy el Banco de España o qué? ¡Con todo lo que hemos invertido en tus estudios! Que no tenemos ni para salir nosotros a tomarnos un café. Solo espero que no me traigas muchos suspensos este curso porque si no te quedas sin vacaciones».**

Como vemos, en este caso los padres no solo no prestan

atención al miedo de su hija, sino que muestran cómo se disparan sus propios miedos («Si mi hija siente miedo, es porque no se ha preparado bien el examen, ergo hay posibilidades reales de que suspenda, lo que equivale al horror»). Así, estos padres traspasan una visión del mundo y del examen bastante catastrofista: «Como suspendas, verás».

Como en el anterior caso, sin apenas decir nada sobre las emociones, están educando en ellas a través de su actitud.

Esta niña está aprendiendo que fracasar es lo peor que le puede pasar, no solo porque se queda sin vacaciones, sino porque, de repente, es responsabilidad suya la economía del hogar: sus padres no tienen ni para salir a tomarse un café porque todo lo han invertido en ella y en sus estudios. Sin darse cuenta, estos padres están retroalimentando su miedo a fracasar o cometer errores. A la sensación de angustia que ya sentía, la niña suma el malestar que le generan las respuestas de sus adultos de referencia: «Como suspendas, verás» y «Te quedarás sin vacaciones». Estas frases se pueden ver como castigos que retroalimentan aún más su miedo y sus preocupaciones. En conclusión, esta niña está aprendiendo que sentir miedo es malísimo debido a la tremenda sensación de malestar que le provoca, y que debe ser más exigente para no terminar fracasando.

Si este tipo de situación se repite en relación con cualquier otra cuestión de la vida de la niña, es posible que esta pequeña se convierta en una adulta con mucho miedo a cometer errores y que evite el fracaso a toda costa. Con el paso de los años, terminará siendo una persona megaexigente que se machacará mucho cuando sienta miedo o preocupación (tal y como la machacaban sus padres), o en una persona evitativa en cualquier contexto o situación en la que pueda existir la probabilidad de cometer algún error (proyectos, relaciones, etc.). En ambos casos, la ansiedad será su compañera de vida.

- **Ejemplo 3. En este último ejemplo vamos a analizar la misma situación, pero con unos padres que atienden el miedo de su hija, así veremos cómo se hace. Los padres responden: «¿Qué es lo que te preocupa?».**
Con esta simple pregunta, abren la veda de las emociones. La niña, de repente, tiene un espacio para hablar sobre cómo se siente. Quizá ni ella misma sepa explicarlo porque a veces el batiburrillo de lo que sentimos es complicado de desgranar, pero ahí están sus adultos de referencia para poner palabras donde ella no puede.

    Supongamos que dice: «No sé qué me pasa», «Estoy agobiada» o, directamente, se pone a llorar. Unos padres trabajados que saben sostener emociones entenderán que su hija puede tener miedo, que el miedo es normal y que hay que hablar de ello.

    Aprobar o suspender es importante, pero es aún más importante la actitud con la que en la infancia y la adolescencia aprendemos a enfrentar los peligros y a relacionarnos con nuestras emociones, porque hoy es un examen del cole (o del insti), pero mañana puede ser algo más serio.

Ahondar en el pasado nos sirve para buscar las conexiones con el presente. De ninguna manera hay que tomarse esto con una perspectiva de venganza o arrepentimiento (según en el lado en que estemos), sino como información que nos permite comprender y atar cabos.

Al final, todos cargamos con nuestra mochila emocional y hacemos las cosas como mejor sabemos. La mayoría nos esforzamos por hacerlas bien, aunque también soy consciente de que hay algunos que ni siquiera lo intentan; por desgracia, la negligencia en la crianza no es ficción; existe y es una realidad.

Yo sé que si estás leyendo este libro es porque perteneces a esa inmensa mayoría que quiere hacer las cosas un poquito mejor cada día, y con eso ya sobra. Así que recuerda: lo estás haciendo bien, de verdad.

Fuera como fuera tu infancia y tu adolescencia o lo que aprendieras, si sientes que tu relación con las emociones no es la que te gustaría, es el momento de empezar a cambiarla.

4
¿CUÁNTA TENSIÓN EMOCIONAL PUEDES SOPORTAR?

El proceso de homeostasis

Sientes miedo porque has tenido un problema con el banco. Lo solucionas. El miedo se va. Te sientes tranquilo.

Sientes tristeza porque se ha cancelado un concierto al que tenías muchas ganas de ir. Te sale otro plan con amigos. La tristeza se va. Te sientes tranquilo.

Sientes ira porque te has enfadado con tu pareja. Solucionáis el problema que generaba ese enfado. La ira se va. Te sientes tranquilo.

Pero ¿qué pasa si esas emociones no se van? ¿Qué pasa si se quedan y están mucho tiempo con nosotros? ¿Qué pasa si siento ansiedad constantemente?

El funcionamiento de todo el organismo se basa en el equilibrio. Igual que el cuerpo regula funciones fisiológicas como la temperatura, los fluidos o la glucosa en sangre, también hace un esfuerzo para mantener la estabilidad emocional frente a factores estresantes (un factor estresante es todo aquello que nos saque de nuestro estado de calma). A este proceso se le llama **homeostasis**.

Nuestro cuerpo es sabio y no quiere que experimentemos fluctuaciones emocionales extremas, por ello hace todo lo posible para adaptarse a las circunstancias y procesar adecuadamente las emociones. Esto no quiere decir que no sintamos, sino que lo que sintamos no sea todo el rato abrumador.

Esta homeostasis existe de manera innata en nosotros, pero también se alimenta de lo que aprendemos en cuanto al manejo de emociones. A veces esta homeostasis se fuerza demasiado, bien porque lo que nos sucede nos supera, o bien porque hemos aprendido un manejo de emociones bastante regulero. Un proceso de regulación forzado es como un coche viejo yendo a trescientos kilómetros por hora.

Si pasamos largos periodos de estrés y ansiedad, nuestro cerebro entiende que debe acelerarse, subir un poquito más el nivel y fijar ahí su nuevo punto de equilibrio. Cuando todo pasa, nuestro cerebro ya no sabe cómo volver al punto inicial, así que continúa trabajando en ese nuevo punto, o sea, a tope; el factor estresante ha desaparecido, pero la persona sigue acelerada, con el chihuahua alerta.

Imagina que pasas una temporada de mucho estrés en el trabajo porque tu puesto está en juego y temes perderlo. Para evitar quedarte en la calle, te esfuerzas muchísimo para demostrar que sí vales. Tu cerebro entiende que «perder el trabajo» es una amenaza, así que se activa a todos los niveles (conductual, cognitivo, emocional y fisiológico) para dar respuesta y hacer todo lo posible para que aquello que teme no ocurra. Con esto llega el estrés, y este se mantiene todo el tiempo que dura tu batalla. Tras dos meses, por fin te dicen que el puesto es tuyo. Te alegras muchísimo, pero pasan los días y te das cuenta de que sigues alterado y con miedo, a pesar de que la amenaza de perder el puesto ya no existe. Tu cuerpo y tu mente se han tenido que forzar mucho durante estos dos meses y han trabajado más de la cuenta, liberando cortisol, cambiando el punto de equilibrio, etc. Ya no tienes opciones de perder el puesto, pero tu cabeza y tu cuerpo siguen activados porque entienden que, dado que has necesitado durante mucho tiempo estar a tope, ahora también lo sigues necesitando y no saben cómo volver al punto inicial.

Lo mismo pasa en situaciones en las que la homeostasis se fuerza a la baja y nos estancamos en un estado de cansancio y baja activación.

Esto suele ocurrir, por ejemplo, con enfermedades que duran mucho tiempo y agotan a la persona, como la **depresión**. Cuando el cuerpo y la mente se acostumbran a un estado constante de emociones desagradables, como la tristeza y la desesperanza, para minimizar el «gasto» energético asociado a enfrentar estos estímulos nos regulamos a la baja. Con el tiempo, el estado de baja activación emocional se convierte en la nueva «norma» del cuerpo. Así es como el organismo alcanza un nuevo equilibrio emocional, pero en un nivel muy bajo. Este equilibrio perpetúa el cansancio y la falta de energía, lo que a su vez retroalimenta la depresión (algo que, por cierto, dificulta la recuperación).

Otro ejemplo podría ser el **estrés crónico**, o *burn out*, que, a diferencia del ejemplo anterior, es un estrés que, como las pilas Duracell, dura y dura y dura (juro que Duracell no me ha pagado por hacer este chiste malo). Si una persona vive constantemente sometida a la presión del trabajo, al principio su cuerpo responderá con una homeostasis al alza (eleva niveles de cortisol y adrenalina) para poder hacer frente a la carga de trabajo y mantenerse en estado de alerta. Sin embargo, si el estrés se mantiene durante mucho tiempo y no hay periodos de recuperación de energía, el organismo empieza a agotarse. Al final, el cuerpo se adapta a ese estado crónico y entra, a la fuerza, en una homeostasis a la baja, en que los niveles de energía permanecen bajitos como forma de protección. Es una especie de ahorro energético para evitar el colapso completo del sistema. Esto genera la sensación de no poder más con la vida, de cansancio, de desmotivación y de no saber cómo volver a activarse.

> **Cuando la homeostasis se fuerza al alza o a la baja, aparecen los problemas relacionados con el estado de ánimo.**

Necesitamos reeducar el cuerpo y la mente para relajarse o activarse según el caso en el que nos encontremos.

Ruido mental: pensar cansa mucho

En consulta he observado que nos cuesta más frenarnos que acelerarnos. Es lógico, la supervivencia requiere acción, no inacción.

He trabajado con muchísimos pacientes que no sabían cómo parar su cabeza.

—Mi cabeza no para, es como si dentro de mí tuviera una radio encendida que no emite ninguna frecuencia clara —me dijo Antonio un día en la consulta—. A veces pillo alguna emisora, la intento escuchar y, cuando me doy cuenta de que son las mismas preocupaciones de siempre, trato de apagarla, pero no puedo. Por más que quiero, me resulta imposible.

—¿Cómo duermes?

Me interesé por el sueño porque es una de las variables más importantes que hay que tener en cuenta a la hora de evaluar el estado emocional de una persona.

—Me acuesto a dormir cansado porque por el día no paro, pero me cuesta mucho conciliar el sueño —respondió.

—Una vez que lo concilias, ¿duermes del tirón?
—A veces.
—¿Y por las mañanas te levantas descansado?
—Pfff..., qué va. Me levanto agotado y me paso todo el día con sueño. Ya ni el café me ayuda. Además, tengo muchas pesadillas. Sueño que me persiguen, que se me caen los dientes, que le pasa algo a mi hijo, que mi mujer me deja, que corro y no me muevo del sitio, que vuelvo al colegio y suspendo... Todo muy loco.
—¿Tomas mucho café?
—Muchísimo. Si no, ¿cómo quieres que aguante?

Antonio era un hombre de treinta y cinco años que trabajaba como gerente de un supermercado. Toda su vida la había dedicado a estudiar y sacar buenas notas. Pasó largos años intentando buscarse la vida porque, a pesar de haberse sacado una buena carrera, le costó mucho encontrar trabajo. Cuando por fin lo consiguió, aunque no era «de lo suyo», descubrió que le gustaba y que le aportaba la estabilidad que siempre había querido. Gracias a que todo empezó a irle bien, pudo independizarse y crear una familia con su novia de siempre. En la actualidad tenían un bebé de seis meses. Durante toda su vida, Antonio había adquirido un alto sentido de la responsabilidad y, en los últimos años, había desarrollado una excesiva autoexigencia, ya que era una cualidad clave en su trabajo, pero desde el nacimiento de su hijo, hacía seis meses, sentía que debía ponerse las pilas aún más que antes.

—¿Siempre has sido así de exigente? —le pregunté.
—Siempre he sido exigente, pero lo cierto es que ahora lo estoy siendo más que nunca.
—¿Por qué crees que ahora estás siendo más exigente que antes?
—Necesito hacer bien mi trabajo. Ahora tengo un bebé y eso es una responsabilidad muy grande.
—¿Tu mujer trabaja?

—Sí, aunque ahora ha pedido excedencia por el bebé. Lo hemos decidido así. No vamos mal de dinero, pero no quiero perder el trabajo porque eso supondría que en casa no entraría ningún sueldo. No quiero que a mi hijo le falte de nada. Mi mujer se queja de que dedico mucho tiempo al trabajo. Últimamente estamos un poco distanciados.

—¿Y qué hay de las cosas que te hacen sentir bien?

—Pues me gusta leer. Antes leía por las noches. Ahora abro Instagram y me pongo a ver vídeos.

—¿Hay algo más que te haga sentir bien?

—Hacer deporte, jugar con mi hijo.

—Está bien. ¿Qué te parece si hacemos dos listas? Una con las cosas que te preocupan y ocupan espacio en tu mente, y otra con cosas que te hacen sentir bien y te despejan.

—Me parece bien.

Cogí un folio y apunté todo lo que me fue diciendo:

COSAS QUE DESCARGAN MI BATERÍA MENTAL (preocupaciones)	Porcentaje de batería que descargan	COSAS QUE CARGAN MI BATERÍA MENTAL (cosas que me hacen sentir bien)	Porcentaje de batería que cargan
Pensar en mis responsabilidades como padre (que en mi casa no falte de nada)	25 %	Leer	10 %
Preocuparme por cosas del trabajo	20 %	Meditar	5 %
Tener discusiones con mi mujer	10 %	Jugar con mi hijo	25 %

COSAS QUE DESCARGAN MI BATERÍA MENTAL (preocupaciones)	Porcentaje de batería que descargan	COSAS QUE CARGAN MI BATERÍA MENTAL (cosas que me hacen sentir bien)	Porcentaje de batería que cargan
Los quehaceres diarios: tareas de casa, hacer la compra, etc.	10 %	Hacer deporte	15 %
No dormir bien; estar cansado	20 %	Ver una peli con mi mujer	10 %
El tráfico de camino al trabajo	5 %	Dormir	20 %
El estrés del trabajo	10 %	Sentir que mi mujer y yo seguimos siendo un equipo	15 %

El ejercicio que hice con Antonio también lo puedes hacer tú. Se trata de averiguar cuáles son las cosas que ocupan espacio y energía en tu mente, y cuáles son las que te recargan energéticamente. Una vez hechas las listas, tienes que repartir los porcentajes según consideres qué tiene más peso o menos.

Nuestro cerebro trabaja en exceso cuando damos muchas vueltas improductivas a las cosas y eso hace que consumamos mucha energía mental.

El día a día de Antonio era un cúmulo de estrés, sin prácticamente nada que le ayudara a vaciar la presión que acumulaba en su mente. Todas las cosas que aparecen en la primera columna, las que le restaban energía, estaban presentes en su día a día, sin embargo, de las que escribimos en la columna de «cosas que cargan mi batería mental», solo estaba presente una, «jugar con mi hijo». Antonio estaba atrapado en una espiral de estrés y ansiedad que le incitaba a hundirse cada vez más. Si seguía así, a largo plazo acabaría agotado.

> Pensar constantemente en los problemas que pueden venir agota y, luego, cuando los problemas de verdad aparecen, nos pillan sin la suficiente energía para hacerles frente. Es mejor ir recargando las pilas siempre que podamos para estar fuertes ante cualquier adversidad que se presente.

Los ratitos de leer por las noches los había cambiado por echar un ojo a las redes sociales (lo que también estaba perjudicando su sueño y su descanso); el tiempo para meditar y hacer deporte había desaparecido porque lo dedicaba al trabajo (tiene sentido si tenemos en cuenta que para él una de sus responsabilidades como padre era poder seguir sustentando a su familia); las discusiones con su mujer hicieron que desaparecieran las ganas de pasar tiempo juntos, con lo que el sentimiento de seguir siendo un equipo se estaba empezando a esfumar... La batería mental de Antonio estaba totalmente descargada, lo poco que hacía no le ayudaba y, dado que las cosas que le quitaban energía tenían más protagonismo, en lugar de salir de esa espiral, sin darse cuenta la alimentaba más.

Tras una larga conversación en la que Antonio tomó conciencia de lo que le estaba pasando, decidimos estructurar un plan.

Mi paciente se comprometió a reestructurar su día a día de tal manera que pudiera dedicar algo más de tiempo a las cosas de la lista de «cosas que cargan mi batería mental». Más tarde trabajaríamos detenidamente con terapia cognitivo-conductual las preocupaciones de la primera columna, de esta forma tal vez podríamos conseguir que su preocupación por el trabajo disminuyera un poco y pudiera poner ciertos límites justos con el objetivo de no dedicarle más horas de las realmente necesarias. Mientras tanto, yo tendría una sesión con su mujer para analizar qué estaba pasando en la relación y poder reestructurar esta parte. Pero primero iríamos a saco con el sueño. Antonio necesitaba descansar.

Cuando no dormimos bien, regulamos peor nuestro estado emocional.

Trabaja la higiene del sueño

Dormir bien es importante. La falta de sueño tiene efectos muy nocivos en el cuerpo y la mente. Supongo que esto ya lo sabes. Todos, en mayor o menor medida, intentamos cuidar nuestro sueño. Sin embargo, a veces puede pasar que no descansamos lo suficiente aun necesitándolo, que nuestra mente se llena de preocupaciones y tardamos más en conciliar el sueño, o que conciliamos el sueño porque estamos cansados, pero, como por dentro estamos agitados, nos despertamos a media noche y nos desvelamos. Si esto ocurre un día, no le damos mayor importancia, pero cuando sucede a menudo, como le pasaba a mi paciente Antonio, es algo muy agobiante.

No dormimos bien porque estamos mal, y estamos mal porque no dormimos bien. Este ciclo negativo hay que romperlo cuanto antes.

Voy a darte una serie de consejos para trabajar la **higiene del sueño**.

1. **Haz ejercicio.** Pero evítalo tres horas antes de ir a dormir, porque puede que te active más. Hay a quien sí le ayuda hacerlo por las noches, pero por norma general no se recomienda. De cualquier manera, observa cómo te afecta a ti.
2. **Duerme en una habitación oscura y silenciosa.** La falta de oscuridad en la habitación interrumpe la producción de melatonina. Si en tu caso has notado mucha sensibilidad a la luz o eres una persona que trabaja de noche y duerme de día, puedes probar a usar algún antifaz para los ojos.
3. **La cama es para dormir.** No uses la cama para hacer otras cosas que no sean dormir o tener relaciones sexuales. Nuestro cerebro tiene que aprender a asociar la cama con el sueño y el descanso. Usarla para comer, trabajar, ver series, etc., despista al cerebro.
4. **Si no te duermes pasado un rato considerable, levántate y vete a otra habitación a hacer algo aburrido y repetitivo.** Si te sueles quedar dando vueltas, sufriendo porque no concilias el sueño, el cerebro puede llegar a considerar la cama como un estímulo fóbico (algo desagradable).
5. **Cena ligero.** Tengo una amiga que dice que siempre que sale a cenar por ahí luego duerme fatal e incluso tiene pe-

sadillas, y la ciencia le da la razón. Las cenas copiosas impiden el descanso reparador.

Si no sabes qué comer por las noches, prueba, por ejemplo, con una ensalada, un pescado a la plancha, una tortilla francesa o verduras hervidas. En resumen: trata de cenar comida no frita, sin picante y sin especias ni sabores fuertes.

6. **Acuéstate y levántate siempre a la misma hora.** Al menos inténtalo. Así generarás una rutina.
7. **No uses dispositivos electrónicos antes de dormir.** Tenemos la manía de usar el móvil todo el día, algunos hasta se lo llevan al baño, así que no es raro que la mayor parte de la población lo use también en la cama, justo antes de irse a dormir. Pues bien, si perteneces a este club, tienes que saber que el uso de cualquier dispositivo electrónico altera el patrón normal del sueño. Cuanto más se usa el móvil, peor se descansa. Se debe a que su luz azul obstaculiza la melatonina, la hormona del sueño. Aunque algunos móviles incluyan el modo noche o el filtro naranja, su luz sigue afectando negativamente (aunque menos).

Lo mejor es no usar el móvil al menos una hora antes de irse a dormir.

Quizá te interese saber que somos completamente adictos al móvil. Cada vez que nos llega un mensaje o deslizamos el dedo para ver nuevos y rápidos contenidos en las redes sociales, nuestra mente está poniendo en marcha su sistema de recompensa (situado en el cerebro emocional). Estos contenidos se suceden unos tras otros y nos distraen, nos hacen sentir bien, pero solo momentáneamente. Mientras nuestros ojos van de una publicación a otra, nuestra mente libera dopamina, una sustancia relacionada con el placer inmediato, una especie de «felicidad» efímera. Esta distracción, este premio, es solo un espejismo. Los estímulos cortos e intensos propios de las redes sociales nos distraen del malestar de manera rápida y fácil, pero, cuando volvemos al mundo real, los problemas siguen ahí; el malestar del que huimos sigue esperando a ser atendido y, si no lo hacemos, si no le prestamos atención, nuestra mente volverá a buscar de nuevo ese estímulo que le hace sentir tan bien tan rápido, recurriendo, una vez más, al móvil y las redes sociales. Y vuelta a empezar.

8. **Mantén los estímulos emocionales lejos.** Si tienes que mantener una conversación seria con alguien, no lo hagas justo antes de irte a dormir, eso alterará a tu chihuahua interior y te mantendrá activo más tiempo del que deseas. Esto también vale para esas emocionantes conversaciones de WhatsApp que se alargan hasta las tantas. Puede que sean muy bonitas y maravillosas, pero, si tienes problemas para descansar y conciliar el sueño, no te recomiendo mantenerlas precisamente porque las cosas emocionantes también nos activan (aunque de manera más agradable).

Si eres una persona sensible a la que le alteran los ruidos fuertes, las noticias o ciertas películas, este consejo también es aplicable a ti. Mantente alejado de estos estímulos si la hora de irte a dormir está cerca.

9. **Crea una rutina antes de ir a la cama.** Date un baño, ponte crema, lávate los dientes, lee algo tranquilo, hazte una infusión…

    Leer le hacía mucho bien a Antonio, pero, en un estado de fatiga mental, le era mucho más fácil coger el móvil y deslizar contenidos. Cuando mi paciente recuperó su hábito de lectura, lo notó muchísimo.

    Recuerda, no caigas en la trampa del móvil.

10. **Conoce tu ciclo del sueño.** Aunque se suela decir que lo suyo es dormir ocho horas, esto no siempre es así. Cada persona tiene su propio ciclo según la etapa de la vida en que se encuentre. Yo, con veinte años, necesitaba dormir una media de once horas al día. Hace unos meses, con treinta y tres, necesitaba dormir nueve para sentir que estaba completamente descansada. Ahora, embarazada, necesito dormir muchísimo más, y seguro que, cuando nazca mi hijo, me acostumbraré a dormir mucho menos. El ciclo del sueño cambia a lo largo de nuestra vida.

11. **Elimina o reduce el consumo de alcohol, tabaco y cafeína.** El tabaco es un activador del sistema nervioso, al igual que la cafeína. A Antonio le pasaba que, cuanto menos dormía, más cafeína necesitaba y, cuanta más cafeína tomaba, menos dormía. Hay que romper ese bucle.

    Y, aunque parezca que el alcohol es bueno porque ayuda a conciliar el sueño, en realidad hace que el sueño sea menos reparador.

12. **Reserva un rato cada día a tus pensamientos, de lo contrario, saldrán justo antes de irte a dormir.** ¡Esto es tan típico! Te acuestas dispuesto a caer rendido en los brazos de Morfeo y, de repente, tu cabeza empieza

a repasar todos y cada uno de tus problemas. Y, ojo, si le das cuerda, te llevará a través de un viaje en el tiempo a repasar todos los errores que cometiste en el pasado. ¿Por qué pasa esto?

Verás, nuestro cerebro se mantiene ocupado durante el día con el ajetreo de la vida, necesita energía para prestar atención a las cosas que nos van pasando. Así que no le queda más remedio que aparcar los pensamientos y dejarlos en un segundo plano, esperando poder atenderlos más adelante. Si no les prestamos atención en algún momento del día, nuestro cerebro aprovechará para sacarlos justo antes de dormir. ¿Y por qué justo antes de dormir? ¡Qué oportuno nuestro cerebro!, ¿no? Pues resulta que esto ocurre porque antes de dormir es precisamente cuando tenemos menos estímulos alrededor que requieran nuestra atención, así que el cerebro la redirige a los pensamientos que durante el día había dejado aparcados en un segundo plano.

> Si no damos espacio a nuestros problemas, preocupaciones y emociones a lo largo del día, aparecen justo cuando nos disponemos a desconectar del mundo, impidiéndonos así conciliar el sueño.

13. **El ruido blanco puede ayudarte.** El ruido blanco es un tipo de sonido constante y uniforme, como, por ejemplo, el que podemos escuchar en la lluvia, las olas del mar o la tele de fondo. Se suele usar para conciliar el

sueño porque ayuda a enmascarar otros ruidos. El ruido mental también se considera ruido porque, aunque no es sonoro, sí «suena» de alguna manera en nuestra mente. Así que podemos decir que usar el ruido blanco puede ser una estrategia genial para acallar tu mente si ves que la técnica de darles un espacio a tus pensamientos en otro momento del día no te funciona.

14. **Restricción del sueño y sueño paradójico.** Las noches en las que sea imposible pegar ojo, no te presiones. Ya sé que esto es difícil porque los pensamientos que se nos pasan por la cabeza suelen ser del tipo: «No estoy durmiendo», «Mañana voy a estar fatal», «Verás qué cansado estaré», «No voy a rendir», etc. Y esto genera ansiedad. Si hay ansiedad, es muy pero que muy complicado conciliar el sueño, porque, recuerda, si hay ansiedad hay activación y el cerebro no puede «apagarse» porque interpreta que hay algo por lo que activarse.

Lo mejor en estos casos no es tratar de dormir, eso te activaría más. Lo mejor es que «te rindas» al insomnio y finalmente duermas las horas que puedas. Si son dos, pues dos; si son tres, pues tres. El día siguiente no duermas siesta, es posible que esa misma noche estés lo suficientemente cansado como para dormir sin problema.

Voy a hacer una aclaración con respecto al párrafo anterior: rendirse al insomnio es aceptar que puede que esa noche no duermas. Sí, sé que parece una locura, ¿cómo no vas a dormir? Bien, pues te prometo que esto que te estoy contando forma parte de otra estrategia muy buena llamada **sueño paradójico**. Esta estrategia consiste en relajar al cerebro a través de una paradoja. Si piensas en dormir cuando no puedes dormir, te presionas y te activas más. Si te activas más, el cerebro entiende que hay una amenaza a la que hacer frente, con lo cual no puede relajarse y dormir porque tiene la misión de mantener esa activación por cuestiones de supervivencia. Sin embargo, si piensas que no dormirás, se producirá el efecto contrario. Paradójicamente, el cerebro se relajará porque la amenaza de «tengo que dormir» se habrá desactivado y entenderá que ya no merece la pena permanecer en alerta. Todo esto de la paradoja te lo contaré en profundidad en el capítulo ocho, «Hackeando el cerebro», porque es una herramienta muy pero que muy potente, y no solo para el sueño, sino para cualquier tipo de miedo o ansiedad.

Si la técnica de la restricción del sueño no te funciona con un solo día, úsala dos días seguidos. Te notarás muy cansado, pero finalmente tu cuerpo se regulará por sí solo y buscará descansar.

Sueños que se repiten: pesadillas

Antonio tenía muchos sueños raros y pesadillas. ¿Por qué? ¿Tenía eso que ver con su ruido mental y su estado emocional? La respuesta es: sí.

> **Por la noche, nuestro cerebro usa el sueño para procesar lo que durante el día no hemos podido abordar.**

Aunque nosotros durmamos, nuestro cerebro sigue trabajando: coge la información de las situaciones más relevantes del día, la procesa y la archiva.

A nuestro cerebro le gusta tenerlo todo ordenado, así que, si además de lo ocurrido durante el día resulta que en el pasado pasó algo que no pudo procesar y cree que puede tener relación con lo de hoy, aprovecha el sueño y mete las cosas que tiene pendientes y que en su momento no pudo codificar.

El momento de limpieza general del cerebro es durante la fase REM, pero lo más curioso es que, del proceso, nosotros solo vemos algunas imágenes resultantes medio descolocadas. A veces las mezclas son básicas y soñamos directamente con el miedo o la situación en bruto. Otras veces son tan locas que soñamos cosas sin sentido como que volvemos al colegio y se nos caen los dientes (por ejemplo). Algunas personas me han contado sueños que no tenían ni pies ni cabeza porque mezclaban elementos absurdos del día (como detalles vistos en una película o hablados en una conversación con el vecino) con detalles o aspectos importantes de la vida, como, por ejemplo, un sueño en el que el soñador escapaba de un apocalipsis zombi junto a Ryan Reynolds vestido de Deadpool, pero antes tenía que pasar por la carnicería para comprar salchichas de la marca que su vecino le había dicho porque eran las mejores, mientras que su padre le llamaba por teléfono y le decía: «Me has decepcionado».

A veces me preguntan por qué se sueña con el ex. Pues mira, no lo sé, supongo que depende de la historia que hayas tenido con ese ex. Lo que sí que tengo claro es que no se sueña con los ex porque estén pensando en ti ni porque te echen de menos. Tampoco son visiones del futuro (aunque a veces puedan coincidir). El cerebro usa recuerdos antiguos para procesar otros recuerdos y tiende a mezclarlos. Si pasó algo con tu ex que te marcó y no lo pudiste procesar, el cerebro lo mantiene a mano para, bajo su criterio, relacionarlo con cualquier otra cosa con la que comparta aspectos en común (por mínimos que sean).

Sea como sea, es importante llegar a la noche con todas las cosas más o menos ordenadas en nuestra mente. El cerebro hará igualmente su trabajo, pero, cuanto más lo ayudemos, mejor. **Hablar**

con alguien o escribir sobre aquello que nos preocupa o aquello que nos ha ocurrido ayuda mucho porque cuando hablamos o escribimos ayudamos a nuestro cerebro a procesar la información, así no le dejamos todo el trabajo a él.

Gestión de emociones

Vamos a empezar por el principio, por lo más básico en la psicoeducación de las emociones.

Las emociones son respuestas inconscientes de nuestro organismo y se caracterizan por ser automáticas; esto quiere decir que no podemos controlar cuándo aparecen y cuándo no. Lo que sí podemos controlar es qué hacemos con ellas una vez que se muestran, pero es importante saber que jamás vienen y se van a voluntad. Necesito que te grabes esto a fuego porque, cuando hablamos de gestión de emociones, muchas personas creen que el proceso trata de aprender a hacer con ellas lo que queramos, y lo cierto es que esto no funciona así. Quizá pueda parecer decepcionante, pero la única manera de aprender a gestionar nuestras emociones es aprendiendo a convivir con ellas, nos gusten o no y nos hagan sentir bien o mal. Tal vez la palabra para definir el proceso no sea «gestionar», tal vez la palabra más adecuada sea «regular» o «manejar».

En cualquier caso, creo que la idea está clara: las emociones no se controlan y no aparecen y desaparecen de forma voluntaria. Con las emociones se aprende a convivir y, con el tiempo, ese aprendizaje puede ayudar a que la emoción no sea tan intensa, a que no resulte tan incapacitante e incluso a que no aparezca tanto como lo hace en el presente. Pero esto son objetivos a largo plazo que se logran siempre de manera indirecta, jamás directa. Uno no puede levantarse un día y decir: «Bueno, hoy no quiero tenerle miedo a cometer errores», especialmente si es un miedo que le genera ansiedad y que arrastra desde hace tiempo. El trabajo en psicoterapia tiene resultados, pero es importante abarcarlo desde la paciencia, la compasión y la comprensión de la mente. Hoy por hoy, por mucho que pelees contra cualquier emoción, por mucho que no quieras sentirla, la sentirás si la tienes que sentir. Repite conmigo: es normal.

¿Podemos no sentir miedo?

El miedo es una emoción útil y adaptativa, nos avisa de que estamos ante un peligro y que tenemos que reaccionar y protegernos. No sentir miedo implica la ausencia total de la emoción, incluso ante situaciones amenazantes de verdad. Por otra parte, aprender a convivir con el miedo supone aceptar, reconocer y manejar la emoción para que no interfiera en nuestras actividades cotidianas.

Imagina que un día vas andando tranquilamente por la calle, viene alguien, te pega una torta y, lejos de quejarte o denunciar a esa persona por agredirte, te enfadas contigo mismo por sentir dolor físico tras el guantazo. Pues, cariño, esto es lo mismo, pero, en lugar de estar hablando de dolor físico, estamos hablando de dolor emocional.

El cuerpo expresa lo que nos negamos a sentir

Dolores de estómago, migrañas, problemas visuales, algunos tipos de dermatitis… El cuerpo expresa, habla y grita, y si no le hacemos caso, si seguimos como si nada, podemos llegar a enfermar.

¿Te ha pasado alguna vez eso de ir acelerado por la vida y ponerte malo justo cuando estás de vacaciones? ¿O eso de ir a tope, sentir ansiedad por un tubo, no parar porque tienes muchas cosas que hacer, y que de repente te aparezca un nuevo síntoma por el que acudes al médico y resulta que no hay nada físico detrás?

A mí me pasa mogollón. Entro en la dinámica, me pongo en modo automático y no me doy cuenta de lo acelerada que voy hasta que me noto el síntoma. Una vez que lo noto, estoy tan desconectada de mi cuerpo que ni siquiera lo asocio a un estado de activación. Así que hasta que el médico no me dice: «Puede ser por ansiedad», no caigo del burro. Me ha pasado ya unas cuantas veces, porque te juro que los síntomas son cada vez diferentes y que de primeras para nada los asocio con el estrés. Me ha pasado con problemas digestivos, pitidos de oídos y migrañas. Hace poco me pasó una cosa muy bestia: de repente no veía. Fue un susto tremendo. Estaba cenando con mi marido, Alberto, y dejé de ver el plato de comida de manera nítida. Comencé a ver la imagen «rota», pixelada...; no sé cómo describirlo. Pensé que se debía a que unos minutos antes había estado con el móvil y que se me pasaría pronto, como cuando estás en una zona con mucha luz y de repente entras en una zona oscura, que los ojos se tienen que acomodar. Intenté seguir como si nada, pero lo cierto es que los minutos pasaban y seguía sin ver con claridad. Se lo comenté a Alberto y, como era de esperar, se asustó.

—Pero ¿me ves? ¿A mí me ves? —preguntaba nervioso.

—Sí, te veo, pero no te veo entero. Te veo mal.

Empezó a preguntarme por todo lo que estaba alrededor.

Dejé de ver la mitad de la imagen y comencé a ver, en su lugar, una caracola de colores (suena bonito, pero no lo es). Cuando miré la pantalla del móvil y vi que apenas podía buscar el contacto de mi madre, me asusté de verdad. Intenté relajarme porque asustarse en esos momentos no sirve de nada. Si entraba en pánico y el miedo se apoderaba de mí, iba a ser peor. Esperé pacientemente, pero nada, la caracola seguía ahí, cada vez más grande. Fui al baño y me cambié de ropa por si teníamos que ir al hospital. De repente, sin más, esa «caracola de colores» empezó a desaparecer hasta que se fue por completo. No entendí nada.

Al día siguiente fui al oftalmólogo y me dijo que todo estaba perfecto. Seguí sin entender nada, hasta que dijo:

—¿Has estado nerviosa últimamente?

¡Ja! ¿Que si había estado nerviosa, decía? Dos semanas antes, concretamente en mi semana veinticinco de embarazo, me diagnosticaron diabetes gestacional, y desde entonces no había podido parar de darle vueltas al asunto. Por dentro tenía «dos voces», la emocional y la racional, y ya sabemos qué pasa cuando se ponen a discutir.

—¿Y si esto ha afectado a mi bebé?

—Pero si le hiciste una ecografía literalmente la semana pasada y estaba todo bien.

—Pero ¿y si le afecta?

—No puedes saber qué pasará en el futuro. Lo estabas haciendo bien, pero ahora seguro que lo harás aún mejor. Para ver cómo va todo están las revisiones ginecológicas.

—¿Y si no he sido responsable con la comida?

—Llevas comiendo bien años, hace tiempo que aprendiste hábitos sanos, ¡claro que has comido bien! Pasarse un par de veces no es comer mal.

—Soy una mala madre. Tendría que haberlo hecho mejor.

—La diabetes gestacional no es una cosa que se tiene a voluntad, es algo que depende de tu organismo. ¿Crees que estaría bien sentirse responsable de que tu cuerpo genere una alergia a un alimento? Pues lo mismo es.

—¿Y si en realidad lo sigo haciendo mal y no me estoy enterando?

—Estás en seguimiento con profesionales, seguro que lo estás haciendo bien.

—¿Y si luego la diabetes no se va?

—Se irá, porque la diabetes gestacional es algo transitorio. Y, si no se va, tendrás calidad de vida igual porque en la actualidad hay muchos avances. De todas formas, hasta que no pase, que seguro que no pasará, esto es algo que a día de hoy no existe y no tienes por qué preocuparte al respecto.

—¿Y si mi hijo nace con diabetes?

—Tu hijo no nacerá con diabetes porque una cosa no lleva a la otra. De todas formas, hasta que no pase, que seguro que no pasará, esto es algo que a día de hoy no existe y no tienes por qué preocuparte al respecto.

Y así seguí, con un montón de «¿y sis...?» y pensamientos negativos sobre mí misma.

Para colmo, resulta que el abordaje que me recomendaron para la diabetes gestacional fue hacer controles de glucosa seis veces al día, vigilar lo que comía, contar raciones y gramos, ejecutar conductas compensatorias del tipo: «Cada vez que comas, haz ejercicio para que la glucosa no te suba», y leer etiquetas de productos. ¿El problema? Que justamente era lo mismo que hacía con catorce años cuando me diagnosticaron TCA bastante restrictivo, en el que controlaba el peso cada día, vigilaba atentamente lo que comía, contaba raciones, gramos y calorías, y ponía en marcha conductas compensatorias motivadas por pensamientos completamente distorsionados del tipo: «Tengo que quemar lo que coma para que la grasa no se acumule».

Imagínate la fiesta que había montada en mi cabeza: flashbacks de aquella época de mierda; lucha interna para no volver a despertar la obsesión por los números, las raciones y los gramos; esfuerzos para mantener a raya mi exigencia y dejar de sentirme mala madre por no sacar los niveles de glucosa que se esperan en cada comida a la primera.

Aquello me superó, me pasé dos semanas llorando día y noche, y, cuando apareció aquel síntoma en mi vista, no supe ver la relación que había hasta que el oftalmólogo lo sospechó, y menos mal. Ahí lo entendí todo. Mi amígdala llevaba dos semanas reaccionando como un chihuahua poseído, mientras que yo me sentía anímicamente mal, pero sin llegar a saber con exactitud por qué. Se activaron en mí recuerdos del pasado y miedos del futuro. Con el protocolo que me pautaron en el hospital para controlar la diabetes gestacional, estaba hurgando constantemente en la llaga de una herida emocional pasada y, por otro lado, rumiando preocupaciones de cara al futuro, el pack completo.

La diabetes gestacional no se considera un diagnóstico grave, de hecho, en la mayoría de los casos es pasajero y se debe a que, de repente, hay un órgano nuevo en el cuerpo: la placenta. Sin embargo, aunque mi salud física fuera estable, mi salud mental estaba fuera de sí. De hecho, mientras escribo esto, estoy mirando en el calendario mi próxima visita con el psicólogo. En cuanto fui consciente de esta relación, se lo conté a mi matrona y mi endocrina. Lo cierto es que fueron muy comprensivas y flexibles al verme en la consulta llorando sin consuelo. Jamás habían visto a una mujer tan afectada por un diagnóstico que no se considera grave, pero, claro, yo traía mi mochilita emocional, y eso era lo que a mí me pesaba. No quería despertar al monstruo del TCA de nuevo. No quería volver a adentrarme en ese infierno mental de pura autodestrucción.

Desde la comprensión, me derivaron al psicólogo y me recomendaron hablar con un nutricionista para que me educara en hábitos sanos con relación a este diagnóstico, así dejaría de contar raciones y gramos. Me siento orgullosa porque, gracias a que até cabos, pude averiguar el origen de mi malestar y, con ello, negociar y ser partícipe en mi propio tratamiento. He de comentar que, a la par que me siento muy orgullosa de mí misma, también me siento muy orgullosa de la sanidad pública, porque es la primera vez que, como paciente, me siento escuchada, amparada y comprendida, no solo a nivel físico, sino también emocional.

Ahora estoy un poquito mejor porque he aprendido algunas herramientas nuevas en materia de nutrición que me permiten alejarme de «llevar las cuentas» y obsesionarme con los números en esta nueva situación. También tengo mucha fe en las sesiones de psicología (los psicólogos también necesitamos ir al psicólogo y, como puede que ya sepas, no es la primera vez que voy).

El cuerpo me avisó y yo le hice caso. No podía seguir cargando con tanta ansiedad, tenía que hacer algo para empezar a calmar la amígdala. Imaginarme al chihuahua poseído durante esos días me ayudaba un poco a llevar las cosas con algo más de ánimo.

Como ves, a veces nuestro cuerpo es el reflejo de lo que tragamos y no canalizamos. Las cosas que ignoramos, aguantamos, bloqueamos o nos negamos a sentir terminan saliendo por alguna parte. Mente y cuerpo están conectados, y todo lo que no se procesa puede transformarse en síntomas físicos.

Por supuesto, no todas las enfermedades físicas se pueden explicar desde la psicología o la no gestión de las emociones, pese a lo que algunas personas puedan creer. A veces he llegado a leer burradas en las que se relacionaban enfermedades graves con traumas del pasado que sonaban más a asociaciones mágicas que a realidad, como asociar el cáncer con algo emocional. Lo siento, pero no. Se sabe con certeza que existen síntomas psicosomáticos relacionados con el estrés y la ansiedad, pero de ahí a extrapolarlo a todo hay un trecho.

Muchas personas que vienen a consulta para trabajar sus emociones demandan «técnicas o estrategias para no sentirlas». Es normal, ¿quién quiere sentir ansiedad? ¿Quién quiere sufrir? ¿Quién desearía sentirse mal? Nadie desea algo desagradable en su vida, especialmente si el malestar permanece durante mucho tiempo, que suele ser el caso de quienes consultan con un profesional. Sin embargo, para trabajar el malestar persistente, también es importante entender que no existen las técnicas para no sentir malestar, existen las técnicas para ser consciente de lo que pasa y por qué; existen las técnicas para cambiar las conductas, los pensamientos y las formas de ver las cosas; existen las técnicas para que poco a poco tu cuerpo y tu mente se vayan acostumbrando a escoger un camino diferente al que escogen en el presente; unas técnicas que, en definitiva, te ayuden a dejar de forzar la homeostasis.

> No puedes elegir no tener miedo. Pero sí puedes darle la vuelta a la situación. El miedo que sientes no te define, pero seguramente te enseña muchas cosas sobre ti. Si eres capaz de detectar tus tendencias y patrones, con práctica y herramientas, serás capaz de gestionar mejor tus emociones y conseguirás sufrir mucho menos.

Recuerdo el caso de Aurora, una mujer de unos cuarenta años. Acudió a la consulta porque hacía tiempo que el miedo se había apoderado de ella y de su vida.

—María, siento que no vivo. Estoy todo el rato con preocupaciones en la cabeza y, cuando no las tengo, parece que vienen solas o que mi cabeza las busca. Siempre tengo algo por lo que preocuparme. Nunca me siento en paz. Me gustaría no sentir miedo —me dijo en esa primera consulta.

—¿Y cómo crees que puedo ayudarte? —le pregunté.

—Me gustaría que me enseñaras estrategias.

—Vaya… ¿Quieres que te enseñe estrategias para no sentir miedo? Me temo que no puedo.

—¿Cómo que no? —preguntó nerviosa—. Pero tú eres psicóloga, ¿verdad?

—Claro, soy psicóloga, pero me estás pidiendo algo muy pero que muy complicado.

Aurora me miró con cara de incredulidad.

—Verás, no puedo ayudarte a no sentir miedo —negué con la cabeza.

—¿Por qué?

—Por la misma razón por la que tampoco podría ayudarte a que tu estómago no hiciera la digestión o a que tu páncreas no produjera insulina. Las emociones no funcionan a voluntad.

Aurora miró cabizbaja a la mesa, parecía decepcionada.

—No puedo hacer que dejes de sentir miedo —continué—, pero sí puedo ayudarte a convivir con el miedo, y ten por seguro que te ayudaré.

—Te lo agradezco, pero ¿cómo se puede convivir con el miedo? ¿Eso significa que toda la vida estaré así y que me tengo que acostumbrar a esto?

—¡De ninguna manera! Jamás hay que acostumbrarse al sufrimiento. Esto significa que no puedo ayudarte a que no tengas miedo, pero sí puedo acompañarte a conocer a fondo tu miedo y a regular el malestar que esa emoción provoca en tu día a día. Poco a poco, el miedo irá desapareciendo, pero, hasta que eso ocurra, tendrás que aprender a aceptar su presencia y convivir con él mientras vas trabajando conmigo estrategias que pongan el foco en tu cuerpo, tus pensamientos y tu conducta.

—Ah…, no lo había visto así. Pinta bien.

—Míralo de esta forma. Imagina que conoces a una persona que cuando siente felicidad toma decisiones impulsivas. Eso le trae muchos problemas y quebraderos de cabeza. ¿Verías razonable que la solución fuera dejar de sentir felicidad?

—No, lo razonable sería que sintiera felicidad, pero que dejara de actuar impulsivamente.

—¿Te das cuenta de la diferencia?

Ese día Aurora entendió algo muy importante: el trabajo no estaba en la emoción en sí misma, estaba en otro sitio.

Puede que tras esto te estés preguntando algo así como: «Entonces ¿qué diantres hago yo para trabajar este malestar que tanto me desequilibra?». Pues bien, mientras las emociones van y vienen, podemos hacer ciertas cosas para que no nos condicionen a nivel extremo. Podemos aprender sobre ellas; podemos generar conciencia de qué efectos tienen en nuestro cuerpo, de cómo las sentimos y de cómo funcionan; podemos observar sus consecuencias o tratar de cambiar los pensamientos y las conductas que las acompañan; podemos aprender a relajarnos o distraernos, y lo más importante, podemos y debemos aprender a aceptarlas. A lo largo de este libro te acompañaré a hacer todas y cada una de estas cosas, especialmente con el miedo.

Para empezar a trabajar, quiero que entiendas dos cosas:

1. Necesitas **conectar** con tu cuerpo, con lo que sientes, piensas y haces. ¿Sabes ponerle nombre a aquello que notas, más allá de decir si te encuentras «bien» o «mal»? «Bien» y «mal» no son ni emociones, ni sentimientos, ni estados de ánimo.
2. **No puedes juzgar** de manera sistemática lo que sucede en tu interior. ¿Has observado cómo reaccionas ante tu

miedo? ¿Te has fijado en cómo te tomas el hecho de sentir, en general?

Cuando sientas miedo, ansiedad o preocupación, observa:

- ¿Qué sientes? (Poner nombre a tus emociones ayuda a que la amígdala se calme un poquito).
- ¿En qué parte del cuerpo lo sientes?
- ¿Qué piensas?
- ¿Qué sueles hacer o qué te apetece hacer cuando sientes eso?
- ¿Has sentido alguna vez algo parecido? ¿Cómo fue esa vez?
- ¿Cómo te sientes ante el hecho de estar sintiendo esto?
- Cuando pones en marcha estrategias para sentirte mejor, ¿lo haces desde la compasión o desde la obligación?
- ¿Haces lo que haces para que la emoción se vaya o porque sabes que te puede ayudar a calmarla un poco?
- Si tras poner en marcha las estrategias que conoces la emoción no se va, ¿te enfadas?, ¿te sientes peor?, ¿te frustras?
- ¿Estás teniendo paciencia contigo mismo en este momento o estás exigiéndote estar bien?

- ¿Qué dice tu voz interior sobre tus emociones?
- ¿Qué escuchas dentro de ti cuando sientes algo desagradable?
- ¿Cómo te hablas cuando estás preocupado, ansioso o inseguro?
- ¿Esa voz es la tuya o la de las personas adultas de referencia de tu infancia?
- ¿Te dices a ti mismo las cosas que te decían ellas?

Tu voz interior a veces no es tuya, ¿lo sabías? A veces, es la voz que en el pasado te decía: «Ve con cuidado». La has interiorizado tanto que la has hecho tuya, pero no lo es.

Recuerda que:

- No hay emociones buenas o malas, lo que sientes es una reacción de tu cuerpo (R) ante un estímulo procesado (O).
- Experimentar emociones agradables o desagradables forma parte del ser humano.
- Cuando experimentes emociones difíciles, en lugar de criticarte o exigirte, háblate con compasión.
- En lugar de pensar «No debería sentirme así», intenta pensar «Es normal que me sienta así dadas las circunstancias».
- Las emociones son temporales, vienen y van. Tú estás empezando a trabajar para que no se queden durante mucho tiempo, especialmente el miedo.

- Escribir lo que sientes puede ayudarte a percibirlo de otra manera.
- Acepta que no puedes controlarlo todo, y menos aún lo que sientes.

Como decía, sentir cualquier emoción es algo que no se puede controlar, sin embargo, también quiero que sepas que **sentir o no sentir no justifica ningún tipo de comportamiento dañino a uno mismo o a los demás**. Eso de «Te he insultado porque me he enfadado y, como el enfado es inevitable, tienes que entender que te insulte», no. La sencilla razón es que el ser humano sí es capaz de controlar el comportamiento. Ya te lo decía en *Me quiero, te quiero*, puedes sentir celos, pero eso no justifica que controles a tu pareja, que chequees su móvil o que espíes su ubicación.

Como decía en uno de mis reels en Instagram:

Puedes sentir celos, pero eso no justifica que me controles.
Te puedes enfadar conmigo, pero eso no justifica que dejes de hablarme durante días.
Puede que tengas un pasado difícil, pero eso no justifica que me manipules.
Te puede generar incomodidad decirme que no estás interesado en mí, pero eso no justifica que me hagas ghosting.
Te puedes enfadar, pero eso no justifica que me grites.
Puedes haber tenido un mal día, pero eso no justifica que me trates con desprecio.

Puede que la emoción y la conducta suelan aparecer juntas, pero no son dependientes la una de la otra.

5
LAS TRAMPAS DE LA MENTE

Los pensamientos tienen el poder de modificar nuestras emociones, pero a veces están tan automatizados que no somos capaces de percibirlos. Para trabajar cualquier estado emocional, es importante observarlos y ver cómo se comportan.

Me gustaría que este capítulo te sirviera para empezar a prestar atención a lo que piensas y a cómo lo piensas. Te voy a hablar de una serie de esquemas cognitivos que se suelen activar sin que nos demos cuenta y que pueden llegar a condicionar muchísimo tu vida.

Sesgos y distorsiones cognitivas

Cuando nuestro cerebro (O) procesa los estímulos (E), dicha información pasa por unos «filtros» antes de emitir una respuesta (R). Estos «filtros» son mecanismos que ayudan a seleccionar, interpretar y organizar la información.

Estos filtros están condicionados por algunas de las diferentes características que describo a continuación:

- El cerebro no puede procesar a la vez toda la información que recibe, así que se enfoca en ciertos estímulos y descarta otros. Este filtro nos ayuda a procesar lo que para nosotros es más relevante en un momento dado.
- Nuestra mochila emocional influye en cómo interpretamos la nueva información. Basarnos en lo que ya sabemos o tenemos aprendido nos ayuda a comprender el mundo de manera más eficiente.
- La manera en la que nos sentimos en ese momento influye mucho en cómo percibimos y procesamos la información. Por ejemplo: si estás feliz, te apetece hacer más cosas que si estás triste o decaído. Si te dan una noticia regular cuando estás enfadado, te la tomarás mucho peor que si estás alegre. Si estás nervioso, es posible que tiendas a enfocarte más en posibles amenazas.
- La cultura y el contexto social también nos afectan en la manera en la que interpretamos la información, pero tiene sentido, puesto que este filtro nos ayuda a interaccionar mejor con el entorno y las personas que nos rodean.
- Los sesgos cognitivos son patrones de pensamiento que nos llevan a procesar la información de manera no objetiva. Estos sesgos pueden distorsionar la realidad y afectarnos en nuestras decisiones y juicios.

Vamos a desarrollar en detalle este último punto.

Aunque los términos «sesgos cognitivos» y «distorsiones cognitivas» se suelen emplear de manera intercambiable, no son exactamente lo mismo. Ambos son errores en el procesamiento; sin embargo, unos son más evidentes que otros. A continuación te señalo la principal diferencia.

Los **sesgos cognitivos** actúan de manera automática e inconsciente y afectan a todas las personas.

Las **distorsiones cognitivas** son patrones de pensamiento negativos e irracionales asociados con psicopatologías como la depresión o la ansiedad. Distorsionan la realidad de manera más evidente y suelen afectar bastante más a nuestro estado emocional.

A menudo es difícil señalar hasta qué punto un filtro es un sesgo o una distorsión, por eso se suelen confundir a la hora de identificarlos, aunque en la teoría las diferencias se perciben claras. A veces hay personas que, sin ningún tipo de patología o problema psicológico previo, pueden activar distorsiones cognitivas ante situaciones que generen un nivel de estrés elevado. Por eso y para que no te líes, yo te voy a explicar el funcionamiento como si ambos conceptos fueran lo mismo, porque lo que nos interesa es el trabajo que tú puedas hacer con ello.

A mí me gusta explicar esto de los sesgos y las distorsiones con colores. Es una manera simple y facilonga de explicarlo: siempre lo hago así con mis pacientes en consulta y les gusta mucho, así que lo voy a hacer igual. Eso sí, vas a tener que poner en práctica tus conocimientos de plástica.

Imagina que la información que tu cerebro tiene que procesar es de color amarillo.

INFORMACIÓN QUE ENTRA = AMARILLA

Como ya sabes, el cerebro, a su vez, tiene un filtro que procesa y da un sentido a esa información. Ahora imagina que ese filtro es de color azul y que tiene la capacidad de impregnar con su tono toda la información que pasa por él.

FILTRO = AZUL

Si la información que entra es de color amarillo, cuando pase por el filtro azul, los colores se mezclarán y el resultado de la información ya procesada será verde.

RESULTADO = VERDE

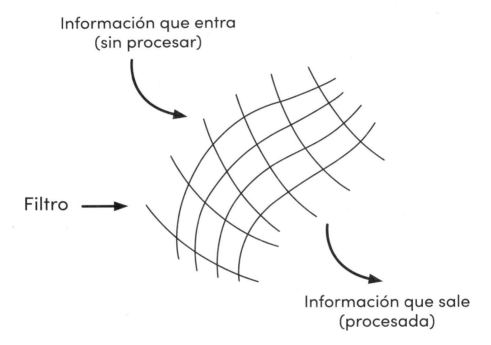

Ahora supongamos que ese filtro no funciona del todo bien, que está «distorsionado» o «sesgado» y que, en lugar de ser de color azul, es de color rosa magenta. ¿Qué ocurrirá? Exacto, que cuando la información amarilla pase por ese filtro, en lugar de resultar verde, resultará roja.

Vamos a traducir esto en un par de ejemplos prácticos:

Respuesta de mi pareja (sin filtro distorsionado):
«Vaya, se ha averiado el coche. Llamaré a la grúa. Que nos lleven al taller y allí que nos digan qué le pasa. Cuando sepamos qué se ha roto, vemos qué posibilidades tenemos para arreglarlo y, por ende, para el viaje».

Mi respuesta (con filtro distorsionado):
«Se ha averiado el coche, ya no podremos irnos de vacaciones. Entre que viene la grúa, llevamos el coche al taller y lo arreglan, no llegamos a tiempo ni de coña. Y eso si se puede arreglar, que ya veremos. Lo mismo nos toca comprarnos otro coche. ¡Con lo caros que son! Tendremos que cancelar la reserva del hotel y volver a casa, y más si necesitamos ese dinero para un coche nuevo. A ver cómo volvemos ahora. Se nos han estropeado las vacaciones. Siempre nos pasa algo».

Respuesta de mi padre (sin filtro distorsionado):
«No pasa nada, la pelota venía muy rápida y era difícil

darle. Sigue entrenando y verás que, poco a poco, esa parte la vas mejorando».

Mi respuesta (con filtro distorsionado):
«Llevo ya tres fallos seguidos. Quizá es que no valgo para este deporte. Hay gente mejor que yo. Llevo jugando a tenis mucho tiempo y a veces no lo parece. Debería dejarlo».

Se notan las diferencias, ¿verdad?

Quizá te hayas visto reflejado en alguna de las versiones. Cuando expongo ejemplos de este tipo, hay personas que me dicen que el pensamiento negativo les parece más realista. Es curioso: ¿por qué consideramos más realista el pensamiento negativo que el positivo? Cuando les traslado esta pregunta, me suelen responder con comentarios como «Es mejor no ilusionarse porque luego te llevas chascos», «Si me pongo en lo peor estaré preparado para todo» o «No es la primera vez que intento pensar en positivo y al final no pasa nada bueno»; comentarios, como ya te puedes imaginar, distorsionados.

No hay absolutamente nada que demuestre que lo malo siempre tiene más probabilidad de ocurrir que lo bueno.

A continuación, tienes una lista de todos los sesgos y distorsiones cognitivas que pueden activarse cuando el miedo se dispara. A mí me gusta hacer check en aquellos que alguna vez creo que se me han podido activar; también intento tener la lista a mano cuando estoy en medio de una vorágine de ansiedad y preocupaciones porque me ayuda a anclarme en la realidad e impide mi descenso al subsuelo del malestar.

Lista de sesgos y distorsiones cognitivas más frecuentes:

1. Inferencia arbitraria

Es el error de procesamiento que hace que saltemos directamente a las conclusiones negativas sin ninguna evidencia empírica que pueda avalar ese salto o lógica. Veamos algunos ejemplos:

- **Distorsión:** «No voy a aprobar el examen porque soy un desastre».

  Pensamiento racional: «¿Qué tiene que ver que sea un desastre con aprobar o no un examen? Hay cosas que me pueden salir mal, pero eso no quiere decir que todo me salga mal. Además, no hay nada lógico en pensar que como soy un desastre no aprobaré el examen. Si tengo miedo a suspender, lo único que puedo hacer es estudiar y pensar que es normal sentir miedo, pero que también tengo que hacer algo con ese miedo, como, por ejemplo, aprovechar la activación que aporta en mi sistema nervioso y canalizarla en estudiar».

- **Distorsión:** «Se ha mostrado en desacuerdo con mi opinión, eso es porque quiere desacreditarme y dejarme en ridículo».

  Pensamiento racional: «El hecho de que alguien muestre desacuerdo con una opinión mía no quiere decir que su intención sea la de humillarme, quizá solo busca compartir su punto de vista, y resulta que este es diferente al mío. Me encantaría que todo el mundo estuviera siempre de acuerdo conmigo, pero eso no es posible. Cada uno puede defender su opinión y respetar la del otro. Mi misión es defender mis creencias de manera asertiva. Cumpliendo con eso, estaré demostrando que, más allá de mi opinión, soy una persona educada y empática. Así que, si mi miedo es que esa persona me deje en ridículo, con mi actitud y saber estar le estaré demostrando que mi opinión es igual de válida que la suya».

- **Distorsión:** «Mi pareja sabe perfectamente qué me pasa porque me conoce».

Pensamiento racional: «Mi pareja puede conocerme y a lo mejor en otras ocasiones he sentido que intuía lo que me ocurría, pero quizá justo en este momento no sabe qué me pasa y he de decírselo. Mi pareja no es adivina y la comunicación es la única herramienta que me permite expresarle emociones y sentimientos, así que la emplearé. No hay nada que me indique que solo por conocerme tenga que saber siempre lo que me ocurre. Nadie es infalible».

2. Catastrofismo

A veces la pregunta de «¿Qué es lo peor que puede pasar?» nos ayuda a ver que lo peor de algunas situaciones a las que tememos tampoco es tan grave. Sin embargo, esta estrategia no siempre nos resulta útil con todo. Hay situaciones en las que esta pregunta, más que ayudarnos, nos adentra de lleno en esta distorsión. Y, dado que el catastrofismo es tan común y tan puñetero, me voy a explayar con él.

El catastrofismo puede aparecer en relación con el pasado o en relación con el futuro.

Catastrofismo en relación con el pasado

Aparece tras vivir una situación que tiene alguna relevancia para nosotros y que hace que nos preguntemos, una y otra vez, si lo hemos hecho bien, si pudimos haberlo hecho mejor o qué habría pasado si no hubiéramos dicho o hecho tal cosa. Aquí podemos ahondar en un par de casos prácticos:

- **Distorsión:** «Mi pareja me ha dicho que quiere hablar conmigo. Creo que va a dejarme. ¿Qué habré hecho? ¿Será por lo que le dije ayer? Quizá no debería haberme quejado. Eso me pasa por poner límites. Yo creo que lo que le dije no era tan mala idea, al fin y al cabo. Como dice mi psicólogo, necesito escuchar mis necesidades. Pero ¿lo que le dije se basa en necesidades o son más bien exigencias? A lo mejor estoy equivocado y lo que pienso que necesito no son más que tonterías. Quizá se lo pude haber transmitido mejor, aunque intenté ser asertivo. No sé si sería capaz de hacerlo mejor. Quizá necesite ayuda».

  Pensamiento racional: «Mi pareja me ha dicho que quiere hablar conmigo. Antes de hacerme cualquier paja mental, dejaré que me diga lo que tenga que decirme. Una vez que sepa de qué se trata, analizaré la situación y veré qué puedo hacer».

- **Distorsión:** «Rompí con mi ex hace un mes y ahora pienso en qué podría haber pasado si hubiéramos hecho las cosas mejor. Tal vez podría haberle dado una última oportunidad. Hice mal en decirle que no, ahora me arrepiento. Tendría que haber peleado más. Qué tonta fui».

    Pensamiento racional: «Rompí con mi ex hace un mes. Lo que hicimos ya está hecho y ahora, por muchas vueltas que le dé, no se puede cambiar. Además, es muy injusto castigarme por cosas que ahora sí sé y antes no sabía. Hicimos lo que pudimos con lo que teníamos. Si no hicimos más, fue porque no pudo ser. Pude haber decidido otra cosa, sí, pero pensar eso ahora no me sirve para nada más que para torturarme. Las decisiones que tomé eran lógicas en ese contexto, juzgar lo hecho o pensado en un contexto totalmente diferente es injusto».

Catastrofismo en relación con el futuro

Aparece cuando evaluamos una situación futura con el peor resultado posible; es decir, cuando nos preocupamos por cosas que no han pasado y no sabemos con certeza si van a ocurrir. Sigamos con dos situaciones posibles:

- **Distorsión:** «Noto un leve dolor en el pecho, me está dando un infarto. Me estoy muriendo».

    Pensamiento racional: «También puede ser que sea tensión muscular o gases. Ante la duda, iré al médico, pero voy a intentar mantener la calma porque es un dolor que he tenido otras veces y al final no ha sido nada».

- **Distorsión:** «Me da miedo subir al avión por si se estrella y me muero».

Pensamiento racional: «Aunque subir al avión me da miedo, subiré igualmente porque es la única manera de llegar a mi destino. El avión es uno de los medios de transporte más seguros del mundo. Si bien es cierto que alguna vez hay accidentes, como en todos los medios de transporte, no tiene por qué pasarme a mí. Además, los profesionales que se encargan de pilotarlo están ampliamente cualificados. Por mucho que intente controlar mi entorno durante el vuelo, tener o no accidentes no depende de mí. Trataré de confiar».

- **Distorsión:** «Mi jefa me ha enviado un correo electrónico donde me dice que me reúna con ella al final del día. Me va a despedir, verás. Si me despide y me quedo sin trabajo, a ver quién va a pagar el alquiler… ¿Qué haré sin dinero? ¿Me tocará volver a casa de mis padres? Con lo mal que me llevo con mi madre…».

Pensamiento racional: «Mi jefa me ha dicho que me reúna con ella al final del día. Todavía no sé qué quiere decirme, pero tampoco voy a tratar de adivinarlo. Intentaré sostener la ansiedad que la incertidumbre me genera sin intentar averiguar todas y cada una de las causas posibles por las que quiere hablar conmigo».

- **Distorsión:** «He mandado un wasap a mi amigo y no me ha respondido, aunque veo que está en línea. Seguro que no me contesta porque está enfadado conmigo. Quizá ya no quiera saber nada más de mí».

Pensamiento racional: «Le he escrito hace una hora, tampoco ha pasado mucho tiempo. A lo mejor está ocupado y por eso no me responde. A veces a mí me ha pasado que estoy haciendo cosas y respondo cuando puedo. Voy a tratar de controlar esto porque, si no, lo voy a pasar mal. Intentaré distraerme con otras cosas».

Cuando el catastrofismo aparece en relación con el futuro, la conclusión sobre cualquier situación termina siendo apocalíptica. La mente hace castillos de piedra donde solo hay granos de arena; le gusta prepararse para «lo peor», y no porque sepa con seguridad que lo peor está por venir, ojo, es solo «por si acaso».

Como si fuera un vigía desde su atalaya y a modo de mecanismo de defensa, la mente activa este fenómeno que, por norma general y a menos que nos encontremos en una situación de máximo peligro inminente, no nos sirve para mucho más que para generar ansiedad. Lo que busca la mente con este proceso es que estemos preparados y tengamos herramientas suficientes para defendernos de ese supuesto peligro futuro.

Qué maja la mente, ¿eh? Le encanta esto, y no es porque sea masoca; al cerebro no le gusta que sufras y tengas ansiedad, pero, ante lo que cree que está por venir, prefiere estar preparado y alerta desde que te planteas lo peor hasta que sabes lo que realmente pasa; así, la ansiedad la aprovecha como herramienta de activación para el análisis de situaciones peligrosas y búsqueda de soluciones. Recuerda, estamos programados para sobrevivir, no para ser felices.

Casi seguro que en el futuro no pasa ni la mitad de lo que imaginas en tu mente, pero, como está en tu mente, lo vives y sientes como si fuese algo real. Al cerebro no le hace falta saber con certeza que lo que piensa es real, basta con creer que sí lo es o que sí puede serlo para reaccionar. Ese es uno de sus superpoderes.

Como te conté en mi libro *Tú eres tu lugar seguro*, yo sé mucho de catastrofismo porque mi padre es licenciado en Catastrofología y Ciencias de la Desgracia. En todo ve peligro. En todo ve riesgo de muerte inminente. Imagínate cómo ha sido el haber crecido con él, estoy programada para tenerle miedo a todo. Pues bueno, tras muchos años de experiencia personal y profesional en el terreno del catastrofismo, puedo ratificar que, incluso en la peor de las situaciones, ni siquiera una quinta parte de lo que te preocupa termina pasando.

Nos pasamos la mitad de la vida preocupados por cosas que nunca ocurrirán.

De verdad, créeme. Ni la quinta parte. Es más, es posible que nada, absolutamente nada de lo que te preocupa termine pasando.

Sí, ya sé lo que estás pensando: «¿Y si pasa?».

Pues mira, si pasa, que pase. Ya verás qué hacer en ese momento, no antes. Ahora necesito que entiendas que, si ya le has dado una, dos, tres, cuatro, cinco y seis vueltas a aquello que te preocupa y sigues sin llegar a una conclusión o solución clara, no hace falta que llegues a la vuelta número cuatrocientos ochenta y dos mil trescientos cinco, si lo haces, estarás gastando tu energía en vano (recuerda lo de la fatiga mental y la descarga de la batería). Si, tras dedicarle un tiempo, no has encontrado respuesta, ¿para qué sigues dándole vueltas? Quiero decir, ¿qué hay de práctico en eso? Lee bien, no te estoy preguntando el porqué, te estoy preguntando el **para qué**, que es diferente. El porqué lo tengo claro, porque te preocupa, pero ¿has pensado en el para qué?

Ya sé que no puedes evitarlo o que la preocupación aparece sola, es normal, porque tu cerebro focaliza automáticamente la atención en lo que cree que es una amenaza, pero tienes que interrumpir ese bucle; si no lo haces, lo único que consigues es retroalimentar y fortalecer aún más (refuerzo negativo) un mecanismo que ya de por sí es potente, con las consecuencias que eso conlleva:

- No saber parar el chorro de pensamientos.
- Sentirse exhausto e inútil. Exhausto por haber gastado más energía de la que te tocaba e inútil por seguir preocupado por algo que, por muchas vueltas que le sigues dando, continúas sin tener claro.

Tenemos que aprender a convivir con el miedo, la ansiedad, los problemas y la incertidumbre, por mucho que nos joda. Esto no quiere decir que tengas que soportar niveles de ansiedad elevados (de hecho, yo te enseñaré en este libro a manejarlos), pero sí quiere decir que:

- No somos adivinos ni lo vamos a ser nunca.
- Vivir supone asumir unos riesgos y, por ende, vivir con la duda respecto a muchísimas cosas.
- No podemos controlarlo todo. Recuerda que el control absoluto no existe.
- No podemos asegurarnos de que las cosas vayan a pasar tal como creemos que van a pasar.

Entiendo a la perfección que lo malo de este mecanismo de defensa es que es muy potente y, aunque sé que ahora estás entendiendo bien el proceso mientras lees tranquilamente estas líneas sentado en el sofá, cuando el catastrofismo aparezca en tu vida por enésima vez, te costará identificarlo y manejarlo; pero piensa que es normal, que ello se debe a la activación que se produce en situaciones de miedo y ansiedad. Por el momento, trata de entender cómo funciona el catastrofismo, eso te ayudará a poner en marcha las estrategias que veremos más adelante.

3. Comparación

Una comparación como sesgo o distorsión cognitiva aparece cuando la persona tiende a compararse con los demás, concluyendo que las otras personas siempre son mejores o tienen mejores vidas, parejas, familias, trabajos, aficiones, vacaciones... Veamos un par de ejemplos:

- **Distorsión:** «A pesar de que me esfuerzo mucho, no consigo sacar las mismas notas que mis compañeros. Si ellos pueden, yo también debería poder».

Pensamiento racional: «Hay muchos motivos por los que puedo estar sacando peores notas que mis compañeros. Tal vez no estoy valorando todas las variables que pueden estar afectándome en este momento de mi vida. Que alguien pueda hacer algo no implica que yo también pueda hacerlo, porque cada uno tenemos nuestras cualidades. Para alcanzar una meta, no basta solo con la fuerza de voluntad».

Cuando te comparas de esta manera, no tienes nada que ganar, pero sí mucho que perder.

- **Distorsión:** «Entro a las redes sociales y todo el mundo parece tener una vida maravillosa. Conciertos, planes con amigos, parejas felices, familias que se llevan bien, salud mental increíble... Todo el mundo está mejor que yo».

Pensamiento racional: «Las redes sociales no reflejan la realidad de las personas. No todo el mundo está publicando cosas felices en este momento, es solo que estoy viendo a mucha gente a la vez publicar cosas que socialmente están bien valoradas, pero eso no quiere decir que de manera literal todo el mundo esté mejor que yo. Habrá personas que estén pasando un buen rato y quieran compartirlo, pero eso no implica que todo les vaya bien en la vida».

La información que recibimos a través de las redes está completamente sesgada por varios motivos:

- El algoritmo de las redes sociales muestra lo que considera que nos gusta o atrae. Es normal que te aparezca una pu-

blicación en el *timeline* que en este momento podría ser deseable para ti.
- Por lo general, la gente enseña en redes la mejor parte de su vida. Pocas personas se atreven a publicar sus errores, sus vergüenzas o sus miedos, por lo que las publicaciones que ves son solo «las buenas».
- Si estás demasiado tiempo mirando las redes sociales, puedes terminar construyendo una realidad «poco real» (la gente no tiene defectos, ni dificultades, ni problemas) con base en lo que ves. Cuanto más tiempo dediques a las redes, más tiempo estarás comparándote y, por ende, sintiendo malestar.
- Probablemente, estarás bajo la influencia del **efecto halo**.

Este fenómeno psicológico, aunque también es un sesgo cognitivo y podríamos dedicarle un espacio para él solo en esta misma lista, lo incluyo dentro de la comparación porque es en este caso cuando más aparece.

El efecto halo consiste en generar una impresión general de algo o de alguien a raíz de observar una sola característica positiva (o negativa). Esto quiere decir que, si observo una cualidad positiva en alguien, mi tendencia cognitiva será atribuirle otras cualidades igualmente positivas, incluso cuando no tengo ninguna evidencia que respalde esa atribución.

Este efecto se llama «halo» porque es como si una característica destacada (el halo) iluminara todo lo demás, influyendo en la percepción general.

Fíjate en este ejemplo: supongamos que veo la foto de alguien que conozco tomando el sol en un barco mientras sostiene una bebida apetecible en la mano y su pareja le da un beso en la mejilla.

CON EFECTO HALO (lo que tiendo a pensar a raíz de ver la foto)	SIN EFECTO HALO (lo que realmente es)
Esta persona no tiene problemas económicos, tiene un barco	El barco no es suyo, es de un amigo
Está de vacaciones	Le han obligado a salir de casa porque lleva varios días llorando sin saber por qué. Vive en la costa, así que no ha tenido que tomarse varios días para viajar a un lugar de playa
Se lo está pasando muy bien	Está intentando despejarse, pero su mente no le deja. No puede dejar de pensar en sus preocupaciones
Ha encontrado al amor de su vida	En su relación, aunque hay momentos muy buenos como este, también hay enormes discusiones, en las que los dos se faltan al respeto y tras las que se hacen el vacío. Se siente francamente insatisfecho y, aun así, es incapaz de cortar el vínculo. Puede que haya generado una fuerte dependencia emocional
Se siente muy feliz	Sonríe para la foto e intenta sentirse bien, pero no puede

> Cuando existe el hábito de compararse, la acción termina siendo algo involuntario e inconsciente (lo haces sin darte cuenta). Observa cómo tu cerebro intenta liarte y podrás manejarlo mejor.

Es verdad que a veces cuesta mucho pensar en lo que realmente puede haber detrás de una publicación de este tipo, sobre todo porque no somos adivinos y porque, en ocasiones, nos cuesta mucho ver las cosas desde otra perspectiva (en especial, cuando nuestro pensamiento está atrapado en sesgos de este tipo). ¿Qué pasaría si en ese momento de comparación no eres capaz de ver o imaginar la realidad que hay «detrás de las cámaras»? ¿Qué pasaría si hipotéticamente las cosas fueran tal como las estás viendo? Imagina que no puedes dejar de pensar en que lo que ves es justamente lo que quieres y no tienes. ¿Cómo gestionarías eso? Tienes que ser realista. Tienes que reconocer que lo que estás sintiendo en ese momento se llama **envidia**, y no, no es malo.

Sé que te puede dar vergüenza reconocer que tienes envidia. A mí me cuesta mucho hacerlo, y desde luego decirlo en voz alta me resulta prácticamente imposible, siento que estoy mostrando una parte de mí que no me gusta nada. Pero soy humana, como diría Chenoa.

Tendemos a asociar la envidia con ser malas personas, pero en realidad es una asociación tan absurda como la que hacemos con los celos y el amor: una cosa no tiene que ver con la otra. Sentir envidia no significa ser una mala persona, pero hay que reconocer que es una emoción con muy mala fama (peor incluso que el miedo).

¿Cómo podrías gestionar esa envidia? ¿Cómo podrías abordar esa sensación de que alguien tiene algo que te gustaría tener a ti y que, en este momento, sientes que nunca podrás conseguir?

Aunque seamos conscientes de que lo que se muestra en redes puede ser solo una parte de la verdad, la emoción está ahí igualmente. Así que lo primero de todo es reconocerla y aceptarla.

1. Reconoce y acepta lo que sientes.

- ¿Qué es exactamente lo que te genera envidia?
- De esta publicación que estás viendo ahora mismo, ¿qué es lo que desearías para ti?

2. Cuestiona la comparación que estás haciendo.

- ¿Sientes envidia por algo que realmente quieres o solo estás reaccionando ante una necesidad que te acaban de generar?

3. No te enfrentes a la envidia, utilízala a tu favor.

- ¿Qué cambios puedes hacer en tu vida para alcanzar lo que deseas?
- ¿Con qué recursos cuentas para lograr lo que deseas?
- ¿Puedes trabajar para intentar conseguir esa meta?
- ¿Con qué baches puedes encontrarte en el camino?
- ¿Cómo los superarás?

4. Valora lo que tienes.

- Esto es imprescindible. Si no valoras lo que ya tienes, jamás valorarás lo que consigas. No menosprecies aquello de lo que ya disfrutas, por pequeño que sea. Es más, potencia su valor y deja de pasar el escáner de las cosas negativas. Quizá no tengas un barco, pero la playa es gratis y los atardeceres en ella pueden ser preciosos. Todo depende de cómo lo mires.

> **Fijarte en lo que no tienes sin valorar lo que tienes es condenarte a la infelicidad eterna.**

5. Reflexiona.

- ¿Esta persona a la que sigo me hace sentir bien con sus publicaciones?
- ¿Esta sensación la he tenido ahora por primera vez o es algo que esta persona siempre me hace sentir cuando veo lo que publica?

4. Pensamiento dicotómico

Esta distorsión aparece cuando el pensamiento oscila entre dos extremos: blanco o negro; no hay una escala de grises intermedia, lo que hace que simplifiquemos en exceso la realidad. Este sesgo es parecido a la inferencia arbitraria, con la diferencia de que aquí se entiende que la conclusión es o muy buena o muy mala. Las personas que tienden a pensar de esta manera suelen clasificar sus vivencias o experiencias en categorías opuestas y excluyentes: «bueno/malo», «positivo/negativo», «perfecto/imperfecto», «éxito/fracaso»… También pueden aplicarlo a las personas. A continuación, un par de situaciones:

- **Distorsión:** «Si no saco un diez en el examen, seré un perdedor».

Pensamiento racional: «Sacar un diez en un examen es muy difícil. Hay muchos motivos por los que una nota puede variar. No puedo decir que soy un perdedor solo por un número. Probablemente tenga muchas otras cualidades que en este momento no esté valorando».

- **Distorsión:** «Si mi pareja no está de acuerdo conmigo en todo, es que no me ama».

  Pensamiento racional: «En una relación es normal tener diferencias de opinión, eso no significa que no nos queramos. Lo suyo es ver de qué manera podemos ponernos de acuerdo».

- **Distorsión:** «Si no estoy igual de delgado que ese modelo, soy feo».

  Pensamiento racional: «Todos los cuerpos son bonitos. Cada persona tiene el suyo y, aunque no coincida al cien por cien con los cánones de belleza, hay que aprender a amarlo y quererlo, porque gracias a nuestro cuerpo podemos hacer muchas cosas».

5. Descalificación de lo positivo, minimización

Esta distorsión da nombre al proceso mental de reconocer lo positivo que tienes o que te ha pasado, pero a la vez invalidarlo o minimizarlo, como si no fuera relevante.

Es común en personas con autoestima baja, dado que tienden a no valorar sus logros o sus características personales positivas. Ahondemos en ello con un par de casos:

- **Distorsión:** «Me he sacado una carrera, sé que es un logro, pero, bueno, supongo que mucha gente se saca una carrera y que tampoco es para tanto».

Pensamiento racional: «Me he sacado una carrera, tengo que celebrarlo, ya que me ha costado tiempo y esfuerzo».

- **Distorsión:** «Estoy en terapia desde hace un par de meses y hoy, por fin, me he atrevido a contárselo a mi madre. Sé que esto es algo bueno, pero sigo mal, así que supongo que tampoco es la panacea».

Pensamiento racional: «Estoy en terapia desde hace un par de meses y hoy, por fin, me he atrevido a contárselo a mi madre. Aunque no me sienta cien por cien recuperado (cosa que es normal porque sanar no es lineal), he conseguido hacer algo que antes no me atrevía a probar, por lo que he de sentirme muy orgulloso. Valorar los pequeños avances del día a día me ayudará a motivarme con mi proceso».

- **Distorsión:** «Me he enfadado porque mi pareja me ha dado las buenas noches y, aunque me ha puesto un emoji de corazón, no me ha puesto tantos como otras veces».

Pensamiento racional: «Me ha dado las buenas noches, y eso significa que se ha acordado de mí. Tal vez mi pareja esté cansada. Mañana de todas formas volveremos a hablar. No pasa nada».

6. Razonamiento emocional

Llamamos «razonamiento emocional» a las opiniones que se generan con base en lo que sentimos o, dicho de otra forma, hablamos de razonamiento emocional cuando creemos que nuestras emociones reflejan la realidad objetiva, sin reflexionar si lo que sentimos en ese momento puede estar afectando a la conclusión generalizada que emitimos sobre algo o alguien. Veamos un par de casos:

- **Distorsión:** «Volar es peligroso porque tengo miedo a subirme a un avión».

  Pensamiento racional: «Puede que tenga miedo a volar, pero eso no significa que volar sea peligroso».

- **Distorsión:** «Me siento culpable por no haber podido ayudar más a mi amigo. Si me siento culpable, es porque soy culpable y porque realmente podría haber hecho más».

  Pensamiento racional: «La reflexión que hago ahora sobre lo que pasó en el pasado me lleva a pensar que quizá podría haber hecho más, pero no estoy teniendo en cuenta que tal vez en ese momento no me di cuenta, no lo supe o no tenía otra opción. Si realmente hubiera podido haber hecho más, lo habría hecho».

7. Construcción de la valía personal con base en opiniones externas

Este sesgo casi que se explica por sí mismo. Cuando construimos o mantenemos la valía personal en función de terceros, estamos cayendo de lleno en la trampa de este «filtro» distorsionado:

- **Distorsión:** «Mi compañero de equipo piensa que soy muy malo con el balón, y tiene razón. Debería dejar el equipo».

Pensamiento racional: «Que mi compañero de equipo piense que soy malo con el balón no quiere decir que lo sea. Aunque esa opinión me haga sentir mal, no tengo por qué creer que tiene razón».

- **Distorsión:** «He querido poner límites en mi relación de pareja porque hay una serie de necesidades que no se están satisfaciendo. Mi pareja me ha dicho que lo que yo necesito tampoco es tan importante y que tal vez lo que pasa es que soy una persona muy sensible que se enfada por todo. A lo mejor es verdad y soy demasiado sensible. Tal vez tendría que replantearme mis necesidades. ¿Y si no son tan necesarias, al fin y al cabo?».

Pensamiento racional: «Puede que mi pareja no esté de acuerdo con mis necesidades o que no las comparta, pero, para mí, son los mínimos que exijo en una relación y creo que está bien que se los comunique. Que a mi pareja no le parezcan bien o no entienda que son importantes para mí no quiere decir que yo sea sensible. Creo que la actitud de invalidarme no está siendo la adecuada».

8. Error del adivino

Esta distorsión es parecida a la del catastrofismo, la diferencia es que aquí, además de pronosticar un resultado, una emoción o un acontecimiento futuro negativo, nos creemos esas predicciones como verdaderas, y actuamos en consecuencia. Otra de las diferencias que encontramos es que el pronóstico, aunque es malo, no es tan apocalíptico ni se va haciendo cada vez más grande, como sí pasa en el catastrofismo. Fíjate en estas situaciones:

- **Distorsión:** «No voy a ir a la entrevista; total, ya sé que no me van a coger».

Pensamiento racional: «No tengo ninguna prueba de que no me vayan a coger en este trabajo, así que iré y a ver qué pasa».

- **Distorsión:** «No voy a ir a la fiesta a la que me han invitado porque tengo un mal recuerdo de la última vez que asistí a una. Seguro que vuelve a pasar algo parecido».

Pensamiento racional: «El hecho de que tenga un mal recuerdo de la última fiesta a la que fui no es un motivo de peso para no ir a la que me han invitado hoy, si realmente me apetece asistir. He estado en muchas fiestas y nunca me había pasado lo que me ocurrió en la última».

- **Distorsión:** «Estoy seguro de que, aunque estudie, me pondré nervioso en el examen. Mejor no lo hago».

Pensamiento racional: «No sé si me pondré nervioso en el examen, pero, de ser así, ese no es motivo para no hacerlo. Puedo intentar estrategias de relajación y ver qué tal me va. Lo peor que puede pasar es que suspenda y luego tenga que ir a la recuperación».

9. Etiquetado

El «etiquetado» aparece cuando nos etiquetamos a nosotros mismos o a los demás de manera peyorativa, en términos globales y absolutos, basándonos en un solo aspecto negativo. Teniendo en cuenta lo complejo que es el ser humano, este filtro nos garantiza un error en el resultado. El problema de esto es que quien recibe la etiqueta termina creyéndosela:

- **Distorsión:** «He cometido un error con mi hijo, no sirvo para esto.

  Pensamiento racional: «Cometer un error no me hace inútil. Lo importante es que me he dado cuenta y puedo evitar que vuelva a pasar en el futuro».

- **Distorsión:** «Hoy he tenido una cita importante en el médico y mi amigo no me ha llamado para ver cómo me ha ido; dice que se le ha olvidado… Qué mal amigo».

  Pensamiento racional: «Que a mi amigo se le haya olvidado llamarme no implica que sea mal amigo».

Quizá hayas oído hablar alguna vez del **efecto Pigmalión**. Este concepto describe que podemos influir en las personas a través de la etiqueta que les pongamos. Dicho de otro modo, si yo tengo una expectativa sobre cómo es o va a ser alguien y así se lo demuestro día tras día, es más probable que el comportamiento de esa persona se ajuste a la expectativa que tengo de ella.

La primera vez que se estudió este fenómeno fue en 1968, en el área educativa. Robert Rosenthal y Lenore Jacobson demostraron que los estudiantes tendían a rendir mejor académicamente si las expectativas que los profesores tenían sobre ellos eran positivas.

Si alguien espera que una persona tenga éxito, esa expectativa puede motivar y conducir al éxito real. Si alguien espera que una persona fracase, pues igual, es muy posible que dicha persona acabe fracasando.

Así que cuidado con las etiquetas, son poderosas, para bien o para mal.

10. Magnificación

La diferencia entre esta distorsión y el catastrofismo es que en la magnificación se exagera o amplifica la importancia, el impacto o la gravedad de un problema, un error o una característica, haciendo que parezca mucho peor de lo que es en realidad (sin necesidad de un resultado catastrófico), mientras que en el catastrofismo lo que se evalúa, además de ser un evento futuro o pasado, es también grave e inevitable. Veámoslo con dos ejemplos:

- **Distorsión:** «Justo el día que vienen mis hijos a comer, las lentejas se me quedan secas. La comida está siendo un desastre».

  Pensamiento racional: «Mis hijos me están diciendo que las lentejas están buenas. Tal vez sí lo estén. Además, las lentejas no son lo importante, lo importante es que todos estemos juntos y pasando un buen rato».

- **Distorsión:** «Me ha salido un grano en la cara. Todos se están fijando en él. Normal, es lo primero que deben de ver al mirarme».

  Pensamiento racional: «Me ha salido un grano en la cara, pero la gente va a lo suyo, y suele estar más enfocada en la conversación».

11. Leer la mente

Solemos «leer la mente» cuando creemos que otra persona está pensando mal de nosotros, sin tener ninguna evidencia de ello. Esta distorsión nos lleva a interpretar el comportamiento de los otros de manera que coincida con nuestras propias inseguridades o miedos:

- **Distorsión:** «Estoy con unos amigos tomando algo por ahí y nadie me habla. Seguro que piensan que soy una persona aburrida».

  Pensamiento racional: «Que nadie me hable no significa que yo sea una persona aburrida. Tal vez debería intentar iniciar una conversación o unirme a la que tienen».

- **Distorsión:** «Mi padre me mira raro, seguro que es porque está decepcionado conmigo».

  Pensamiento racional: «Puede que sienta que mi padre me mira raro, pero antes de sacar conclusiones precipitadas voy a preguntarle qué le sucede. A lo mejor es solo una sensación».

12. Sobregeneralización

Sobregeneralizamos cuando extraemos conclusiones generales y amplias basándonos en unas pocas experiencias. Un truco para saber si estamos sobregeneralizando es observar las siguientes características:

- La **conclusión** es **extremadamente negativa**.
- Se utilizan **términos absolutos** como «siempre», «nunca», «todos», «nadie», «jamás» y similares.
- La conclusión que se extrae afecta a una gran gama de situaciones que *a priori* **no tienen nada que ver**.

Lee con atención los dos ejemplos que siguen:

- **Distorsión:** «Se me ha quemado la comida. Nunca hago nada bien».

Pensamiento racional: «Puede que se me haya quemado la comida, pero eso no quiere decir que nunca haga nada bien. Seguro que hay cosas que hago bien y que ahora mismo, debido a mi estado emocional, no estoy viendo».

- **Distorsión:** «Estoy enfadado con Juan. Siempre pasa lo mismo en mis relaciones. No hay nadie decente en este mundo».

Pensamiento racional: «Estar enfadado con Juan no tiene nada que ver con que siempre suceda lo mismo en mis relaciones. Es verdad que he tenido malas experiencias en el pasado, pero esto solo ha sido un enfado. Además, Juan es Juan, y las personas de mis anteriores relaciones eran las personas de mis anteriores relaciones. No tienen nada que ver. Los enfados son normales; se habla y ya está. Por otra parte, no conozco a todas las personas de este mundo; no puedo decir que no hay nadie decente».

13. Personalización

La personalización es la distorsión cognitiva que nos lleva a asumir la responsabilidad de las cosas, cuando en realidad están fuera de nuestro control:

- **Distorsión:** «Martina y Alejandra se están riendo, seguro que se ríen de mí».

  Pensamiento racional: «Hay muchos motivos por los que Martina y Alejandra se pueden estar riendo, no necesariamente han de estar riéndose de mí».

- **Distorsión:** «Mi pareja me ha sido infiel; es culpa mía por no haberle dado el suficiente cariño. Ha buscado fuera lo que no tenía conmigo».

  Pensamiento racional: «La infidelidad de mi pareja es el resultado de sus decisiones; yo no tengo ninguna responsabilidad en ello. En una relación, ambos somos responsables de comunicar nuestras necesidades y trabajar los problemas juntos. Si había algo que le faltaba o le molestaba, tendría que habérmelo dicho, no recurrir a una infidelidad».

14. Abstracción selectiva

Esta distorsión es una de mis «favoritas» (entiéndase lo de favorita de modo irónico, por favor). Es una de las que más aparece en nuestras vidas casi sin darnos cuenta porque «la tía» es la mar de sutil.

Recuerdo una imagen que vi en internet hace tiempo que representaba muy bien esto. Se trataba de una chica rodeada de nubes de colores que representaban todas las cosas buenas que tenía en la vida: familia, trabajo, amigos, recuerdos bonitos, logros, etc. Entre esas nubes de colores, había una negra pequeñita que representaba lo que le salió mal ese día. ¿Adivinas en qué nube se estaba fijando la chica? Exacto, en la nubecita negra. Esto es la abstracción selectiva, **fijarse solo en lo malo e ignorar la existencia de lo bueno**.

Ignoramos la mayor parte de la información disponible y nos enfocamos solo en un pequeño detalle negativo. Qué injusto, ¿no?

- **Distorsión:** «En la boda de Andrés y Maite hice una broma que nadie pilló. No puedo dejar de darle vueltas a eso. Siento que he arruinado la noche».

  Pensamiento racional: «He pasado un día estupendo en la boda de Andrés y Maite. He disfrutado de la comida y he hablado con mucha gente. Tengo que intentar valorar eso y darle más peso que a esa broma que hice y que nadie entendió; porque seguramente nadie más que yo sigue pensando en ello en este momento».

- **Distorsión:** «Mi pareja no se ha acordado de nuestro aniversario. Sencillamente, es porque no me quiere lo suficiente».

  Pensamiento racional: «Estoy valorando el amor de mi pareja solo por no haberse acordado de una fecha. No estoy teniendo en cuenta todos los detalles y muestras de amor del día a día».

15. Afirmaciones con «debería»

Esta distorsión tiene mucho que ver con la exigencia, así que, si te consideras una persona exigente, puede que te suene eso de demandar sin analizar si lo que pides es razonable en el contexto en el que lo pides, ya sea a ti mismo o a los demás. Piensa si te resuenan los siguientes casos:

- **Distorsión:** «Mi suegro debería haberse dado cuenta de que estaba mal y no seguir preguntándome por este tema».

  Pensamiento racional: «No es razonable que le pida que sea consciente de cómo me siento si yo no se lo digo primero. Puede que no se haya dado cuenta y que siguiera preguntándome sin mala intención y con el ánimo de ayudar».

- **Distorsión:** «No sé cómo no salí antes de esta relación. Mi expareja me maltrató y no supe verlo. Debería haber puesto límites desde el principio».

  Pensamiento racional: «Nadie va a venir y me va a decir: "Oye, te voy a manipular, ¿vale?". Es normal no haber visto que mi ex lo hacía, porque en eso consiste el arte de los manipuladores. Es absurdo que me castigue por no haber visto algo en un contexto en el que me sentía tan débil y dependiente».

16. Sesgo confirmatorio

Esta es otra de mis distorsiones favoritas. Sí, a esta también le gusta salir a menudo. El sesgo confirmatorio lo encontraremos cada vez que interpretemos la realidad de manera que confirme nuestras creencias previas.

Si lo pensamos bien, parece normal que este sesgo aparezca a menudo, ya que nos sirve para seguir manteniendo nuestro sistema de creencias (admitámoslo, es mucho más fácil sesgar la realidad y conservar nuestro sistema de creencias que cuestionar estas).

En mi libro *Mujeres que arden* juego mucho con este sesgo para explicar el fenómeno de la brujería a nivel social. En él, a través de la historia, te cuento cómo en la sociedad española del siglo XVI se tergiversaba la realidad para acomodarla a las creencias de la época. ¿Alguien hacía algo que no me cuadraba? Brujería. Y así con todo. En el siglo XVI era más cómodo pensar en magia y hechicería que en ciencia. Como recordarás (sin spoilers), en la historia de *Mujeres que arden*, los vecinos del pueblo asumían que la infidelidad de un hombre no era su responsabilidad, sino de la mujer con la que había tenido la relación sexual, dado que en realidad esta era un demonio tentador disfrazado. En la sociedad de principios del Renacimiento, Dios y el demonio eran entes muy importantes, tanto que todo lo justificaban aludiendo a ellos. En aquella época era más fácil inventar una historia rocambolesca que cuadrara con las creencias predominantes que cuestionar estas.

Como ves, este sesgo puede aparecer de manera individual y de manera grupal; cuando lo hace de manera grupal, tiende a retroalimentarse por la sugestión que se crea entre unos y otros, como pasaba en la sociedad del siglo XVI (bueno, y también como pasa ahora con algunas cosas).

Estoy segura de que lo has entendido, pero igualmente vamos con un último ejemplo más actual, para volver a ubicarnos. Fíjate que aquí también se confirman las creencias previas.

- **Distorsión:** «Tengo la creencia de que todo el mundo está de vacaciones, menos yo. Abro las redes sociales y veo que un par de amigos han publicado unas fotos de sus vacaciones, así que pienso: "¿Ves? Todo el mundo está de vacaciones menos yo"».

Pensamiento racional: «No es que todo el mundo esté de vacaciones menos yo; eso es una creencia que tengo. Mi cabeza ha utilizado esas dos publicaciones para sacar la conclusión que reforzaba lo que ya creía, pero dos personas no son "todo el mundo"».

Trabajar las distorsiones cognitivas

¿Cómo puedes empezar a distinguir distorsiones cognitivas? Observando lo que piensas, claro está. Pero ¿qué pasa si las tienes tan automatizadas que no eres capaz de identificarlas? El truco consiste en fijarte en tu estado emocional: si te sientes mal, observa si hay una distorsión cognitiva subyacente.

Una vez localizada, intenta darle la vuelta, trata de cambiarla por un pensamiento más racional. Quizá de primeras no te lo creas mucho, pero es que de primeras hay muchas estrategias que no te van a funcionar. Piensa que tu cerebro lleva años usando los mismos recursos de siempre, los que precisamente estás intentando sustituir, ¿qué te hace pensar que en un par de minutos vas a cambiar de manera radical su forma de hacer las cosas y, además, obtener resultados satisfactorios? Primero tienes que hacerle entender que su *modus operandi* no funciona, y luego has de aprender las estrategias nuevas hasta automatizarlas tanto como las antiguas.

Puedes empezar a trabajar con esta tabla:

Lo que ocurre	Lo que pienso con respecto a lo que ocurre	Distorsión cognitiva	Pensamiento racional

- **Lo que ocurre.** En esta columna se describe la situación que te ha llevado a generar ese malestar.
- **Lo que pienso con respecto a lo que ocurre.** Aquí describe lo que piensas, tal cual.
- **Distorsión cognitiva.** Escribe el nombre de la distorsión cognitiva que hayas identificado. En un mismo pensamiento puede aparecer más de una distorsión cognitiva.
- **Pensamiento racional.** En esta última columna coloca otra perspectiva de pensamiento, una más racional, tal y como he ido haciendo yo a lo largo del capítulo.

Mira el siguiente ejemplo:

Lo que ocurre	Lo que pienso con respecto a lo que ocurre	Distorsión cognitiva	Pensamiento racional
«Tengo la creencia de que todo el mundo está actualmente de vacaciones menos yo. Abro las redes sociales y veo que un par de amigos han publicado unas fotos de sus vacaciones»	«¿Ves? Todo el mundo está de vacaciones menos yo»	Sesgo confirmatorio	«No es que todo el mundo esté de vacaciones menos yo; eso es una creencia que yo tengo. Mi cabeza ha utilizado esas dos publicaciones para sacar la conclusión que reforzaba lo que yo ya creía, pero dos personas no son "todo el mundo"»
«Me he sacado una carrera»	«Sé que es un logro, pero, bueno, supongo que mucha gente se saca una carrera y que tampoco es para tanto»	Descalificación de lo positivo	«Me he sacado una carrera. Tengo que celebrarlo, ya que me ha costado tiempo y esfuerzo»

Esta herramienta es muy útil para trabajar la parte más cognitiva del malestar, pero recuerda que los seres humanos tenemos cuatro sistemas de respuesta (fisiológico, emocional, cognitivo y conductual). Más adelante veremos otras herramientas que pueden ayudarte.

Pensamientos automáticos

Los pensamientos automáticos surgen de manera inmediata y no voluntaria. No requieren esfuerzo; están ahí porque el cerebro los genera por sí solo. Hay pensamientos automáticos positivos, negativos o neutros, aunque en terapia casi siempre se suelen ver los negativos porque son los que más incomodidad generan. Por ello, vamos a centrarnos en ellos.

Pensamientos intrusivos

A los pensamientos automáticos negativos se los llama «pensamientos intrusivos» porque aparecen en la mente de forma involuntaria, causados por altos niveles de ansiedad. Se suelen experimentar con mucho malestar, ya que habitualmente suelen ser ideas o imágenes desagradables y no deseadas, y que nada tienen que ver con otros pensamientos y actividades. Quienes los sufren los describen como bastante perturbadores porque se suelen caracterizar por ser de contenido violento, delictivo, sexual o contrario a los valores de la persona (suelen afirmar, con mucha vergüenza y malestar, que son comportamientos que jamás adoptarían).

Te dejo algunos ejemplos de pensamientos intrusivos. Por supuesto, recuerda que nada de esto son deseos reales.

(Son un poco fuertes, si crees que estás en un momento sensible y podrían afectarte, pasa al siguiente párrafo):

- Estás partiendo un tomate con un cuchillo, con tu pareja al lado contándote algo y, de repente, tu cabeza te muestra un pensamiento intrusivo en el que apareces clavándole el cuchillo.
- Estás en una tienda de ropa mirando cosas, ves unos pendientes bonitos y piensas: «¿Y si los robo?», cuando realmente tú nunca robarías nada de ninguna tienda.
- Estás esperando el metro tranquilamente y, de pronto, tu

cabeza te muestra un pensamiento intrusivo en el que apareces tirándote a las vías.
- Estás paseando con tu pareja y, repentinamente, piensas: «¿Quiero de verdad a mi pareja?», cuando no tenéis ningún problema y en realidad te encuentras satisfecho con la relación.
- Estás conduciendo y, mientras adelantas a un camión, tu cabeza te muestra un pensamiento intrusivo en el que apareces bajo sus ruedas.
- Estás trabajando y de repente, sin tener ningún tipo de indicio del que poder deducir que algo va mal, piensas: «A ver si le ha pasado algo a mi hijo».

Son horribles y repentinos, por eso el malestar es tan intenso.

He trabajado con pacientes que, mientras relataban esas imágenes con profunda vergüenza, confesaban tener mucho miedo porque asociaban el hecho de tener esos pensamientos con algún deseo interno oculto. También me han llegado a comentar la sensación de «estar volviéndose locos», dada la ansiedad que presentan y el grado de irrealidad que ellos mismos identifican en el pensamiento. Pero no, estas cosas no funcionan así. Una vez hecho el diagnóstico diferencial y analizados los pensamientos, siempre les explico que no se están «volviendo locos» y que esas imágenes tampoco corresponden a deseos inconscientes; son pensamientos intrusivos, nada más. A mayor consciencia sobre la irrealidad de estos pensamientos, mejor pronóstico. Es decir, identificar que lo que está en tu mente es algo que no va contigo, que no es real y que jamás lo harías es un indicador de que no estás delirando.

Las personas que conviven con ellos relatan angustia, obsesión e inquietud cada vez que intentan evitarlos o controlarlos, ya que no pueden. Lo cierto es que, aunque la tendencia natural sea querer apartarlos o eliminarlos, es una «lucha» que genera el efecto contrario al deseado. Hay personas que, cuando identifican un pensamiento intrusivo, llevan a cabo acciones a modo de rituales para que, según ellas, «no pase nada» (por ejemplo, tocan la puerta tres veces porque creen que así evitan que pase lo que tienen en la mente en ese momento), pero esto tampoco funciona. De todas formas, recuerda que no es cierto que el simple hecho de pensar algo malo va a hacer que eso suceda o que cuanto más pienses que haces una cosa horrible más capaz serás de llevarla a cabo. La clave está en no dar importancia a los pensamientos intrusivos e ignorarlos. Déjalos pasar como dejarías pasar una nube en el cielo; si les haces caso, les das importancia, los estás reforzando.

Preocuparse por los pensamientos intrusivos y tratar de controlarlos, evitarlos o prevenirlos es peor porque se les da más importancia de la que tienen. El psicólogo José Antonio García Higuera lo explicó con lo que llamó **efecto camello**: el esfuerzo por no pensar en algo lleva, de manera paradójica, a un aumento de estos pensamientos, lo que produce un círculo vicioso e incrementa significativamente el malestar.

Al igual que el camello acumula peso en sus jorobas, los pensamientos intrusivos se van acumulando en nuestra mente cada vez que intentamos evitarlos. Esos pensamientos realmente están vacíos y carecen de contenido lógico; son pensamientos que no dicen nada y no sirven para nada en la vida real. Simplemente son una forma que tiene el cerebro de eliminar tensión (como cuando dejamos salir el vapor en una olla exprés). Es una mierda de mecanismo, pero ahí está. Cuanto más caso hacemos a los pensamientos intrusivos, peor nos sentimos y, cuanto peor nos sentimos, más aparecen. Es la pescadilla que se muerde la cola. Lo suyo es dejar de prestarles atención, así ellos solos se van apagando.

El efecto del elefante rosa

El efecto del elefante rosa es un concepto psicológico que surgió de un experimento realizado por el psicólogo Daniel Wegner que explica la dificultad de evitar pensar en algo una vez que se ha mencionado o que se ha dado la instrucción de no pensar en ello. Mira, te lo voy a demostrar.

No pienses en un elefante rosa.

Por favor, no pienses en un elefante rosa.

¿En qué estás pensando?

Exacto, **en un elefante rosa**.

Wegner lo utilizó para demostrar que intentar suprimir pensamientos tiene el efecto contrario.

Recuerda que la mente no diferencia entre lo real y lo imaginario. Los pensamientos intrusivos son imaginarios, pero provocan malestar porque la mente considera que son reales. Hay que demostrarle que, pese a que están ahí, no son más que malas hierbas a las que no tenemos que hacer ni caso. Esto me lleva a hablarte de una historia con moraleja que me encanta, la del jardín de las malas hierbas.

El jardín de las malas hierbas

Había una vez una mujer llamada Violeta que vivía en una bonita casa de campo rodeada de un jardín inmenso, pero vacío. Violeta soñaba con llenar ese espacio de color, así que decidió plantar rosales. Con gran ilusión, compró semillas y las esparció por todo el terreno. Cada día, con dedicación, regaba y cuidaba sus semillas, hasta que un día empezaron a brotar las primeras hojas. Llena de alegría, exclamó: «¡Mis rosas están creciendo!». Pasaron los días y Violeta continuó muy atenta al desarrollo de su jardín.

Una mañana, mientras tomaba un café en el porche, observó algo nuevo: junto a sus rosales, comenzaban a emerger malas hierbas. Sin dudarlo, tomó sus herramientas y se dedicó a arrancarlas una por una. Se pasó todo el día llevando a cabo esa tarea, convencida de que lograría que ninguna mala hierba arruinara su jardín. Cansada pero satisfecha, pensó: «Ha merecido la pena. Mis rosales están a salvo».

Pero, a pesar de sus esfuerzos, siguieron apareciendo malas hierbas.

—¿Otra vez estas hierbas horribles? ¡No puedo tolerar esto! —gritó—. ¡Las volveré a limpiar!

Violeta volvió a dedicar todo un día a arrancar las malas hierbas. Estaba segura de que, con esta segunda limpieza, desaparecerían para siempre. Pero se equivocaba; cada día aparecían más.

Con el tiempo, se obsesionó con las malas hierbas. No soportaba ni siquiera ver pequeños brotes. Estaba tan preocupada con las malas hierbas que cada vez dedicaba menos atención a sus rosales. Mientras las malas hierbas crecían, los rosales comenzaron a marchitarse. Tras varias semanas, a pesar de que los rosales estaban cada vez peor, ella continuó su batalla contra las malas hierbas, convencida de que esa era la clave para tener un jardín perfecto. Fue tal su fijación que incluso puso en marcha un método que, según ella, evitaría que volvieran a salir, algo que en realidad resultaba imposible; las malas hierbas no avisan de dónde o cuándo crecen.

Un día, su vecino pasó por allí y la saludó desde la calle:

—¡Hola, Violeta! ¿Cómo estás? —dijo.

Violeta, ensimismada en su tarea, apenas levantó la vista y respondió con irritación:

—¿Es que no ves que estoy ocupada cuidando mis rosales?

El vecino, extrañado, miró el jardín y comentó:

—Pero, Violeta, ¡los rosales están secos!

Fue entonces cuando ella, al observar con atención, se dio cuenta de que, en efecto, se habían secado. Se había obsesionado tanto con eliminar las malas hierbas que había descuidado lo más importante: sus rosales. Desesperada, comenzó a llorar. Sentía que había arruinado su sueño. No sabía qué podía hacer para recuperar su jardín.

El vecino, conmovido, le ofreció su ayuda. Mientras tomaban un té en el porche, Violeta le contó todo lo ocurrido. El hombre, tras escucharla, le dijo:

—No se trata de quitar las malas hierbas, se trata de cuidar los rosales. Las malas hierbas van a salir igual, las quites o no. Simplemente, ignóralas y céntrate en los rosales.

—Pero las malas hierbas estropearán el jardín, ¿no? —preguntó aún con lágrimas en los ojos.

—No, las malas hierbas formarán parte del jardín. Tendrás que aprender a dejarlas estar y, para tu sorpresa, llegará un día en el que ni siquiera las percibirás.

—¿De verdad?

—De verdad. Solo tendrás ojos para las rosas. Pero tienes que aprender a mirarlas.

Violeta entendió que aquello era complicado porque llevaba mucho tiempo centrando su atención en las malas hierbas y se había acostumbrado a invertir sus energías en ellas, observándolas, identificándolas y elaborando diferentes métodos para hacerlas desaparecer... Sin embargo, decidió intentarlo.

Al principio, le costó muchísimo no fijarse en las malas hierbas, pero poco a poco, con esfuerzo, fue logrando enfocar la atención en sus rosales. Con el tiempo, sus rosas comenzaron a revivir y llenaron el jardín de color y de vida, tal y como ella siempre quiso. Curiosamente, mientras Violeta se concentraba en cuidar sus rosales, las malas hierbas también crecieron, pero se fueron secando y terminaron desapareciendo. Trabajó tanto para centrarse en sus rosas que jamás se volvió a acordar de las malas hierbas.

Moraleja: las malas hierbas representan los pensamientos intrusivos, y los rosales, las cosas buenas que tenemos en la vida. Si nos centramos mucho en los pensamientos intrusivos, que, como sabemos, no aportan nada (como las malas hierbas), gastaremos nuestra batería mental en ellos e ignoraremos otros elementos que sí merecen la pena. Si cambiamos la estrategia y pasamos a centrar nuestra atención en otras cosas, ignorando aquellas que no nos aportan nada, invertiremos la energía mental en aspectos de nuestra vida que sí merecen la pena. Aquello que no aporta, como los pensamientos intrusivos, irá debilitándose, poco a poco, hasta desaparecer.

> Cuando aparezca un pensamiento intrusivo, dale una forma (la que quieras), súbelo a una nube y deja que se marche con ella, luego vuelve a lo que estabas haciendo.

6
DENTRO DEL BUCLE

En este capítulo vamos a adentrarnos en las profundidades del sufrimiento, en esa espiral de miedo, preocupaciones y ansiedad. Vamos a sumergirnos en el mismísimo infierno: los bucles.

Secuestro amigdalar

Empiezas acordándote de una ligera preocupación y terminas completamente sumergido en una vorágine de pensamientos, miedo y múltiples opciones del pasado, el presente y el futuro en las que todo sale mal. Sientes taquicardia y te falta el aire. La ansiedad se ha apoderado de ti. ¿Cómo has llegado hasta ahí? Ni te acuerdas. De hecho, estás tan metido en el bucle que ni siquiera te planteas cómo puedes salir de ese infierno, solo puedes pensar en esa lista infinita de problemas que hace apenas unos minutos no tenías. Todo empezó con un «¿Y si…?». Te encuentras mal, muy mal. De repente no tienes ganas de nada y sientes un nudo en el estómago.

¿Te ha pasado?

A mí me pasa a menudo. ¿Y sabes cuál es la pregunta que siempre me hacen? Quizá no te sorprenda. La pregunta que siempre me hacen es: «¿Y cómo es posible que te pasen estas cosas siendo psicóloga?».

Maravillosa y comprensible pregunta si no fuera porque a mí no se me ocurre preguntarle a un médico por qué se resfría siendo un médico. Entiendes por dónde voy, ¿verdad?

No tengo superpoderes. Me pasan las mismas cosas que al resto de los mortales. Mi cerebro es como el tuyo, funciona con unos mecanismos muy parecidos, así que, por muy psicóloga que sea, también suelo perderme en mis bucles mentales y amargarme la existencia con mis rayadas.

No, tampoco me puedo «arreglar» yo sola. Primero, porque no hay nada roto y, segundo, porque cuando estás dentro del bucle no ves nada más, independientemente de cuál sea tu profesión, tu CI o tu horóscopo. Yo, dentro del bucle, dejo de ser María, la psicóloga, y paso a ser María, la que no ve la salida. ¿Sabes las anteojeras que les ponen a los caballos para acotar su campo visual y evitar que se asusten o distraigan por su visión periférica? Pues nosotros, en el momento bucle, somos como esos caballos, pero, en lugar de llevar anteojeras para no ver cosas que nos inquietan, las llevamos para ver solo lo malo e ignorar lo bueno. Ante nuestros ojos se proyecta una peli sobre el fin del mundo y vamos corriendo de un lado para otro gritando: «¡Vamos a morir todos!».

Esta metáfora de las anteojeras y los caballos que acabo de usar no es ninguna tontería. El hecho de que nos lancemos a la piscina de las preocupaciones y no seamos capaces de focalizarnos en nada más se debe a la activación de un fenómeno llamado **visión en túnel**.

La visión en túnel se activa con un objetivo nada sorprendente a estas alturas: sobrevivir.

Si el cerebro procesa un peligro real o imaginario, es incapaz de dejarlo a un lado, necesita centrarse en él, escudriñarlo al detalle, trazar tres millones de planes, en los que dos millones novecientos noventa y nueve mil novecientos noventa y nueve salen mal, y darle al cuerpo la orden de correr o pelear, cuando en realidad no hay razón alguna para correr ni nada contra lo que pelear.

Yo, cuando estoy en ese punto, no es que mágicamente se me olvide todo lo que sé, es que el batiburrillo mental que tengo lo eclipsa. Lo que sé sigue ahí, pero el miedo es tan intenso que la parte de mi cerebro que tiene la licenciatura en Psicología se apaga (cerebro racional) y queda al volante el cerebro emocional. Imagínate, un chihuahua al volante. Nada bueno puede salir de ahí.

A este proceso se le llama comúnmente **secuestro amigdalar**. Durante el secuestro amigdalar el chihuahua se ha hecho con el control de todo tu ser y está tan alterado que solo puedes prestar atención a aquello contra lo que él quiere que reacciones. Aunque tú pienses «Venga, voy a ponerme a estudiar» o «Voy a concentrarme para ver esta serie», tu amígdala (*aka* chihuahua) no te va a dejar. Estudiarás y verás la serie como quien oye llover; en segundo plano tendrás un montón de ruido mental.

En el capítulo diez recuperaremos el concepto del secuestro amigdalar para hablar de la ira, una emoción que también tiene mucho que ver con el miedo.

Una amígdala muy activada equivale a:

- **Dificultad para concentrarte en otras cosas.** No puedes pensar en nada que no sea aquello a lo que temes.
- **Alta activación emocional.** Tu cabeza no para y tu cuerpo puede responder con los síntomas típicos de ansiedad.
- **No atender a razones.** Aunque en ese momento alguien venga y te diga: «Va, no te rayes», te vas a rayar igual. Nece-

sitas una conversación más profunda para que tu chihuahua se vaya calmando poco a poco hasta quedarse tranquilo.
- **Dificultades para empatizar.** Cuando estás con tu movida, a tu chihuahua no le interesan otras cosas.
- **Preocupaciones.** No dejas de preocuparte por el supuesto peligro que debes enfrentar.
- **Rumiaciones.** Te resulta imposible dejar de pensar obsesivamente en los porqués.
- **Dificultades para tomar decisiones.** En este punto puede aparecer la **parálisis por análisis**, un fenómeno que describe el bloqueo que se produce cuando le das vueltas y vueltas y vueltas al mismo tema. Es como si quisieras llegar a una conclusión o solución tan perfecta sobre aquello que te preocupa que terminas por estancarte y no hacer nada. La perfección no existe; siempre, en cada dilema, vas a ganar y perder algo. No aceptar esto es lo que nos lleva a este punto. Cuando hablo de «no hacer nada», me refiero a no desarrollar una conducta, como, por ejemplo, poner fin a una relación de pareja, o simplemente no poder llegar a una conclusión clara sobre algo que te trae de cabeza. La parálisis por análisis también suele generar síntomas de ansiedad.

Una vez que has entendido cómo se activan los bucles mentales y en qué consisten, tengo que hablarte de dos mecanismos que retroalimentan el malestar y nos impiden salir del bucle. Son dos conceptos que estoy segura de que te resultarán muy familiares. Te presento a las preocupaciones y las rumiaciones, estados mentales que parecen lo mismo, pero no lo son. Vamos a verlas con detalle.

Preocupaciones

Una persona tiene **preocupaciones** cuando genera pensamientos repetitivos que la hacen sentir inquieta, ansiosa o angustiada por algo que percibe como una amenaza o un problema.

Algunas características interesantes de la preocupación:

- Está relacionada con **eventos futuros** que, bajo la percepción de la persona que se preocupa, podrían ser difíciles de manejar.
- Durante la preocupación se anticipan posibles escenarios (la mayoría bastante malos).
- Suele ser la causante de lo que conocemos como **ansiedad anticipatoria**. Aunque aquello que preocupa sea algo que no ha pasado ni tiene por qué pasar, como el cerebro y el cuerpo no distinguen entre realidad o imaginación, se genera ansiedad igual.
- Cuando una persona se preocupa, le cuesta muchísimo concentrarse en otras cosas.
- Las personas se preocupan cuando se pre-ocupan; o sea, cuando se ocupan de algo antes de que ocurra (si es que ocurre).
- Preocuparse es útil en algunas situaciones porque nos permite tener preparadas unas cuantas estrategias para enfrentarnos a la amenaza prevista, pero preocuparse en exceso y sin límite **intensifica** el malestar.

Las personas que tienden a preocuparse creen que hacerlo las protege y que, si no lo hicieran, serían más vulnerables al peligro, pero nada más lejos de la realidad. Preocuparnos más de lo debido no va a hacer que tengamos menos problemas o que suframos menos, al contrario. Preocuparnos más de lo debido hará que percibamos que tenemos muchos más problemas de los que hay en realidad y, además, nos hará sufrir más porque retroalimentará una y otra vez el malestar. A veces nos preocupamos muchísimo por cosas que creemos importantes y, luego, no somos capaces de ver los verdaderos problemas cuando llegan. Es algo así como cuando el miembro de una pareja se preocupa un montón por el trabajo, los amigos y las aficiones, y no se da cuenta de que quien tiene al lado se va apagando cada vez más y más.

Si lo piensas bien, hay ocasiones en las que preocuparse, incluso aunque se trate de algo muy serio, no sirve de nada. Hay cosas para las que nunca estamos preparados, por muchas vueltas previas que les demos, y tampoco sabemos con certeza cómo reaccionaremos finalmente en determinada situación, aunque hayamos pensado mucho en ello. Por eso, cuando en redes sociales leo cómo algunas personas juzgan a otras por decisiones que han tomado en sus vidas, pienso que no tienen ni idea y que están haciendo algo muy arriesgado. Es muy fácil valorar y trazar el plan de acción perfecto de una situación ajena desde la comodidad de casa, **pero es difícil saber con certeza cómo reaccionarías ante algo que puede llegar a partirte en mil pedazos**. Por muy trabajado que estés, por mucha terapia que hayas hecho, hay cosas que llegan, te rompen y te obligan a reconstruirte de nuevo poquito a poco.

Adictos a la preocupación. El refuerzo negativo

En *Me quiero, te quiero* te hablé del refuerzo intermitente para explicarte qué pasaba exactamente en las relaciones de dependencia emocional. Ahora quiero hablarte del refuerzo negativo para que entiendas por qué, **cuanto más te preocupas en el presente, más tiendes a preocuparte en el futuro**.

Por un lado, como ya hemos visto en capítulos anteriores, la tendencia a preocuparse es innata (el cerebro está «hecho» para sobrevivir). Por otro lado, ya sabemos que podemos ser proclives a preocuparnos de más cuando nos hemos criado en entornos sobreprotectores donde confundían el cariño y la protección con la preocupación. Sin embargo, también podemos reforzar o premiar el hecho de preocuparnos a través del **refuerzo negativo**, un proceso de aprendizaje que consiste en la eliminación del estímulo aversivo, desagradable o no deseable, como podría ser una posible amenaza o peligro.

Mira cómo sería el proceso:

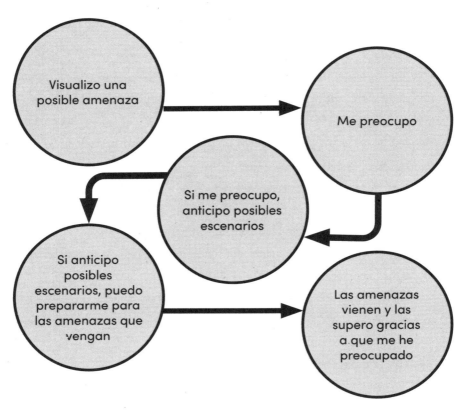

Mi cerebro considera positivo el hecho de que, gracias a la preocupación, desaparezca la sensación desagradable de percibir una amenaza; es decir, lo ve como un mecanismo que funciona y, por ende, lo repite. Que funcione es bueno porque, a fin de cuentas, la preocupación, como ya sabemos, es buena en su justa medida, pero, cuando no conocemos otras herramientas y pasamos por épocas de enfrentarnos a muchos problemas, repetimos una y otra vez este esquema y terminamos fortaleciéndolo y ciñéndonos cada vez más a él.

Rumiaciones

Se dice que una persona tiene **rumiaciones** cuando da vueltas a las cosas una y otra vez, sin llegar a ninguna conclusión.

Algunas características de la rumiación:

- Está relacionada con **eventos pasados** que, bajo la percepción de la persona que rumia, no se resolvieron de la manera adecuada, o bien no sabe exactamente a qué se debieron.
- Estos eventos del pasado suelen estar relacionados con el fracaso, la culpa o el sufrimiento emocional.
- Las personas que rumian tienden a centrarse en aquellos cabos sueltos que quedaron sin atar (los porqués) y los aspectos negativos de las experiencias que vivieron.
- Hay obsesión por esos eventos del pasado, sin embargo, nunca se llega a ninguna conclusión.
- Existe una dificultad grande para desconectar del bucle, incluso cuando se sabe que esas rumiaciones no están siendo útiles.
- Las rumiaciones **intensifican** el malestar.

En psicología llamamos rumiación a este estado mental porque nos recuerda al proceso digestivo de algunos animales herbívoros. Las vacas, por ejemplo, son animales rumiantes, no porque piensen mucho, sino porque, cuando comen, su organismo tiende a dar muchas vueltas al alimento. Una vez que mastican y tragan, regurgitan pequeñas porciones de comida de vuelta a la boca, donde vuelven a masticar una y otra vez. Nosotros, al igual que las vacas, rumiamos, pero no la comida, sino los pensamientos.

Si te consideras una persona rumiante, quiero que sepas que **hay porqués para los que jamás encontrarás respuesta**.

Cuando vivimos alguna situación complicada que no entendemos, solemos preguntarnos sobre el porqué: «¿Por qué me pasó aquello?», «¿Por qué esta persona hizo tal cosa?». Intentamos buscar explicaciones a cosas que no logramos entender desde nuestra lógica, y tiene sentido hacerlo. Tratar de cuadrar algo es una forma de mantener nuestro equilibrio emocional (homeostasis).

Esta búsqueda de los porqués es común verla en personas que han pasado por relaciones complicadas, ya sean de pareja, de amistad o de familia, en las que se han dado comportamientos que no encajaban con lo que ellas esperaban de la relación. Estas personas no logran entender el porqué de lo ocurrido por el hecho de que la conducta del otro (abusos emocionales, infidelidad, ruptura, etc.) no cabe en su sistema de creencias. Estar ante algo que cuestiona nuestro sistema de creencias es algo tan potente, emocionalmente hablando, que muchas personas se bloquean y se instalan en las rumiaciones para intentar, una y otra vez, encontrar un sentido a algo que no lo tiene. Tratar de encajar en nuestro sistema de creencias algo que no tiene que ver con él es imposible. Es como si un niño que está jugando con un juguete de encajar piezas intentara meter el cilindro en el hueco de la luna; por mucho que se empeñe, nunca lo conseguirá.

Mientras buscas una explicación a aquello que te hace daño, mientras buscas desesperadamente una respuesta o un indicio que te ayude a atar cabos y dar una explicación lógica a lo que la otra persona te está haciendo, permaneces más tiempo en esa relación. Y, cuanto más tiempo pase, mayor será la incapacidad para romper el vínculo.

Así que a veces no se trata de que encuentres las respuestas a todos los porqués, sino de darte cuenta de que estás en una situación que te genera sufrimiento y que, independientemente de por qué la otra persona ha hecho lo que ha hecho o ha dicho lo que ha dicho, si ya has intentado hablar con ella y tú le has dado veinte mil vueltas al asunto y sigues sin entender nada, has de dejar de obsesionarte y salir de esa situación.

Recuerda, las preocupaciones y las rumiaciones son los **dos estados mentales que nos impiden salir del bucle**.

La verdad es que, una vez dentro, lo tenemos complicado. Parece que todo rema en nuestra contra, si bien es cierto que podemos salir, te explico cómo.

Salir del bucle

Como te digo, salir de este bucle no es fácil. La amígdala está activada y, por mucho que quieras, no se va a desactivar si no haces cosas para que eso ocurra. En este libro encontrarás muchos ejercicios para trabajar los miedos. Algunos irán dirigidos a los pensamientos, otros a la conducta, otros al cuerpo y otros a la emoción en sí misma. Hay cientos de herramientas que nos pueden ayudar con el miedo y a salir de los bucles en los que nos adentramos sin darnos cuenta en un determinado momento; se trata de probarlas y ver cuáles son útiles para ti. Sin embargo, en este apartado vamos a ver algo que es común a todos los ejercicios y herramientas que conozco, se trata de un par de habilidades que te recomiendo entrenar y que te van a ser muy útiles en términos generales.

Para ello, vamos a ver el caso de Irene. Irene tenía miedo a que algo malo le pasara a ella o a su familia. Dentro de ese «algo malo» cabía cualquier tipo de desgracia: despidos, enfados, enfermedades, muertes inesperadas... Por más que habláramos sobre lo difícil que era que todo aquello ocurriera, y a pesar de que ella lo entendía y estaba de acuerdo, seguía sintiendo miedo.

El abordaje del caso de Irene fue largo porque la trayectoria de su miedo venía de muy atrás, pero poco a poco consiguió gestionarlo mejor. Trabajamos juntas para que primero supiera qué estaba pasando en su mente. Esto la aliviaba mucho porque, entre otras cosas, la ayudaba a comprender que no estaba volviéndose loca y a tener cierto control sobre lo que le estaba pasando. Me decía:

—Cada vez que me rayo me acuerdo de ti y pienso: «¿Qué me diría María?». Luego voy recordando las cosas que hablamos en consulta. El otro día me pasó, me sentía muy mal porque estaba en medio de una vorágine de pensamientos malos.

—Estabas dentro del bucle —dije.

—Sí. Menudo bucle. Estuve horas mal. No me apetecía salir de casa, no podía dejar de llorar, no tenía fuerzas ni para levantarme a hacer alguna cosa por casa. No sabía cómo salir de ese bucle. De repente pensé eso de «¿Qué me diría María?», pero no me venía nada a la cabeza. Ahí me di cuenta de que estaba totalmente bloqueada, así que se me ocurrió algo para salir de ese atasco. Cogí rápidamente la libreta donde apunto todo lo de la terapia y leí aquello que hablamos sobre las partes del cerebro que se pelean, el chihuahua y todo eso. Aunque estaba jodida, imaginarme un chihuahua enfadado al volante me dio un poco de risa, la verdad. No me vino mal. Acordarme de todo eso me ayudó a ser consciente de qué me pasaba en ese momento: mi amígdala estaba en modo chihuahua y tenía que sacarla de ahí.

¿Qué pasó realmente en la cabeza de Irene en ese instante? Con apenas un par de acciones consiguió algo muy útil: reconocer qué estaba haciendo su mente en ese momento. Esto, en psicología, tiene un nombre: «metacognición». Gracias a esta capacidad, Irene pudo comprender lo que estaba sucediendo dentro de ella, pudo «darse cuenta» (*insight*) y ver la situación con diferente perspectiva. Con esto, mi paciente fue capaz de empezar a calmar a su chihuahua y salir del bucle.

La metacognición

La metacognición es la habilidad de pensar sobre lo que se piensa. En otras palabras y aplicado al caso, es la capacidad de salir del bucle de pensamientos y ser consciente no solo de qué se está pensando, sino de cómo se está pensando. Te permite pasar de actor a observador. Pasas de vivir la experiencia a ver cómo vives la experiencia, y esto, querido lector, es una habilidad poderosísima. Y fíjate de qué manera más fácil Irene pudo hacer la metacognición: cogió su libreta de terapia y leyó todos sus apuntes. La libreta fue un anclaje que la trajo de vuelta «al mundo real».

Los anclajes

Los **anclajes** son aquellos estímulos que usamos a modo de «ancla» para mantener un pie en la tierra y no dejarnos arrollar por nuestras emociones o pensamientos; es como cuando, tras una noche de fiesta y desenfreno, nos acostamos en la cama y, como todo empieza a darnos vueltas, acabamos poniendo un pie en el suelo para estabilizarnos.

Los anclajes son muy útiles en psicología y se suelen trabajar cuando la corriente de pensamientos negativos nos arrastra y necesitamos aferrarnos a algo que nos mantenga a flote o, dicho de otra manera, que nos mantenga centrados en el presente (el «aquí y ahora»). Para ello, podemos usar estímulos que nos inviten a ver las cosas de otra manera, como la libreta de Irene.

Uno de mis anclajes es hablar con mi marido, pero, si él no está disponible, tengo otros, como ponerme a escribir sobre lo que siento o revisar una serie de reflexiones que tengo escritas en una libreta desde hace tiempo. Eso me lleva a activar la metacognición; es decir, me lleva a ver las cosas de otra manera y a ser consciente de lo que mi cabeza está haciendo. Casi siempre me doy cuenta de que lo que me está pasando no es nuevo. Quizá en ese momento pueden parecerme otros miedos u otros peligros, pero, si analizo a fondo, compruebo que son las mismas preocupaciones con diferentes formas. Mismos miedos, diferentes disfraces. Con todo esto, llego a la conclusión de que el malestar emocional que puedo sentir en ese instante es similar al que he sentido otras veces, o sea, que lo que me está pasando no es más que un bucle pasajero.

Puedes utilizar como anclaje cualquier cosa que sepas que te va a ayudar a volver al presente y a conectar con esa parte racional. De igual manera, a continuación, voy a proponerte una herramienta que suele funcionar bastante bien. Bueno, en realidad es un compendio de herramientas que he reunido bajo un mismo paraguas al que he llamado «plan de acción». Mi objetivo es que tengas un recurso útil al que acudir, que cuentes con estrategias que suelen funcionar por sí solas.

Tu plan de acción

Los planes de acción resultan muy útiles cuando estás en pleno bucle. La idea es prepararlos antes y tenerlos siempre a mano, porque nunca sabes cuándo tu chihuahua te va a sorprender.

Los planes de acción son personalizables. El que te presento aquí es el que yo suelo usar, pero has de saber que puedes modificar las estrategias como desees. Cuando lo trabajo con mis pacientes, ellos quitan y ponen según lo que saben que les sirve y lo que no. Así que, toma nota, si hay algo que no te guste, lo puedes eliminar, y, si ya cuentas con habilidades que te funcionan bien, las puedes incluir. También puedes añadir algunas de las herramientas para trabajar los pensamientos de las que ya hemos hablado que creas que te serán útiles, y en las siguientes páginas encontrarás muchas más que puedes usar para elaborar tu plan de acción. Sea como fuere, el plan de acción tiene que ser algo útil para ti.

Recuerda que, si lo que te preocupa es un pensamiento intrusivo, la estrategia para trabajarlo es dejarlo marchar.

Vamos con ello.

PASO 1. En una tarjeta escribe una lista con las señales que emite tu cuerpo cuando tu amígdala está muy activada y «te secuestra» (o sea, cuando tu chihuahua se altera). Para ello, puedes recordar situaciones pasadas y prestar atención a qué sentiste en tu cuerpo y qué pensaste. Cuando lo tengas, apúntalo en tu tarjeta.

Ejemplo:

TARJETA 1
Señales que indican que mi amígdala está muy activada
Calor en el pecho y en la cara
Temblores en las piernas
Presión en el pecho
Falta de aire
Angustia
Mi cabeza va a mil

Ahora tú:

TARJETA 1
Señales que indican que mi amígdala está muy activada

PASO 2. En otra tarjeta haz una lista de las cosas que sueles hacer cuando tu amígdala está muy activada. Para ello, puedes recordar situaciones pasadas y prestar atención a qué sueles hacer o decir.

Ejemplo:

TARJETA 2
Cosas que suelo hacer o decir cuando mi amígdala está muy activada

Encerrarme en casa
No hablar con nadie hasta que no se me pasa la rayada
Tirarme en el sofá con el móvil
Comer mal
Si me hablan, contestar irritado
Suelo ir con «la escopeta cargada». Contesto mal a todo

Ahora tú:

TARJETA 2
Cosas que suelo hacer o decir cuando mi amígdala está muy activada

¡Genial! Ya tenemos las tarjetas con todas las señales reunidas. Es decir, tienes la información de cómo funciona el problema que quieres manejar y la información de cómo se hace notar cuando aparece en ti. Ahora vamos a trabajar con ello usando la **técnica del semáforo**.

Lo primero, los significados de los colores rojo, amarillo y verde:

Rojo = ¡Para!
Amarillo = Ten precaución
Verde = Puedes continuar

Asociaremos cada color a diferentes actividades para darle tiempo y espacio a tu chihuahua interior. El objetivo es conseguir que se calme para que tú tengas la oportunidad de abordar tu preocupación de manera diferente.

ROJO = ¡Para!

¿Cuándo es necesario parar porque el semáforo está en rojo? Cuando revises tus tarjetas 1 y 2, y veas que puedes hacer *check* en casi todo.

Para parar, usa en primer lugar tu **respiración**. Normalmente, como ya hemos visto en capítulos anteriores, una de las respuestas del SNA ante el miedo y la ansiedad es aumentar el ritmo de la respiración y, con ello, el ritmo cardiaco. Dado que nuestro cerebro está conectado con nuestro cuerpo y viceversa, si controlamos la respiración, podemos mandar al SNA un mensaje diferente del que le está llegando desde el cerebro.

Mientras que el SNA piensa: «Tengo que acelerarme y estar preparado por si he de salir corriendo», tú le estás mandando el mensaje contrario: «No hay nada por lo que tengas que salir corriendo, porque mira el ritmo de la respiración, es tranquilo, ¿te das cuenta?».

Cuando respiramos conscientemente, podemos relajar nuestro SNA.

Aquí tienes los pasos para llevar a cabo esta sencilla técnica:

PASO 1. Coge aire por la nariz lentamente hasta llenar los pulmones. Puedes contar **4 segundos**.
Durante el proceso no eleves el pecho, expande el abdomen hacia fuera.

PASO 2. Aguanta el aire durante **4 segundos**.
Mantén el abdomen hinchado.

PASO 3. Expulsa lentamente el aire por la boca. Puedes contar **8 segundos** mientras lo haces.
Durante el proceso, deshincha el abdomen.

Truco para perfeccionar la técnica:

- Realízala tumbado.
- Coloca las manos encima del abdomen, para notar cómo sube y baja.

- Una variante interesante de esta técnica es la de colocar una **vela** encendida delante de ti, a una distancia equivalente al largo de tu brazo. El ejercicio consiste en evitar que la llama se apague. Esto te permite controlar mejor la entrada y salida del aire.

Cuando somos conscientes de la respiración, nos resulta más fácil ser conscientes de nuestro cuerpo.

Ahora toca redirigir los pensamientos.

Esta herramienta te puede servir para apartarte de tus pensamientos y volver a conectar con «la vida real».

Puedes leerla o escanear el código QR, colocarte unos auriculares y dejarte llevar. Sea como fuere, te adelanto que es un ejercicio en el que precisas estar con los ojos abiertos y responder a una serie de preguntas en voz alta o mentalmente, como desees.

VUELVE

Fíjate en lo que te rodea:

1. ¿Dónde estás? Describe lo que ves en tu entorno.
2. ¿Oyes algo? Describe los ruidos que puedes percibir, tanto los que se escuchan a lo lejos como los que se escuchan cerca.
3. ¿Hueles algo? ¿Podrías describir ese olor? ¿Te recuerda a alguna cosa?
4. ¿Estás comiendo algo? Si es así, describe qué es y su sabor.
5. ¿En qué postura estás ahora mismo? Descríbela.
6. ¿Estás tumbado o sentado sobre algo? Tócalo y descríbelo. Fíjate de qué material está hecho el objeto, observa su color, su textura, su temperatura. Observa si es un sitio duro, suave o rugoso.
7. ¿Qué ropa llevas puesta? ¿Podrías describirla?
8. ¿Puedes concentrarte en un objeto que tengas delante y describirlo en voz alta? Hazlo atendiendo a sus características: forma, colores, temperatura, textura, peso, etc.
9. Elabora una frase del tipo: «Estoy en mi cuarto. Todo está bien. No estoy en peligro, así que no tengo ante mí nada a lo que deba enfrentarme. Puedo estar tranquilo. Todo está en mi cabeza».

La idea es que lo que hagas durante este último paso te sirva para marcar un antes y un después. Por el momento, no vas a ver la preocupación de diferente manera, pero tal vez esto te ayude a darte cuenta de lo que está haciendo tu cabeza y puedas parar el bucle de pensamientos.

Una vez que vuelvas al presente, pese a que lo que te preocupa seguirá ahí, tendrás un pequeño margen para abordar las cosas de otra manera y evitar verte absorbido por el bucle.

El cerebro no conoce otros senderos, tenemos que mostrárselos.

AMARILLO = *Ten precaución*

Como te digo, por el momento has parado el bucle, pero, cuidado, aún estás en el color amarillo. Ahora has de poner en marcha estrategias diferentes. Seguramente tu mente esté llena de preguntas del tipo «¿y si...?» que solo han retroalimentado más el miedo, así que cambia la estrategia y hazte otro tipo de preguntas.

Vamos con un ejercicio muy útil de introspección.

¿Qué es lo que más te preocupa en este momento?
_____
_____
_____
_____

Del 0 al 10, siendo 0 nada y 10 muchísimo, ¿cuánto malestar te genera esta preocupación?
_____
_____
_____
_____

Ahora escoge el sendero de actuación según el tipo de bucle en el que estés.

SENDERO 1
¿Lo que te preocupa es algo que ha aparecido en tu mente sin más, que jamás harías y que no tiene nada que ver con tus valores?
↓
Pensamiento intrusivo
↓
Súbelo a una nube y déjalo marchar

SENDERO 2
¿Lo que te preocupa es algo que ya ha pasado?

↓

Rumiación

¿Estás dándole vueltas sin sentido a algo que no logras entender a pesar de tus intentos?

↓

Deja de buscar explicaciones. Recuerda que hay cosas que no tienen explicación alguna. No has de dar con la respuesta de todos los porqués

---

¿Estás dándole vueltas a algo que hiciste o no hiciste y ahora te sientes culpable?

↓

¿Lo que sientes es una culpa constructiva o destructiva?

↓

¿La culpa viene de dentro o de fuera?

↓

¿Te estás culpando de cosas de las que no eres responsable?

↓

¿Pensarías lo mismo que piensas de ti, si lo que te ha pasado le hubiera sucedido a otra persona?

↓

¿Podrías cambiar tu perspectiva si dejaras de enfocarte en lo que no puedes controlar y te enfocaras en lo que sí puedes controlar?

↓

¿Los pensamientos que tienes en tu mente pueden estar distorsionados? Si es así, ¿qué distorsiones cognitivas aparecen en ellos? ¿Puede haber alguna otra versión de pensamiento más racional? (mira el cuadro de la página 162)

↓

Si alguien a quien quieres mucho estuviera experimentando lo mismo que tú ahora, ¿qué le dirías para tratar de calmarlo?

↓

¿Hay algo que puedas hacer, como pedir disculpas o enmendar el error cometido? Si es así, valora hacerlo

↓

Recuerda que hiciste lo que podías con lo que tenías. Las decisiones y actuaciones del pasado ocurrieron en un contexto diferente; no tiene sentido que te machaques

SENDERO 3
¿Lo que te preocupa es algo que va a pasar seguro?

↓

Traza un plan con acciones concretas para resolver el problema. Si es algo que tienes que hacer en el futuro, apúntalo en tu agenda, escribe los pasos que debes dar para solucionarlo y recuerda lo que decíamos en el capítulo dos: «Una cosa detrás de otra»

SENDERO 4
¿Lo que te preocupa es algo que podría pasar?

↓

Preocupación. Anticipación

↓

¿Qué consideras que podría pasar si se cumple aquello que temes?

↓

¿Qué pruebas tienes de que pueda suceder?

↓

¿Qué probabilidad hay de que lo que temes suceda?

↓

¿Qué probabilidad hay de que lo que temes NO suceda?

↓

Si lo que temes realmente ocurriera, ¿qué es lo peor que podría pasar?

↓

¿Qué habilidades, capacidades y recursos tienes para afrontar la situación en caso de que sucediera?

↓
¿Podría cambiar tu perspectiva si te enfocaras en lo que puedes controlar en lugar de en lo que no puedes controlar?
↓
¿Podrías describir cómo es tu realidad actual sin tener en cuenta la que imaginas que puede ser?
↓
¿Crees que los pensamientos que tienes en tu mente pueden estar distorsionados? Si es así, ¿podrías decir qué distorsiones cognitivas aparecen en ellos? ¿Puede haber alguna otra versión de pensamiento más racional? (Mira el cuadro del capítulo cinco)
↓
Imagina que alguien a quien quieres mucho está experimentando lo mismo que tú ahora. ¿Qué le dirías para tratar de calmarlo?
↓
¿Te ha pasado anteriormente algo parecido? ¿Es posible que tu preocupación sea la misma de siempre, pero con diferente disfraz? Si es así, ¿qué estrategias usaste en el pasado para calmarte y cómo podrías aplicarlas ahora?
↓
¿Qué has aprendido de otras veces en las que has tenido miedo y luego descubriste que las cosas no eran tan malas como pensabas?

Al igual que la cabra tira al monte, el cerebro tiende a ir por el único camino que conoce y el que más veces ha transitado. Le resulta mucho más fácil seguir usando antiguas estrategias, por eso es normal que, las primeras veces que uses estrategias diferentes para combatir tus miedos, tu cabeza insista en caminar por antiguos senderos. La idea es reforzar los nuevos caminos una y otra vez hasta que los domines. No te des por vencido.

Comparte con alguien tu preocupación

Compartir esto con alguien de tu confianza para obtener apoyo o una nueva perspectiva de la preocupación también es muy buena idea. A veces, no es tan importante compartirlo para que los demás nos den soluciones, sino para, hablando de ello, darnos cuenta de lo que está pasando en nuestra cabeza (para hacer metacognición).

Tengo pacientes que llegan superagobiados a la consulta por un tema que les trae de cabeza y que, cuando lo expresan en voz alta, unas veces se dan cuenta de que aquello que les atormentaba tampoco era para tanto y otras hacen clic y advierten cosas que antes no eran capaces de ver. Es como si tuvieran una maraña de hilos en la cabeza y, al hablar, la deshicieran e hicieran un jersey.

> Recuerda esto: los miedos y las preocupaciones que nos generan ansiedad son como los fantasmas de *Scooby-Doo*. Al principio, nos parecen enormes, inmanejables y terroríficos. Sin embargo, al acercarnos a ellos y conocerlos mejor, conseguimos quitarles el disfraz. Una vez desenmascarados, nos damos cuenta de que no son más que los miedos esmirriados de siempre que juegan a hacernos creer lo contrario mientras se camuflan en diferentes escenarios.

Cuando hayas superado la fase de trabajo, puedes pasar al siguiente color.

VERDE = Puedes continuar

Esta fase consiste en despejarte un poco. Ya has estado dentro del bucle, has salido y has trabajado muy bien tus preocupaciones y ansiedades. Ahora toca tratar de despejar la mente con otras cosas. Eso impedirá que vuelvas al bucle de nuevo.

Si no se te ocurre qué hacer, puedes escoger de entre todas estas actividades que te propongo, aunque lo ideal sería que elaboraras una lista con las cosas que te pueden venir bien a ti. Recuerda, este plan es para que lo personalices tú, yo solo te doy unas pautas básicas.

Puedes distraerte leyendo, cocinando, haciendo deporte, saliendo a dar una vuelta solo o con amigos, haciendo manualidades, sopas de letras, sudokus, crucigramas, pintando mandalas…

Cuando no estás dentro del bucle, pero el malestar sigue en segundo plano y aparece de vez en cuando

¿Qué pasa cuando las rumiaciones o las preocupaciones son recurrentes? Es decir, ¿qué pasa cuando no estamos dentro del bucle, sino que estamos en un estado de tranquilidad, pero aparecen recuerdos de esas cosas que nos generan malestar? Por ejemplo: puedes estar tan tranquilo dando un paseo por el parque y acordarte de repente de una cosa que tienes al día siguiente y que te preocupa.

Aclaremos primero que eso sería un pensamiento automático y, como tal, hay que trabajarlo lo justo.

Su abordaje consistiría en:

- Dejarle un ratito al día para que ese pensamiento salga. Mientras ese ratito no llegue, la regla es no prestarle atención. Como decíamos antes, lo subimos a una nube y lo alejamos hasta poder atenderlo.
- ¿Cómo dejamos que salga? Hablando con un amigo, escribiendo sobre él, dibujándolo o pintándolo, dándole vueltas…
- Si ya le hemos dado espacio durante un ratito, la norma es no volver a invertir más tiempo en él. Así que lo volvemos a subir a la nube y lo alejamos de nosotros.
- Si cada vez que aparece lo atendemos, lo que estamos haciendo es darle más importancia de la que probablemente tiene.
- No hay que trabajar las cosas hasta que el malestar desaparezca. A veces las cosas se trabajan y el malestar perdura, pero

esto es normal, es nuestro cuerpo que aún está activo (recuerda que al cuerpo le cuesta algo más relajarse por el tema de la homeostasis).
- Tu cuerpo se relajará, pero para ayudarlo a hacerlo hay que saber parar la mente y, a veces, parar la mente consiste en distraerse.
- Manejar emociones también es saber poner límites a nuestra mente.

Manejar emociones no es hacer cosas con ellas hasta que estemos bien del todo, también es distraernos y tolerar el malestar mientras la mente se relaja por sí sola.

Hay personas que piensan que esto es evitación, pero no lo es siempre y cuando tú hayas dejado espacio a ese pensamiento para dedicarte a él. No es evitación si ya has empleado algunas herramientas y has trabajado de manera proactiva. No es evitación si tu tendencia es a engancharte a ese pensamiento y lo estás apartando de forma consciente. No es evitación si conscientemente estás tratando de tolerar un poco ese malestar adrede mientras sigues haciendo tu vida. En el capítulo ocho te cuento una historia, en la que los protagonistas sois tú y un león, que tiene mucho que ver con esto de aprender a convivir con el malestar.

7
LA NECESIDAD DE CONTROL

La importancia de la sensación de control

¿Cuántas veces te han dicho: «No intentes controlarlo todo»? ¿Cuántas veces has tenido claro que no podías controlarlo todo, pero aun así lo has intentado igual? ¿Te han dicho alguna vez eso de «Fluye» o «Vamos a fluir» y tú te has preguntado: «Vale, pero ¿hacia dónde?».

¿Y si te dijera que tener cierta sensación de control sobre nuestra vida y las cosas que nos pasan es importante?

Pues sí, las personas necesitamos sentir que tenemos el control. No es cosa tuya, es que sin percepción de control tendríamos la sensación de vivir en el caos, la incertidumbre y el azar, lo que equivaldría a sentir que estamos rodeados de amenazas y peligros por todas partes. ¿Quién se siente cómodo con eso? En mayor o menor medida, todos necesitamos control. No, tu amigo hippie al que le da igual dónde dormir, dónde comer o qué hacer con su vida no vive en el caos. Tu amigo hippie también necesita sensación de control, aunque sea de la manera más básica. Todos necesitamos sentirnos seguros y a salvo, solo que cada uno a su manera.

La sensación de control es importante porque:

- **Reduce la ansiedad.** Cuando tenemos la sensación de que lo que nos depara la vida es controlable, reducimos la incertidumbre y, con ello, la ansiedad.
- **Nos permite actuar.** Cuando sentimos que controlamos algo, pasamos a la acción. El hecho de actuar sobre algo que consideramos una amenaza nos relaja en cierta manera.
- **Nos aporta seguridad con respecto a nosotros y a lo que nos rodea.** Un entorno controlado es un entorno seguro.
- **Alimenta nuestra autonomía y confianza en nosotros mismos.** Tener sensación de control ayuda a que pensemos que podemos con la vida.

¿Qué pasa cuando no tenemos sensación de control?

- **Miedo, estrés y ansiedad.** Aparece el desasosiego, la incertidumbre, la sensación de que puede pasar cualquier cosa en cualquier momento. Sin sensación de control, nuestra amígdala se activa.
- **Indefensión aprendida.** Este concepto es interesantísimo. Decimos que una persona se comporta por indefensión aprendida cuando aprende a actuar de manera pasiva o resignada ante los problemas debido a que en algún momento de su vida asumió la creencia de que no tiene control sobre el resultado de las cosas y que, por lo tanto, da igual lo que haga.

Las creencias asociadas que pueden acompañar a este aprendizaje son: «Da igual lo que haga, total, no voy a conseguir nada» o «No puedo».

La indefensión aprendida se suele ver bastante en personas con depresión, pero también se observa en sujetos sin ninguna psicopatología. Estos individuos creen que no pueden hacer algo cuando en realidad sí pueden, porque sí tienen las capacidades y las habilidades para hacerlo.

Los animales también pueden comportarse por indefensión aprendida. Te voy a contar la historia del elefante encadenado, un relato popular versionado por Jorge Bucay en *Déjame que te cuente*.

Había una vez un elefante bebé que vivía en un circo. Al elefantito no le gustaba el circo porque lo trataban mal, así que cada dos por tres intentaba escaparse.

Las personas que trabajaban en el circo se dieron cuenta y decidieron impedir que se fuera atándole en la pata una cuerda que sujetaron en un clavo enorme que pusieron en el suelo. La cría de elefante tiraba una y otra vez de la cuerda para romperla y huir, pero no conseguía nada. Así que aprendió que tirar de la cuerda e intentar escapar no servía de nada, y al final dejó de intentarlo.

Se hizo mayor y seguía atado con la misma cuerda que lo retenía desde que era pequeño, porque, aunque con su tamaño de adulto podía romperla de un solo tirón, no lo hacía... Años atrás, había aprendido que tirar de la cuerda no servía de nada, y ahora, que tan solo con un gesto y sin esfuerzo podía liberarse, ni siquiera lo intentaba. Ese elefante jamás escapó porque, a pesar de tener capacidad de sobra para hacerlo, se comportaba desde la indefensión aprendida.

La sensación de control es importante, pero (siempre hay un pero) **no es lo mismo tener sensación de control que controlarlo todo** (o tener el control absoluto). Hay una ligera diferencia que radica en la percepción que se tiene del control. No es lo mismo confiar en que mañana volverá a salir el sol que hacer que, con tu esfuerzo y voluntad, mañana vuelva a salir el sol. **Hay cosas que no dependen de ti y que no puedes controlar.** El control absoluto no existe.

Si bien es cierto que racionalmente entendemos que no podemos controlarlo todo, nuestro instinto es hacerlo igual, activando algunas funciones que ya conocemos, como la preocupación o la rumiación. Con esto, el cerebro intenta recuperar esa sensación de control, pero, claro, dos mecanismos que se activan ante situaciones que no podemos controlar son dos elementos que, como ya hemos visto, retroalimentan aún más el malestar.

Mira tú el percal que tenemos.

No podemos controlarlo todo, lo sabemos y, aun así, lo intentamos. Pero, para colmo, lo intentamos con mecanismos que son contraproducentes. ¿Qué podemos hacer con esto?

Quizá la solución consista en encontrar un punto medio.

Quizá la solución sea recuperar la sensación de control sin la necesidad de controlarlo todo.

No puedes controlarlo todo, pero no poder controlar todo no significa no poder controlar algo.

¿Y si pasa lo peor? Sensación de control versus control absoluto

Te voy a contar una experiencia vital muy dura que me hizo entender esto de la diferencia entre la sensación de control y el control absoluto.

En agosto de 2023, mi abuela enfermó gravemente. Para mí, la madre de mi madre era también mi madre. Estábamos muy unidas. Vivimos juntas durante un tiempo y eso hizo que estrecháramos vínculos.

Un día, sin previo aviso, tuvieron que ingresarla de urgencia. Estuvieron haciéndole pruebas durante varios días. Fueron duros momentos de incertidumbre. Alguien a quien quieres está mal, está sufriendo, y no sabes qué le pasa. Cuando por fin los médicos dieron con la clave de lo que ocurría, nos dejaron claro que el pronóstico no pintaba nada bien: cáncer con metástasis por todos los órganos. A juzgar por la rapidez de reproducción, era muy agresivo. Nunca llegamos a saber qué tipo de cáncer era, puesto que hacer una biopsia en su estado, cuando ya sabían que no había tratamiento posible, podría hacerla sufrir aún más. En cuestión de días mi abuela pasó de andar por su propio pie a estar bajo la atenta vigilancia de los profesionales de cuidados paliativos.

Nadie se lo esperaba. No es un asunto al que voluntariamente quisiéramos darle vueltas. Ni aunque me lo hubiera planteado en algún momento de mi vida, habría sabido cómo iba a reaccionar o qué podría hacer en un caso así.

Pasé por muchas fases: shock, negación, ira, tristeza…

Pregunté a los médicos una y otra vez si había algo que se pudiera hacer para que se recuperara, pero las respuestas siempre eran muy desmoralizadoras.

Ante las situaciones en las que no puedes hacer nada, la sensación de control te abandona por completo. De repente tu vida es el caos más absoluto. No puedes comer, no puedes dormir, apenas puedes respirar con normalidad. Sientes que la amenaza te persigue, pero no sabes qué diantres hacer con ella.

Empecé a obsesionarme con encontrar la salida. La cura. La solución. Busqué en internet y contacté con otros médicos. Todas las opiniones coincidían, no había cura. Ninguna opción alimentaba mi esperanza.

Me rendí. Acepté lo inevitable. El final estaba cerca. No podía seguir corriendo de un lado para otro como un pollo sin cabeza, debía centrarme o acabaría perdiéndome. Si quería ser útil de verdad, tenía que cambiar de estrategia.

Tras meditarlo mucho, lo vi claro: **«No puedo controlar toda la situación, pero sí una pequeña parte de ella»**. No puedo hacerme responsable de una enfermedad incontrolable y de un proceso médico que no llego a entender del todo. No soy médica, pero sí soy la nieta de mi abuela; sí puedo responsabilizarme de lo que yo, María, puedo hacer en este momento. Así que me armé de valor e intenté cambiar el chip. Asumí como pude la situación y logré controlar las cosas que sí podía controlar, como ayudar a mi familia a hacer que los últimos días de mi abuela fueran lo más agradables posible. Participé en todas las labores en las que pude, me quedé en el hospital hasta la hora que hizo falta y, siempre que pude, estuve. Tomé, por decisión propia, un papel activo. La pérdida fue muy dolorosa, pero hice todo lo que estuvo en mi mano con lo que tenía.

Tener cierta sensación de control en situaciones difíciles equivale a hacer todo lo que puedes con lo que tienes.

Con esto aprendí que, cuando las cosas van mal de verdad y sentimos que hemos perdido el control, es necesario:

- No intentar controlarlo todo. No es posible tener el control absoluto.
- Focalizarse en lo que sí se puede controlar, ya sean nuestras acciones o decisiones.
- Pasar a la acción con aquello que tiene sentido, es viable y alcanzable.
- Creer firmemente que estamos haciendo todo lo que podemos con lo que tenemos. Incluso, en el peor de los escenarios, casi siempre podemos llevarnos algo, aunque sea tan solo un aprendizaje.

La clave está en hacer todo lo posible dentro de lo posible.

Si eres exigente o tienes un sentido de la responsabilidad muy alto (como yo), sé que, hagas lo que hagas, siempre querrás hacer más, pero eso es una batalla con la que también tendrás que lidiar.

Un ejercicio que me parece interesante cuando sentimos ansiedad ante la falta de control, ante la sensación de que algo nos supera, es que visualicemos cuál es la fantasía catastrófica que nos está bloqueando. Ponerle nombre y forma al miedo nos puede ayudar a darnos cuenta de que aquello que imaginamos está más allá de nuestro control y que es por eso precisamente por lo que sentimos tanto vértigo. No puedes tener control sobre las consecuencias de lo que imaginas, pero sí puedes controlar aquello que imaginas.

Aceptar que no puedes controlarlo todo te lleva a aceptar que no todo depende de ti, y aceptar que no todo depende de ti te permite aceptar que debes bajar tu nivel de autoexigencia y responsabilidad. Y, aunque objetivamente algo dependa de ti, también existe la posibilidad de que salga mal. Podemos equivocarnos y podemos fallar. No somos infalibles, somos humanos.

8
HACKEANDO EL CEREBRO

Podemos hackear al cerebro y vamos a hacerlo. Así, como lo lees. El cerebro se cree muy listo, pero nosotros lo somos aún más.

Este capítulo va de una paradoja, y lo primero que necesitamos es entender de qué paradoja se trata. Vamos por partes.

Miedo al miedo

Hemos visto que el miedo puede tener muchas formas, que se disfraza, se transforma, muta, se desarrolla y se camufla... Y no, ninguna de esas variantes es agradable. Cuando atravesamos episodios de estrés, crisis de ansiedad o cualquier fase en la que el miedo es el protagonista, lo normal es que nos sintamos aliviados una vez que pasa y pensemos: «No quiero volver a sentir esto nunca más». Pero, como ya sabes, nosotros no elegimos cuándo sentir o no sentir las cosas. El miedo puede surgir cuando menos lo esperamos.

Si ese miedo, en cualquiera de sus formas, es algo recurrente en tu vida y te hace sufrir mucho, estoy segura de que de ninguna manera elegirías revivirlo; es más, es muy posible que solo pensar que puedas volver a sentirlo te resulte abrumador. Y es en este punto cuando puede aparecer un fenómeno peor si cabe: el miedo al miedo, una trampa mental que, en lugar de liberarnos de la angustia, nos mantiene atrapados en ella. O el miedo a la ansiedad, a la que intentamos evitar a toda costa por las sensaciones desagradables que nos provoca, lo vulnerables que nos hace sentir y lo «débiles» que nos hace parecer.

Tener miedo al miedo es darte cuenta de que te da miedo tener miedo porque sabes que, al sentirlo, sufres.

Es como si el recuerdo del malestar que experimentaste en el pasado te acompañara constantemente y tu única salida fuera anticipar el futuro y prepararte para afrontarlo. Anticiparte a lo que podría ocurrir, imaginar cómo te sentirías si volvieras a experimentar ese miedo, alimenta la ansiedad de manera progresiva.

Se puede generar miedo a:

- Los propios síntomas de ese miedo, como taquicardia, presión en el pecho, sudoración, visión borrosa, etc. Es decir, miedo al estado de activación o a la ansiedad.
- Lo que ese estado de activación puede implicar, como, por ejemplo, la creencia de que, si la gente se da cuenta de que estás mal, harás el ridículo.
- Que te pasen cosas que te generen miedo.

Las tres versiones son estados que causan mucho malestar a quien los padece.

Lo malo de generar miedo al miedo es que tiendes a evitar cualquier cosa que pueda dispararlo para no sentir malestar. Esta evitación, que puede percibirse como un alivio al principio, te lleva a aumentar cada vez más el miedo.

Al mantenernos alejados de situaciones que podrían despertar esa emoción, nuestra percepción de peligro se incrementa. El miedo al miedo nos lleva a adentrarnos en un círculo vicioso del que cada vez es más complicado salir, y el miedo se termina convirtiendo en el epicentro de tu vida.

Este bucle puede impactar significativamente en tu día a día, dado que, poco a poco, el mundo se vuelve un lugar lleno de potenciales amenazas y, con ello, la sensación de control desaparece (y ya sabemos lo importante que es tener al menos un poquito de sensación de control).

La paradoja del miedo

El mecanismo que se activa en nuestra cabeza para hacer frente al miedo generado por el propio miedo es en realidad una paradoja.

Agárrate fuerte porque este esquema que te encontrarás a continuación parece que lo haya hecho el expresidente de España Mariano Rajoy con su «Cuanto peor, mejor para todos y, cuanto peor para todos, mejor; mejor para mí el suyo beneficio político».

OPCIÓN 1:

- **Me pasa algo** → Genero miedo, ansiedad o estrés
- No me gusta lo que siento
- Evito cualquier cosa que me haga sentir así de mal
- Cada vez hago menos cosas porque aprendo a evitar lo que puede disparar esa emoción
- Al interiorizar que tengo que evitar lo que me genera miedo, activo mi escáner de cosas negativas para estar atento a las amenazas
- Mantengo mi chihuahua nervioso y al borde de la activación
- Genero más miedo porque tengo el escáner activado y eso hace que esté más pendiente de las posibles amenazas
- Tener el escáner activado también me activa y, como tengo muy presentes las posibles amenazas y mi cerebro no distingue entre realidad e imaginación, genero miedo solo de pensar en ellas
- En realidad, no estoy evitando el miedo, lo estoy viviendo a través de mi imaginación, ergo lo estoy generando
- **Cuanto más evito el miedo, más lo genero**

OPCIÓN 2:

- **Me pasa algo** → Genero miedo, ansiedad o estrés
- No me gusta lo que siento
- Hago como que no pasa nada. Alejo la emoción de mí y evito pensar en ello
- Pero sí que pasa
- En realidad, la estrategia de evitación solo me genera una aparente sensación de tranquilidad, ya que, de manera latente, mi ansiedad sigue ahí. Eso puede explotar en cualquier momento y por cualquier parte
- Lo que realmente ocurre es que estoy acumulando tensión
- Genero más ansiedad cuando en realidad quiero generar menos ansiedad
- **Cuanto más evito el miedo, más lo genero**

Pues eso, que es el vecino el que elige al alcalde y es el alcalde el que quiere que sean los vecinos el alcalde.

Si no te has enterado muy bien del esquema, vuélvelo a leer porque es verdad que es un poco lío. ¡Así son las paradojas!

Teniendo miedo al miedo, actúas con base en el miedo. Esto quiere decir que tu vida ya no la diriges tú, la dirige tu miedo.

El miedo al miedo hace que caigamos fácilmente en una trampa mental.

¿Alguna vez has jugado al **juego chino de los dedos**?

Es un juego cuyo funcionamiento está basado en una ilusión. Consiste en meter los dos dedos índices dentro de los extremos de un cilindro tejido, hecho de bambú.

Su mecanismo es ingenioso: sus tiras de bambú se aflojan más o menos según el movimiento de los dedos.

El instinto inicial es tirar fuerte hacia fuera para liberar los dedos, pero eso solo empeora la situación, ya que hace que la trampa se ajuste más. Cuanto más estiras los dedos, más se contrae el bambú alrededor de ellos y más atrapado estás.

La clave está en darse cuenta de que el juego es en realidad una paradoja. Pese a que parezca que estirar es buena idea («Si estiro, dado que estoy haciendo la fuerza opuesta, me libero»), la clave para sacar los dedos del cilindro de bambú es relajarse. Cuanto menos te resistes y más empujas tus dedos hacia el centro, más se abre el bambú y más fácil te resulta sacar los dedos.

Pues bien, con el miedo, el mecanismo es el mismo. Cuanto más intentas escapar del miedo, más miedo generas y, cuanto menos intentas escapar del miedo, menos miedo generas.

> Resistirse al miedo es como tratar de salir de las arenas movedizas: cuanto más te resistes, más te hundes.

La solución para manejar el miedo no es huir ni luchar; la solución es rendirte ante él para poder afrontarlo. Esto suena raro, ¿verdad? Vamos a verlo en profundidad.

Ríndete al miedo

Para poder afrontar los miedos, no puedes percibirte como víctima de la mente. Ya sé que esto es difícil, especialmente cuando sabemos que a veces el cerebro va a su rollo, pero si te percibes como víctima no podrás desempeñar un papel activo en este proceso. Ser un agente activo es liberador porque te permite hacer algo con las cosas que te pasan y eso genera sensación de control.

El afrontamiento requiere ser consciente de qué está pasando, coger fuerzas e ir a por ello. Por eso insisto tanto en lo importante que es entender el funcionamiento de la mente, porque, si conoces cómo funciona, conoces a tu rival, y eso te da poder sobre ella.

Ya sea porque tienes miedo de:

- que tu amiga te traicione;
- que tu pareja te sea infiel;
- que los demás se den cuenta de que no estás bien;
- que tengas otra crisis de ansiedad;
- que hablen mal de ti;
- que puedas tener un accidente;

- que algo malo vaya a pasar;
- que se genere bronca entre dos familiares;
- que los resultados de un proyecto no salgan como tú esperas;
- que el pastel que has cocinado no esté bueno;
- que enfermes;

tienes que ser valiente y atreverte a acercarte un poco más a ese miedo. Tienes que conocerlo, ver de dónde viene, por qué, cuánto de irracional tiene, si está distorsionado, si no... Y, sin la necesidad de que ocurra, **rendirte ante él**.

La rendición en este caso es la **aceptación más radical** que existe. Rendirse equivale a surfear la ola. En el mar, los surfistas no le pueden decir a las olas cómo y por dónde han de formarse; tampoco pueden controlar su fuerza, la corriente o la altura. Tienen que aprender a convivir con el mar; no le pueden decir al mar cómo comportarse, pero sí pueden rendirse ante él, aceptarlo tal como es y hacer lo que pueden con lo que tienen. Es su manera de dominar el mar. Dentro del descontrol que suponen las mareas, aprenden a controlar sus movimientos para permanecer en la tabla. Ellos trabajan desde la sensación de control y no desde el control absoluto.

El miedo al miedo se pierde cuando dejas que tu cuerpo experimente las sensaciones. Cuando no juzgas lo que ocurre ni analizas los síntomas. Cuando simplemente te da igual que el miedo esté ahí. Cuando dejas de huir y evitar el miedo y te acercas a él (como cuando en el juego chino de los dedos acercas los dedos al centro para poder liberarlos). **Acercarse a la trampa para salir de la trampa, ese es el camino.**

Cuando te metes al mar y hay resaca, te dicen que te dejes llevar por la corriente hasta que puedas nadar en paralelo a la playa y salir. Te explican que intentar nadar a contracorriente solo te agotaría más y podrías terminar ahogándote. Esta situación es una metáfora genial para la ansiedad: luchar contra ella solo te produce más ansiedad y te desgasta antes. En lugar de resistirte, es mejor fluir con ella y aceptarla de manera radical. Es mejor acercarse a las profundidades del mar para salir del mar.

Diferencias entre aceptación radical y evitación:

ACEPTACIÓN RADICAL	EVITACIÓN
Entender que el miedo va a estar ahí, lo quieras o no	Querer que el malestar, en cualquiera de sus formas, desaparezca, sea como sea. No sufrir ni una pizca
Aprender a convivir con él (igual que los surfistas aprenden a coger las olas)	Querer manejar el miedo a tu antojo, como si fuera algo voluntario. No aceptar la presencia del miedo

¡La cosa va de historias con moraleja! Acompáñame en esta otra para comprender bien qué significa esto de convivir con el miedo.

Imagina que adoptas un cachorro de león.
Es pequeño, adorable y aparentemente inofensivo.
Te tiene fascinado por completo. Pensando en el mañana, decides instalarlo en una habitación para que disfrute de su propio espacio.

Los primeros días con el león son fantásticos. Le enseñas a rugir y a hacer monerías. Sin embargo, con el tiempo, crece y lo que al principio parecía un ser inofensivo termina convirtiéndose en un animal enorme, que puede darte un zarpazo o morderte en cualquier momento.

Aquel leoncito que hace unos meses te pedía un poco de leche ahora tiene el tamaño de Mufasa y te pide carne, mucha carne.

Tú, con una mezcla de amabilidad y temor, le das de comer tres veces al día (bueno, no sé cuánto come un león realmente, pero supongamos que son tres veces al día) y después te pones a hacer tus cosas: vas a estudiar, limpias la casa, haces la comida para ti...

Un día, mientras te duchas, escuchas que el león ruge; te está llamando.

—Oye, me tienes que dar de comer —te dice imponente cuando te ve.

—Pero aún no te toca —respondes con voz temblorosa.

—Ya, pero yo quiero comer.

Motivado por el miedo y la preocupación de que el león se pueda enfadar y atacarte, dejas de hacer tus cosas y le das de comer rápidamente.

Ya calmado el león, vuelves a tus actividades e intentas concentrarte en el trabajo, pero de pronto el enorme animal te vuelve a llamar.

—Me tienes que dar de comer.

—¿Otra vez? ¡Pero si hace nada que has comido!

—Me da igual. Quiero comer de nuevo. ¡Tengo hambre!

Rápidamente coges otro trozo de carne y se lo das.

Piensas que ahora sí estará satisfecho, así que tratas de relajarte. Es tu momento de hacer ejercicio, te pones tu playlist favorita y comienzas tu rutina. Apenas pasan cinco minutos de calentamiento, cuando el león ruge de nuevo. Con el corazón en un puño, corres a atenderlo, rezando para que no quiera más comida.

—Me tienes que dar de comer —te vuelve a decir.
—Pero, león, no te entiendo. ¿Tanta hambre tienes?
—¡Sí, tengo mucha hambre! ¡Dame de comer!

Esta misma escena se repite una y otra vez. El animal te interrumpe mientras te vistes, mientras juegas a la consola, mientras hablas por teléfono, mientras ves una peli e incluso mientras duermes. Lo peor de todo es que cada vez sus demandas son más constantes. De repente, te das cuenta de que dedicas tu vida entera a dar de comer al león, que no puedes pensar en nada más. Te preocupa su próximo rugido, te angustia quedarte sin comida y rumias si la cantidad de comida que le diste la última vez fue suficiente. Ya no puedes descansar porque anticipas el momento en que volverá a llamarte.

Has dejado de vivir para centrarte en el león. Ya no puedes más y no sabes qué hacer. En esta historia, no puedes sacarlo de casa, no puedes llevarlo a una reserva natural ni hacerlo desaparecer. En esta historia, el león seguirá ahí, pase lo que pase.

¿Cuál crees que es la solución?
Te dejo un poquito de espacio para que lo pienses.

¿Lo tienes ya?

Vamos a ver la solución: la solución es aprender a convivir con el león, aceptar su existencia y darle el espacio cuando le corresponde, no cuando él te lo pide.

El león simboliza la ansiedad.

> Cuando la ansiedad aparece, tiende a ser cada vez más demandante. Te va atrapando poco a poco, hasta que un día te das cuenta de que has dejado de hacer tu vida para enfocarte en ella: preocuparte por ella, dedicarte a ella incluso si tu estrategia es la evitación (porque, recuerda, cuanto más la evitas, más la generas). Eso no es vida. A la ansiedad hay que darle su espacio, sí, pero no todo. Igual que con el león, no puedes dejar que sea ella quien controle tu vida.

Afrontar el miedo no siempre es exponerse a él. No hace falta exponerse a la muerte para perder el miedo a la muerte, recuerda que el cerebro no distingue entre realidad e imaginación. A veces basta con la simple idea de pensarlo y aplicar la intención paradójica (en el siguiente apartado veremos esta cuestión con más detalle).

Mientras te hablo de esto, recuerdo un par de sagas que seguro que has leído o visto en algún momento.

En *Harry Potter y la piedra filosofal* hay un momento en el que Harry, Ron y Hermione caen sobre una planta gigante llamada lazo del diablo que comienza a envolverlos con rapidez. Hermione, que ha estudiado Herbología, a pesar de ser una asignatura que no se da en primero de Magia y Hechicería, sabe que no debe luchar contra la planta para liberarse porque, si lo hace, lo único que conseguirá es que el lazo del diablo la estruje aún más rápidamente y que la técnica para salvar su vida es «rendirse para triunfar», así que se queda quieta para que la planta pierda el interés en ella y la suelte. Ella y Harry logran escapar de esta forma, pero Ron no porque es incapaz de relajarse y Hermione tiene que usar un hechizo para que la planta lo suelte. Sé como Harry y Hermione. No seas Ron.

En la saga Divergente, la protagonista, Beatrice (o Tris), tiene que superar unas pruebas para saber a qué facción de la sociedad pertenece. Entre esos tests, hay una que implica estar conectada a una máquina que proyecta en su mente imágenes de sus propios miedos. La prueba consiste en enfrentar esos miedos y superarlos, pero Tris, que es divergente, reacciona de un modo inesperado y afronta esos miedos diciéndose a sí misma: «No son reales». En ese momento, los domina al ser capaz de verlos desde fuera y darse cuenta de que, en esa prueba, no vale de nada tratar de evitar sus miedos, distraerse o intentar huir, que lo único que la ayudará de verdad es rendirse ante ellos.

Ansiedad, ~~te odio~~ te quiero

Vamos a trabajar con una de las herramientas más útiles que conozco: la **intención paradójica**, una técnica descrita y desarrollada por el psiquiatra Viktor Frankl. Es una herramienta que parece magia, pero es ciencia. Una vez que aprendas a utilizarla, tu frase favorita será «Ansiedad, ven a mí». Seguro que ahora esto te parece una locura, claro, pero voy a intentar hacerte cambiar de opinión.

«Ansiedad, ven a mí» es una frase que refleja esa actitud de rendición ante el miedo, y esto también funciona bajo el fenómeno paradójico que hemos ido viendo.

Para trabajar el miedo en todas sus formas, hay que rendirse a él y aceptarlo de manera radical. Te voy a demostrar qué ocurre si nos rendimos ante el miedo con este sencillo esquema:

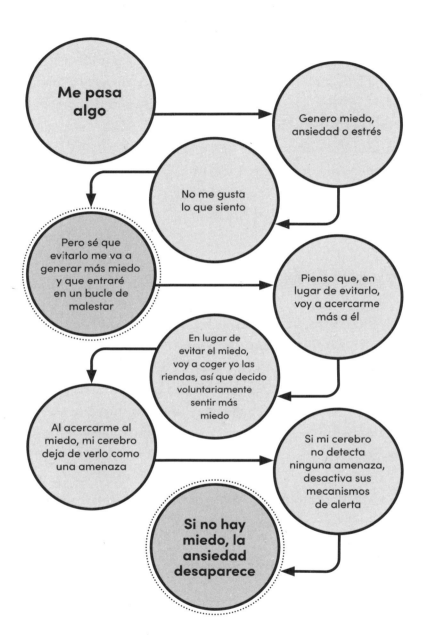

Rendirse ante el miedo no es dejarse llevar por él y actuar como si fuéramos unos descerebrados, es colocarse en una posición de superioridad; hacerse el tonto cuando en realidad eres el más listo. Es manejar el cerebro a tu antojo. Es decirle «Me voy a acercar al miedo, mira cómo lo hago» observando desde tu atalaya cómo, al hacer eso, el cerebro desactiva su sistema de alerta y tú te sales con la tuya. Es hacer metacognición y trazar un plan para darle de su propia medicina.

Mira esta dramatización:

CEREBRO: Tengo miedo de no ser suficiente para la gente que me rodea.
YO: Así que tienes miedo, ¿eh?
CEREBRO: Sí, mucho. Imagínate que nos abandonaran, ¿qué haríamos?
YO: Pero no tenemos ninguna evidencia de que eso vaya a suceder, parece un miedo irracional.
CEREBRO: Bueno, yo creo que sí podría ocurrir porque otras veces nos ha pasado y ya con eso me vale. Así que, si no te importa, me voy a activar; avisaré al chihuahua.
YO: ¿Qué te parece si, en lugar de alarmarnos y empezar a generar ansiedad, te digo que en el fondo me da igual que nos abandonen?*
CEREBRO: Pero ¿cómo que te va a dar igual, si nunca te ha dado igual?

* Sé cómo funciona el cerebro, así que estoy aceptando la posibilidad de que eso que temo pueda ocurrir y le estoy haciendo creer que me da igual que ocurra para que se desactive. Estoy usando la intención paradójica. Me lo tengo que creer para que mi cerebro se lo crea, aunque yo sepa que, en el fondo, no me da igual que algo malo pase, porque para mí no es deseable.

YO: Que sí, que sí. Que ahora me da igual. Venga, activa el sistema si quieres. Dame ansiedad y esas cosas.
CEREBRO: ¿En serio?
YO: En serio, en serio.
CEREBRO: Pero es que yo no puedo activar nada si estás así de pasota. Necesito que te pongas nervioso.
YO: Pero es que te estoy diciendo que me da igual.
CEREBRO: Si te da igual, no activo nada.
YO: Pues no actives nada.
CEREBRO: Bueno, pues no activo nada porque entiendo que no hay ningún peligro ni amenaza ante el cual activarme. Me calmo.
YO: Eso.

Para que te lo puedas creer (o más bien que tu cerebro se lo pueda creer), hace falta cambiar la perspectiva del miedo. En lugar de evitarlo, vamos a invocarlo. Ya no se trata de eliminar los síntomas, se trata de aprender a no temerlos.

Te voy a dar una serie de consejos para que puedas empezar a poner en marcha esta estrategia.

PASO 1
¿A qué temes? Haz una lista de cosas que te generan ansiedad o miedo y detalla las diferentes situaciones.
Elige una situación de la lista.

Si lo vas a hacer solo, sin compañía de un profesional, trata de que el miedo que vas a trabajar no sea abrumador, que no te supere. Que sea un miedo que más o menos puedas soportar. Por ejemplo, yo tengo mucho miedo al mar, así que ni se me ocurriría trabajar esto a solas con ese miedo. Sin embargo, sí podría trabajarlo con el miedo a una crisis de ansiedad. De hecho, cuando me vienen los síntomas, suelo usar la intención paradójica mientras respiro profundamente para que ellos solos vayan desapareciendo. Me digo a mí misma: «Parece que está viniendo la crisis. Perfecto. Pues que venga toda ella, con todos sus síntomas. A ver con qué me sorprende esta vez». Lo he hecho ya tantas veces que solo con eso la ansiedad desaparece. Al principio me ponía un poquito nerviosa porque sentía que estaba «tentando demasiado a la suerte», pero, por otra parte, me daba cuenta de que me gustaba ponerme por encima de la ansiedad, en un rol dominante, utilizando la intención paradójica.

PASO 2
Una vez identificado y elegido el miedo, vamos a invocarlo. Apunta el pensamiento original que tienes cuando piensas en ese miedo. Ejemplo: «Ojalá no tenga una crisis de ansiedad».

Cambia el pensamiento original por el pensamiento de invocación:

PENSAMIENTO ORIGINAL	CÁMBIALO POR	PENSAMIENTO DE INVOCACIÓN
«Ojalá no tenga una crisis de ansiedad»	→	«¡Ojalá tenga ahora mismo una crisis de ansiedad!»
«No quiero ponerme nervioso»	→	«Me encantaría ponerme más nervioso de lo que nunca he estado»
«Ojalá no se me note que me he puesto rojo»	→	«Quiero ponerme rojo como un tomate»
«Quiero dormirme ya»	→	«No quiero dormir nunca más»
«Ojalá a la gente le guste cómo voy vestido hoy y mis amigos no me den de lado»	→	«Pues que me rechacen todos. Me da igual quedarme solo en el mundo»
«No quiero suspender»	→	«Si suspendo, ¿qué más da?»
«No quiero contagiarme de ninguna enfermedad»	→	«Si me contagio, ¡pues me he contagiado!»
«Ojalá mi pareja no me deje»	→	«Pues que me deje si me tiene que dejar»
«No quiero ver una cucaracha ni en pintura»	→	«¡Ojalá la vea!»

Este ejercicio pretende restarle poder al pensamiento original.

Recuerda que la intención paradójica consiste en «desear» que ocurra aquello que quieres evitar, ya sea una situación o un síntoma. No es que lo vayas buscando de verdad, pero creértelo, aunque sea por unos segundos, hará que tu cerebro perciba el pensamiento original mucho menos amenazante.

Irremediablemente, mientras invocas el miedo, en tu imaginación aparecerán escenas o síntomas que no deseas. Rétalos. Exponte a ellos y date cuenta de cómo reacciona tu cuerpo. No valores. No juzgues. Solo obsérvate como si fueras un experimento y esos síntomas formaran parte de los resultados que quieres analizar más tarde. Parte del ejercicio consiste en tolerar un poquito el malestar que supone la exposición, así que limítate a observar y deja que las cosas fluyan. Puedes intervenir si sientes demasiado malestar (por ejemplo, usa ejercicios de respiración —el de la respiración diafragmática es muy efectivo— para que tu sistema nervioso no se active más de la cuenta y no lo pases demasiado mal).

PASO 3
Anota tus sensaciones tras el ejercicio.

- ¿Qué sientes?
- ¿Cómo has vivido esa invocación?
- Del 0 al 10, siendo 0 nada y 10 muchísima, ¿cuánta ansiedad te ha generado?
- Del 0 al 10, siendo 0 nada y 10 muchísimo, ¿cómo de útil consideras la intención paradójica?

Sé que la intención paradójica no es para todo el mundo, pero es un recurso más. No pretendo que utilices todas las estrategias que te muestro en este libro, sino que tengas dónde elegir y optes por las que mejor te vayan o las que más te gusten. Si pruebas la intención paradójica y no te gusta, no tienes por qué obligarte a repetirla. Como si no quieres probarla. No pasa nada. Sé que es de las estrategias más complicadas que hay. También es verdad que hay herramientas que te sirven para unas cosas y herramientas que te sirven para otras. La intención paradójica puede que te funcione con el miedo a la infidelidad, por ejemplo, pero no con otros miedos. A mí me funciona con los síntomas de las crisis de ansiedad y el insomnio, pero hay miedos con los que no me funciona y otros con los que no me apetece probarla.

Por cierto, hablando del insomnio, en el capítulo cuatro, expliqué la herramienta del sueño paradójico. Quizá, en este punto de la lectura, está cobrando algo más de sentido para ti. Quieres dormir, bien, pues, si te concentras en no dormir, tu cerebro se relajará y te quedarás dormido. El cerebro dice: «¡Oh, fantástico! Así que no dormir ya no es un problema ni una amenaza. ¡Genial! ¡Voy a relajarme porque ya no hay ningún peligro del que defenderme!».

Vamos a ver el mismo esquema de antes, pero con otros ejemplos.

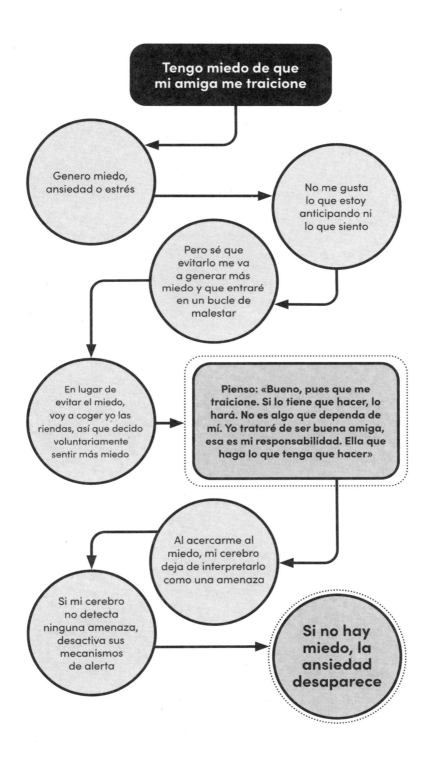

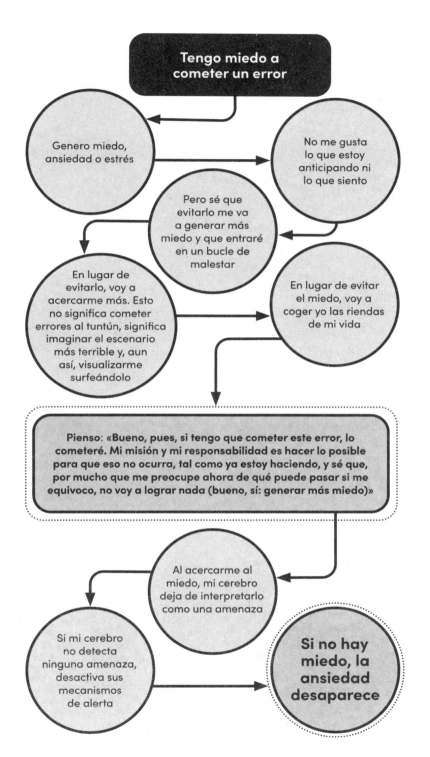

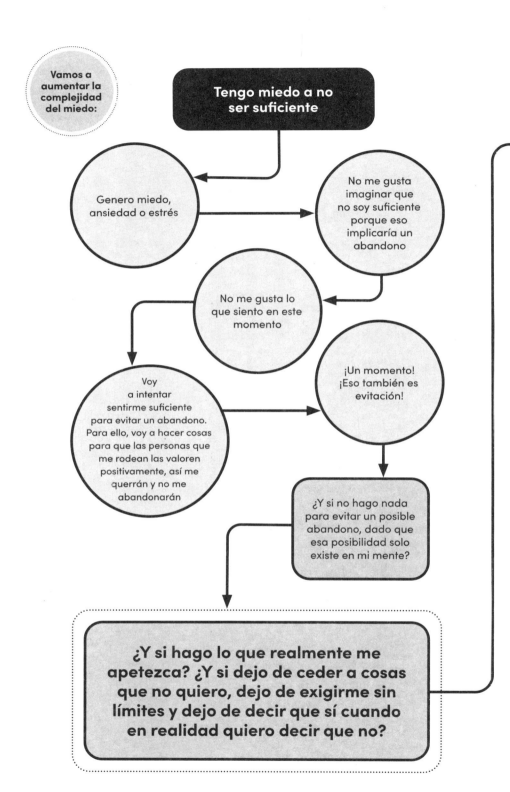

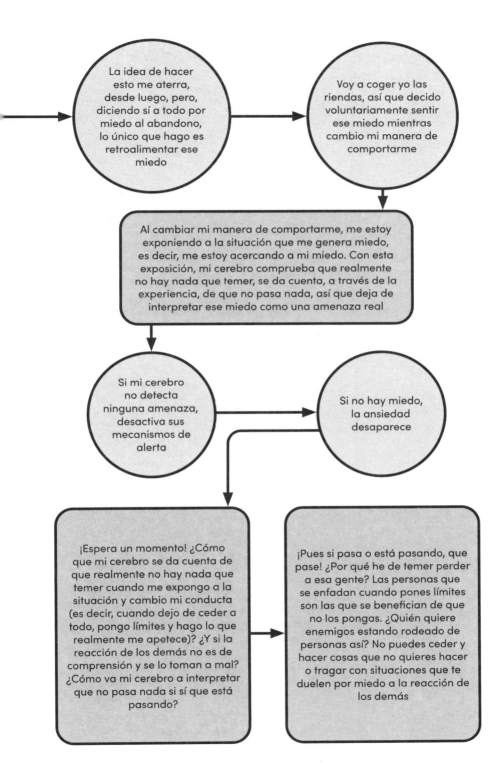

«Ansiedad, ven a mí» es una frase que se parece mucho a otra que yo siempre digo cuando quiero conectar con la intención paradójica, o sea, cuando quiero hacer que mi cerebro cambie de chip y empiece a ver las cosas de otra manera. La frase es: **«Si me tengo que morir, me muero»**. Y, como siempre digo, la cogemos con pinzas, claro está.

Imagina que tengo miedo a coger el avión porque me da un miedo terrible volar. Tengo dos opciones:

1. **Intentar controlarlo todo (control absoluto), sacarme el título para pilotar aviones y meterme en la cabina para controlar que todo funcione correctamente.**
2. **Dejarme llevar, confiar en los expertos y que pase lo que tenga que pasar.**

Suena más lógica la segunda opción, ¿verdad?

Coger el avión pensando «Ojalá no tenga un accidente; no quiero morirme» nos hace estar en alerta y reaccionar ante absolutamente cualquier minucia que pueda suceder durante el vuelo. Lo pasaremos fatal con cualquier turbulencia, por mínima que sea. Sin embargo, pensar «Bueno, no me queda más remedio que coger este avión. Estoy en manos de los expertos. Si me tengo que morir, me muero» te da más libertad porque, de alguna manera, te libera del miedo.

A nadie le da igual morirse, pero es algo que pasará cuando tenga que pasar y nadie podrá evitarlo. Esto no quiere decir que vayas por ahí en plan temerario burlando a la muerte, quiere decir que evitar pasarlo mal en circunstancias de este tipo, en las que no te queda más remedio que acercarte al miedo, solo va a hacer que lo pases peor. Evidentemente, si tienes otra opción en lugar de volar y te sientes más cómodo con ella, adelante, pero, si no te queda otra, te toca apechugar y, antes de estar con el chihuahua todo loco, es mucho mejor «engañarlo» y hacerle creer que, en realidad, no hay peligro alguno.

En general, ¿hay que ir con cuidado? Sí, como digo, no podemos ir por ahí en plan «Uuuh, María me ha dicho que no tenga miedo a la muerte. Voy a jugar a la ruleta rusa». Hay que intentar ser responsable y precavido, sí, pero, en algunas circunstancias, da igual que vayas con cuidado; por mucho que quieras evitar abandonos, peligros, enfermedades, muertes y cosas muy malas, si tienen que pasar, pasarán. No puedes estar todo el tiempo evitando peligros porque eso supone estar todo el rato con el escáner activado: ¡la vida está llena de peligros! Nuestro cerebro no puede procesar cada uno de los estímulos que nos rodean, es selectivo, y, si lo entrenamos para procesar todos y cada uno de los peligros que pueden acecharnos a cada instante, se acelera y nos mantiene en un nivel de activación que puede hacer que caigamos enfermos, como veíamos más atrás.

No podemos no hacer cosas por miedo. Bueno, poder sí que podemos, como diría mi padre. Pero, en serio, piénsalo bien. Siempre va a ser peor dejar de hacer algo por miedo que hacerlo. Puedes sopesar, como persona racional y de sentido común que eres, las oportunidades frente a los potenciales problemas, claro que sí. Pero, si eso ya lo has hecho y te das cuenta de que solo te frena el miedo, ¿a qué esperas para dar el salto? Si coges un avión, puedes tener el riesgo de sufrir un accidente, sí, pero ¿estás dispuesto a no viajar a ningún lugar lejano en todo lo que te queda de vida?

Vivir supone asumir unos riesgos. ¡Hay que vivir! Sin hacer locuras, pero hay que vivir sin pensar en todas las cosas malas que nos pueden ocurrir a cada paso que damos, porque, si lo hacemos, si a nuestra mente la secuestra el miedo, no vivimos. ¡Incluso quedarse en casa tiene sus riesgos! Por eso, «si me tengo que morir, me muero».

Como digo, evidentemente este pensamiento no te va a condicionar para que hagas todo lo contrario, pero sirve para liberar la carga mental del sufrimiento. Tu responsabilidad en este caso es procurar hacer bien las cosas que tengas que hacer; mientras hagas eso, no tiene por qué ocurrir nada malo.

El humor como estrategia

Recuerdo que en las clases de la facultad siempre decían que usar el humor para afrontar las cosas malas que nos pasan es un mecanismo de defensa que esconde una negación de los hechos; que reírse ante las desgracias no estaba bien, que no servía para nada más que para liberar tensión, que escondía dolor y que no era una herramienta adaptativa. Es cierto, pero solo en algunos casos. La risa puede ser, en efecto, un mecanismo de defensa, pero también una herramienta muy poderosa si la usamos de la manera correcta.

Para mí hay una gran diferencia entre la risa nerviosa y la risa consciente.

La **risa nerviosa** es una reacción involuntaria que aparece en momentos de estrés y nerviosismo. No aparece porque algo nos parezca divertido, sino porque en ese momento el organismo interpreta que es la única manera que tiene de liberar tensión. Ejemplos de risa nerviosa podrían ser reírse en un velatorio o reírse mientras cuentas que un familiar muy querido acaba de morir. En definitiva, la risa nerviosa surge cuando no tenemos otras herramientas para reaccionar ante una situación que nos supera. Aparece en situaciones en las que conscientemente sabes que no es correcto, que a nadie más le hace gracia y que, si lo piensas bien, ni siquiera a ti te parece gracioso.

La **risa consciente**, por el contrario, es la que generas cuando dominas lo que te está pasando (como yo cuando explico las cosas en mis redes sociales con memes, o cuando cuento lo del chihuahua o teatralizo funciones del cerebro).

La risa consciente es la que te da poder sobre aquello de lo que te ríes.

No se trata de minimizar el problema, sino de verlo desde otro ángulo.

Yo soy muy de usar el humor como herramienta para explicar mis propios problemas o para sobrellevarlos. No la uso para burlarme ni para frivolizar las desgracias, sino para asumirlas yo y ayudar a los demás a que hagan lo mismo. Tampoco la uso siempre, pero a veces es un recurso útil.

En mi opinión, tanto la risa como el llanto están infravalorados.

Llorar es una manera de regular emociones. Es una de las formas que tiene el cuerpo de equilibrarse (homeostasis). Llorar libera y reduce la activación del cuerpo. Llorar es bueno.

Reírse de la ansiedad, parodiar las cosas que te pasan, teatralizarlas o exagerarlas hasta el punto de lo ridículo te ayuda a hacer pequeño lo que aparentemente te parece grande.

Cuando sientes ansiedad, todo te parece inasumible: las preocupaciones, el miedo, la culpa... Cuando estás dentro del bucle, todo se ve enorme. Usar el humor nos permite hacer todo eso un poco más pequeño y manejable para trabajarlo mejor.

Puedes usar el humor —es más, es una herramienta que ayuda mucho— con la intención paradójica. Si haces más pequeño lo que temes, es más fácil rendirse ante ello. No es lo mismo enfrentarse a un miedo tremendo que imaginar que en tu mente hay un chihuahua desmadrado, corriendo de un lado a otro; el miedo tremendo te paraliza, el chihuahua te hace gracia.

Lo mismo sucede con compartir las preocupaciones. Cuando estamos dentro del bucle, tendemos a rumiar las cosas demasiado y a pensar que lo malo solo nos pasa a nosotros. Compartirlo con nuestras personas refugio puede ayudarnos a ver que no somos raros ni débiles por sentirnos así. También nos puede servir para entender por qué nos sucede lo que nos sucede, para obtener un punto de vista diferente sobre nuestra preocupación y, sobre todo, para ver que tu visión no es la verdad absoluta.

El hecho de materializar tu miedo, tu ansiedad, tus problemas o los pensamientos que te atormentan hace que los veas de manera diferente.

1. Te propongo dibujar algo que represente eso que temes.
2. Ahora intenta caricaturizarlo y haz que parezca ridículo. Puedes añadirle características que te resulten graciosas, como, por ejemplo, un disfraz ridículo y un moco.

3. Ponle nombre. Ese «personaje» es el que atemoriza a tu chihuahua.
4. Para calmar al chihuahua, tendrás que explicarle que aquello a lo que teme es en realidad ese personaje ridículo que has dibujado. Imagina un diálogo (si te hace falta escríbelo) en el que le expliques al chihuahua por qué no ha de temer a algo con una apariencia tan absurda.
5. Y ahora mira lo que estás haciendo. Estás en pleno diálogo con un chihuahua y un personaje disfrazado con un moco pegado.

9
DEL MIEDO A LA SEGURIDAD

Lo veíamos en los primeros capítulos, lo contrario al miedo es la seguridad. Cuando el cerebro no procesa peligro alguno, no existe el estrés emocional ni, por ende, la ansiedad. Nuestro cuerpo permanece tranquilo, confiado.

Pese a que sabemos que el miedo puede ser muy útil en muchos casos, conocemos, por experiencia, que en otros casos no lo es tanto, especialmente si se queda con nosotros más de la cuenta o si nos condiciona la vida.

Trabajar nuestros miedos, conocerlos y aprender a manejarlos es, entonces, un camino con un claro objetivo: sentirnos seguros.

Las herramientas que hemos visto hasta ahora nos ayudan a lograr ese objetivo; sin embargo, hay una cosa mucho más importante que calmar ese miedo. Quizá, tras leer el capítulo anterior, ya lo has adivinado: se trata de **aprender a vivir con confianza**, un objetivo que, según nuestra historia personal, nos resultará más o menos difícil.

Ya hemos visto a lo largo del libro que el pasado y lo que aprendimos durante esos años son dos elementos que tienen un peso muy importante en nuestra percepción de las cosas y, por lo tanto, en nuestros pensamientos, emociones y conductas actuales.

Cuando crecemos en entornos complicados o permanecemos mucho tiempo en relaciones tóxicas y dañinas, esa seguridad se trunca y el miedo adquiere más protagonismo en nuestras vidas; es lógico, no queremos volver a sufrir y el miedo es el único mecanismo que sirve para advertirnos de que algo puede hacernos sufrir.

Tras vivir esas experiencias, nuestra mente funciona en modo «herida emocional».

Las heridas emocionales son las secuelas psicológicas que las experiencias difíciles que vivimos en el pasado dejan en nosotros. Son heridas que no se ven, pero que se sienten día a día, en cada preocupación, en cada rumiación, en cada bucle y en cada relación. Son heridas invisibles que no están curadas y que cargamos en nuestra mochila emocional desde que se originaron, cuando aún no teníamos las herramientas para afrontar situaciones complicadas. A veces, esas heridas no tienen nada que ver con la experiencia objetiva, sino con la subjetiva; es decir, con lo que interpretamos de aquel suceso o la soledad con la que lo vivimos.

Una herida emocional es la huella del dolor.

Un cerebro trabajando con el modo herida emocional activado es un cerebro que almacena en su amígdala información que cree que puede ser útil para evitar un daño parecido o similar en el futuro. Un cerebro trabajando con el modo herida emocional activado es un cerebro pasando el escáner (como veíamos en el capítulo uno) a todas aquellas cosas que pueden parecer una amenaza.

Un cerebro trabajando en modo herida emocional, con la amígdala alterada por el miedo, puede verse así:

- **Reviso el teléfono de mi pareja, siento ansiedad cuando no responde rápidamente al WhatsApp y me cuesta creer que realmente me sea fiel.**

  Lo que originó la herida: Fui engañada por mi pareja anterior.

  Mi amígdala reacciona porque entiende que hay una amenaza de infidelidad y no quiere volver a sufrir el dolor de ser traicionada de nuevo.

- **Me siento obligada a ser la amiga perfecta para evitar perder a mis amigos y me esfuerzo en exceso para agradar. Me obsesiono con no perder las amistades hasta el punto de ceder en cosas que realmente no van conmigo y antepongo las necesidades de los demás a las mías.**

  Lo que originó la herida: Sufrí *bullying* en el colegio y eso me hizo sentir profundamente rechazada.

  Mi amígdala reacciona porque procesa la posible amenaza de volver a ser rechazada y no quiere pasar de nuevo por lo mismo.

- **Acostumbro a ver peligro en todo.**

  Lo que originó la herida: Crecí con unos padres sobreprotectores y temerosos.

Mi amígdala reacciona porque he aprendido a ver posibles peligros en cualquier cosa y quiere evitar las consecuencias negativas.

- **Me cuesta hablar de emociones o sentimientos, cambio de tema y me niego a mostrar mi vulnerabilidad.**

Lo que originó la herida: Mis padres siempre me invalidaron emocionalmente y nunca hablaron de emociones durante mi infancia ni mi adolescencia.

Mi amígdala reacciona porque quiere evitar el dolor que entiende que obtendré al sentirme humillada si muestro mi vulnerabilidad.

- **Tiendo a asumir la culpa de cualquier conflicto o malentendido, incluso si no es mi responsabilidad.**

Lo que originó la herida: Crecí en un ambiente donde constantemente me culpaban de los errores de los demás.

Mi amígdala reacciona porque ha aprendido que me he de encargar de todo porque, si no, las consecuencias pueden ser muy malas.

- **Vivo mi relación de pareja con mucha angustia porque me comporto haciendo aquello que creo que espera de mí y no como quien yo soy realmente. Vivo con ansiedad porque siempre siento que tengo que estar atenta a lo que siente mi pareja.**

Lo que originó la herida: Aprendí a observar atentamente las emociones de los demás para actuar según esas emociones y lo que los otros esperaban de mí.

Mi amígdala está siempre alerta, inspeccionando al detalle las emociones y gestos de mi pareja para actuar en consecuencia. Así genero una sintonía entre la persona que quiero que me quiera y mi comportamiento. De esta forma evito que me abandone.

- **Tengo una tremenda incapacidad para poner límites y decir que no.**

Lo que originó la herida: Las veces que he intentado poner límites con los demás se han enfadado conmigo y en algunas ocasiones hasta han roto la relación. He vivido cada ruptura con una gran sensación de abandono.

Mi amígdala reacciona porque quiere evitar a toda costa volver a pasar por un abandono.

- **Soy una persona exigente que tiende a cargar con todas las responsabilidades.**

Lo que originó la herida: Fui el hermano mayor que tuvo que cuidar de sus hermanos pequeños y cargó con responsabilidades que no le tocaban.

Mi amígdala reacciona porque entiende que no cargar con responsabilidades equivale a posibles amenazas que hay que evitar a toda costa.

- **Me callo las cosas que no me gustan de la relación y voy acumulando resentimiento.**

  Lo que originó la herida: Crecí en un entorno donde mis opiniones fueron invalidadas y aprendí a callarme las cosas para evitar conflictos.

  Mi amígdala entiende que es mejor que no hable de mis sentimientos por si hacerlo me trae problemas.

- **Tiendo a competir constantemente para demostrar que soy la mejor.**

  Lo que originó la herida: En mi infancia me sentí inferior porque mis adultos de referencia me comparaban con los demás muy a menudo. Siempre he intentado demostrar que soy la mejor porque considero que es la única manera de que los otros me aprecien. Ha aprendido a ser querida por lo que hago y no por lo que soy.

  Mi amígdala reacciona porque procesa la posibilidad de no sentirme querida por los demás.

- **Cualquier fallo que veo en las personas con las que establezco una relación de pareja me desilusiona profundamente, lo que me lleva a romper la relación de manera repentina.**

  Lo que originó la herida: He tenido varias relaciones fallidas y el dolor de cada ruptura me ha dejado huella.

Mi amígdala reacciona porque entiende que debe estar muy atenta a las cosas que van mal en una relación para poder dejar a esa persona rápidamente antes de que me haga daño a mí.

- **No suelo pedir ayuda a los demás porque pienso que, si lo hago, molesto.**

Lo que originó la herida: De pequeña vi a mis adultos de referencia quejarse constantemente de los muchos malestares que padecían. Aprendí a apartarme para no ser una carga más.

Mi amígdala reacciona porque entiende que, si soy una molestia para los demás, quizá dejarán de quererme. Así que es mejor no molestar que soportar el dolor de que los demás puedan dejar de quererme.

> Un apunte sobre esto de pedir ayuda: si eres de esas personas que siempre piensan cosas como «Ay, para qué voy a molestar a Fulanito», «Tampoco es tan importante» o «Puedo yo solo», tienes que intentar llegar a un equilibrio. No podemos depender de los otros para regular nuestras emociones, pero tampoco es sano aislarnos de todo el mundo. Hay que aprender a recibir ayuda y nada mejor para ello que contactar con alguien cuando lo necesitemos. Recuérdalo.

Fíjate que he descrito la reacción de la amígdala utilizando palabras como «posible», «entiende», «quizá» y «tal vez». A la amígdala le da igual lo real que sea la amenaza que percibe, lo que le importa es que a lo mejor, posiblemente, quizá o tal vez, en algún caso hipotético, pueda ocurrir.

Si pudiéramos ver qué ocurre dentro del cerebro de cada una de las personas que han vivido estas situaciones, cada vez que reaccionan de la manera en la que reaccionan en las relaciones con los demás, veríamos a una amígdala activadísima para evitar el supuesto peligro que considera que hay que evitar. Lo que hay detrás de cada conducta es, por lo tanto, miedo.

Las heridas emocionales generan sufrimiento porque son las huellas del dolor, y las consecuencias que estas heridas tienen en el presente causan una gran angustia porque activan todo el mecanismo del miedo y ponen en marcha herramientas relacionales algo dudosas (como no saber decir que no, no mostrar la vulnerabilidad, no hablar de emociones, cargar con todas las responsabilidades, estar constantemente pendiente del entorno, etc.). A menudo pensamos que solo lo objetivamente grave nos marca emocionalmente: muertes, accidentes, abusos… Pero en realidad hay muchas situaciones cotidianas y «normales» que pueden haber tenido un gran impacto en cómo somos y en cómo vemos el mundo.

Fíjate en el siguiente esquema:

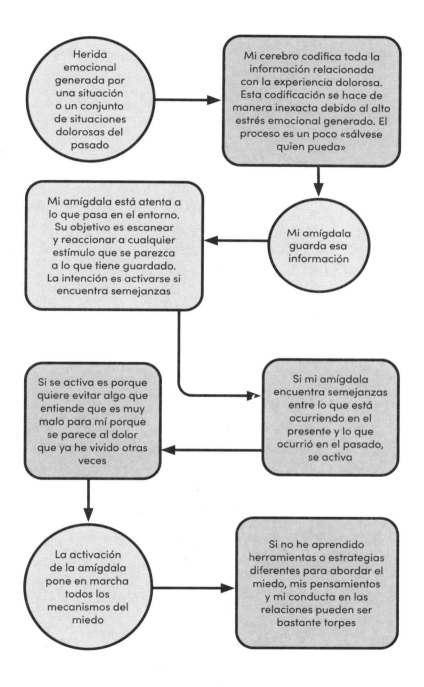

Ahora cuentas con muchas más herramientas que antes para abordar el miedo, sin embargo, como te decía antes, quiero que nos centremos en aprender a vivir con confianza.

Aprender a vivir con confianza

Las heridas emocionales nos obligan a pasar el escáner a cada rato, y pasar el escáner a cada rato es prácticamente vivir con miedo. Si vivimos con miedo, no podemos llegar a vivir con confianza.

Puede que, debido al bombardeo de información proveniente de libros y redes sociales sobre las relaciones tóxicas y las heridas emocionales, tengas superclaro qué cosas no quieres en tu vida y en tus relaciones. Enhorabuena, porque llegar hasta ahí supone un gran trabajo, sin embargo, si estás en ese punto, te recomiendo ampliar más tus horizontes. Quizá ya lo hayas notado; es complicado tener relaciones sanas con uno mismo y los otros cuando conoces solo una parte del puzle.

Es hora de empezar a darle la vuelta a esta perspectiva; es el momento de dejar de fijarnos tanto en lo que no queremos y empezar a fijarnos más en lo que sí queremos. Insisto, está bien tener claras las cosas que no son sanas en las relaciones porque llevamos mucho tiempo normalizando abusos emocionales y patrones tóxicos, pero no podemos ir todo el rato con la lupa buscando indicios.

> Vivir una vida plena no implica no tener miedo, implica entender su origen, conocerse y transformar la incertidumbre en seguridad. Una seguridad que te ayudará a afrontar lo que vendrá, dado que consiste en saber que dispones de las herramientas necesarias para gestionar el miedo y usarlo a tu favor.

¿Por qué te cuento esto? Porque me he dado cuenta de que buscamos con ahínco la seguridad y la tranquilidad en las relaciones, pero seguimos prestando la mayor parte de nuestra atención a las cosas que no nos gustan con la intención de evitarlas.

Está claro que no podemos ir a ciegas por la vida, pero creo que necesitamos encontrar un equilibrio entre los dos extremos. En mis charlas, mi consulta y las redes sociales, veo que colectivamente estamos en un momento en el que nos da tanto miedo volver a sufrir que huimos como alma que lleva el diablo cuando vemos que algo no nos gusta. Hemos entendido qué son las relaciones tóxicas, la dependencia emocional, el narcisismo, las heridas emocionales, los apegos, etc. Sabemos qué es lo que no queremos, pero saber lo que no queremos sin tener claro qué tipo de seguridad buscamos y cómo podemos generarla hace que nos relacionemos desde el individualismo, basándonos en una creencia: «Si me protejo, no me hacen daño».

Sería algo así:

Esto parece ser una buena manera de funcionar, pero solo lo parece. No podemos quedarnos en una relación solo porque no haya nada tóxico. Necesitamos tener relaciones sanas y satisfactorias en las que prime la confianza y la seguridad, y eso es mucho más que no tener una relación tóxica.

> Al igual que la salud no es la ausencia de la enfermedad, una relación sana no se define por la ausencia de comportamientos tóxicos ni de crisis, ni de cambios. Igual que una vida plena no está exenta de desafíos.

Creo que los motivos por los que no sabemos tener relaciones sanas pueden ser dos:

1. No sabemos tener una relación sana porque nuestro concepto de relación sana se basa en la ausencia de comportamientos tóxicos en la relación, o sea, en la ausencia de amenazas (lo que nos lleva a estar siempre en alerta, con sus consiguientes consecuencias).
2. No sabemos tener relaciones sanas porque, aunque sabemos qué variables intervienen en una relación sana, si alguna de esas variables no se cumple a rajatabla porque identificamos algo que nos pueda hacer daño, lo que podría ser algo «trabajable» se convierte automáticamente en una *red flag*, algo que nos hace volver al motivo 1.

Las relaciones sanas se trabajan y, cuando las trabajamos, no es raro encontrarnos con algún bache: discusiones, discrepancia de opiniones, comportamientos que no nos gustan o con los que no nos sentimos cómodos, etc. Todas las relaciones necesitan un periodo de acoplamiento para conocerse e ir puliendo cosas. Por muy trabajados que estemos, tenemos que recordar que una relación es de dos, no de uno, y que la otra persona no tiene que adaptarse a mí, sino que somos los dos quienes tenemos que adaptarnos a la relación. La idea de generar intimidad y compartir la vida con alguien incluye cambiar cosas, aceptar y ceder.

Esto me recuerda a la sesión que tuve el otro día con Natalia, una paciente con la que llevo trabajando un tiempo. Natalia estaba superenfadada porque había visto una cosa que no le gustaba en el chico con el que salía desde hacía un año. Cuando le pregunté qué era lo que había observado, me dijo que su chico se callaba las cosas, y que eso no era propio de una relación sana. Si bien es cierto que la comunicación es algo importante en una relación sana, el hecho de callarse las cosas, por sí solo, no hace que la relación sea tóxica. Sin embargo, ella tenía el escáner de «lo malo» tan activado que no era capaz de ver más allá. Le pregunté por más cosas sobre la relación y, tras una hora hablando, se dio cuenta de que estaba más pendiente de lo que podía salir mal que de todo lo que estaba saliendo bien.

Hay un estudio muy interesante de la Universidad de Málaga, apoyado por la Fundación BBVA, que refleja esto que comento. El estudio extrae como conclusión que las relaciones sentimentales de los jóvenes son ahora más satisfactorias, pero menos duraderas. ¿Por qué esto es así? El estudio explicaba que las relaciones son más satisfactorias porque la gestión de la intimidad en las relaciones de la gente joven se basa en las emociones, la búsqueda del bienestar y el placer inmediato, pero que, como los jóvenes no están dispuestos a esforzarse para construir relaciones de pareja en que haya que ceder parte de la individualidad, estas son menos duraderas.

Bingo.

Para construir una relación sana, necesitamos intimidad, cercanía emocional y comunicación, algo para lo que es importante ceder parte de nuestra individualidad. Mi teoría, como te decía, es que no la cedemos porque tememos que nos vuelvan a hacer daño.

Somos individualistas y tendemos a protegernos, y eso está bien si lo que queremos es coger fuerzas para salir de una relación abusiva, pero, si nuestra situación es diferente y lo que deseamos es iniciar una nueva aventura con alguien, tenemos que aprender a pasar menos el escáner y a buscar más la confianza.

El individualismo en la pareja, las amistades o la familia no funciona. El vínculo que se establece en una relación sana es un **vínculo interdependiente**. Este tipo de vínculo consiste en mantener una relación en la que se respete el tiempo y el espacio individual, y que a su vez se compartan cosas y espacio mutuo (lo que nos debería llevar a ceder parte de nuestra individualidad).

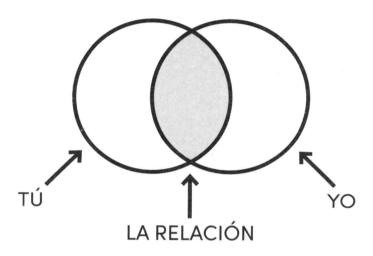

Tenemos que aprender a enfocarnos en lo que queremos mientras tenemos el rabillo del ojo puesto en lo que no queremos (y no al revés).

Conocer cuáles son las *red flags* en las relaciones de pareja, amistad y familia y estar atentos a ellas es bueno, pero no podemos olvidarnos de prestar atención a las cosas que suman y nos aportan seguridad y confianza. Si solo nos fijamos en «lo que debemos evitar», nos enfocaremos en los peligros y pasaremos por alto relaciones que pueden merecer la pena. Como en todo, necesitamos un equilibrio.

Nos enfocamos tanto en detectar amenazas que pasamos por alto la seguridad que ya tenemos en muchas cosas.

Te voy a explicar esto con un experimento que descubrí en la carrera y que me encanta.

El pase invisible

Daniels Simons y Christopher Chabris llevaron a cabo el experimento del pase invisible en 1999. En este ejercicio psicológico, los investigadores pidieron a un grupo de voluntarios que observaran un vídeo en el que dos equipos, uno vestido con camiseta blanca y otro con camiseta negra, se pasaban una pelota de baloncesto. El equipo blanco intercambiaba la pelota entre sus miembros y el equipo de negro hacía lo mismo entre ellos. Para más complejidad en el experimento, los jugadores se iban moviendo por todo el plano mientras hacían los pases.

Los investigadores dieron la siguiente indicación: «Tenéis que contar la cantidad de pases que los del equipo de camiseta blanca se hacen entre ellos».

Todos los participantes observaron el vídeo atentamente teniendo en cuenta la tarea que debían llevar a cabo. Al terminar el vídeo, Simons y Chabris preguntaron cuál había sido el número de pases y, después de que los voluntarios les contestaran, quisieron saber si habían visto algo inusual en las imágenes. La mitad de los participantes dijeron que habían visto un gorila, pero, sorprendentemente, la otra mitad no vio a la persona disfrazada de gorila que entró por el lado derecho de la pantalla, se mezcló con los jugadores, se dio unos golpecitos en el pecho justo en el centro de la escena y salió tranquilamente por el lado izquierdo de la imagen.

¿No es increíble? Yo misma hice este experimento en la universidad y te juro que no vi al gorila. Como les ocurrió a los voluntarios del experimento original, estaba tan absorta contando los pases que no vi al gorila a pesar de que estuvo en mi campo visual.

Este experimento demuestra el fenómeno de la **ceguera por desatención**, es decir, lo que ocurre cuando estamos atentos a algo que nos interesa y no somos capaces de detectar otros detalles o elementos que, en otras circunstancias, serían obvios.

Estas conclusiones ponen de manifiesto que nuestra atención es limitada y que, cuando nos enfocamos en cosas que creemos relevantes, podemos pasar por alto otros detalles importantes. Si solo estamos pendientes de las amenazas, pasaremos por alto las señales que demuestran que la relación es un lugar seguro.

Del individualismo a la interdependencia

Sé lo que te estás preguntando porque yo también me haría la misma pregunta. ¿Cómo puedo ceder parte de mi individualidad en pro de una relación sin pasarme? Vamos a trabajar con diferentes ejemplos para ver que se trata de encontrar un equilibrio entre apoyo mutuo y responsabilidad personal, evitando caer en extremos.

- **Situación:** Mi pareja se ha dejado la taza del desayuno sin recoger en la mesa del salón.

    Respuesta individualista: Le voy a decir que se ha dejado la taza en la mesa, pero yo no la voy a recoger, es cosa suya.

Es su responsabilidad porque es la taza que ha usado. Yo no soy ni su madre ni su padre y no tengo por qué ir detrás limpiándole las cosas.

Respuesta interdependiente: Seguro que ha sido un despiste. No suele hacerlo. La recogeré yo porque sé que mi pareja también hace cosas por mí. El trabajo en equipo también es esto.

- **Situación:** Mi pareja me ha dicho que quiere trabajarse para atreverse más a expresar sus emociones y me ha pedido ayuda.

Respuesta individualista: ¡Yo no voy a responsabilizarme de este cambio! ¡Que venga aprendido de casa!

Respuesta interdependiente: Es un gran paso para mi pareja, lo valoro mucho, porque sé que es un objetivo complicado. Dado que yo tengo más soltura para expresar emociones y sé cómo se hace, le puedo ir guiando cuando lo necesite. Quizá pueda hacerle preguntas, darle tiempo y espacio o agradecerle cada vez que se abra emocionalmente conmigo. Voy a ver si estas ideas que se me están ocurriendo le gustan. Lo importante es llegar a un acuerdo para ver cómo trabajar en equipo. Mi pareja debe tomar un papel activo en su trabajo personal, pero yo estoy aquí para apoyarla. Si se le olvida o se le pasa, se lo puedo recordar, pero yo también tengo un límite y los dos debemos tirar del carro.

- **Situación:** Mi pareja me dice que siente celos de una persona con la que trabajo.

Respuesta individualista: Son sus celos, así que debe responsabilizarse de su emoción. Se lo tiene que trabajar. Yo no tengo nada que ver ahí.

Respuesta interdependiente: Qué bueno que me lo haya dicho, que sea capaz de comunicármelo es una señal de que confía en mí. Debe de estar sufriendo bastante. Detrás de los celos suele haber miedo, así que vamos a averiguar qué es lo que le da miedo y cómo podemos abordarlo juntos. Quizá pueda hablarle de esa persona para que sepa más de ella, presentársela o contarle cosas que tal vez necesite saber de la relación de trabajo. Cuando no ves o sabes las cosas, la cabeza las inventa, y eso es malo porque la cabeza no distingue entre realidad e imaginación. A lo mejor, no siente mucha atención por mi parte. Como no lo sé con exactitud, lo hablaremos. También es cierto que mi pareja debe hacer un trabajo personal importante; si no se involucra y solo me responsabiliza a mí, poco podremos hacer. Vamos a ver si juntos lo conseguimos.

- **Situación:** Quiero mejorar la comunicación en mi relación, ya que siento que a veces mi pareja y yo no nos entendemos bien.

Respuesta individualista: Yo no voy a cambiar nada porque yo ya he hecho terapia y sé comunicarme. La comunicación depende de los dos. Si no sabe comunicarse, que vaya a terapia y aprenda, como hice yo.

Respuesta interdependiente: Dado que soy yo quien quiere mejorar cómo nos comunicamos, soy yo quien debo proponerlo. Si estamos de acuerdo, juntos buscaremos recursos. Si no estamos de acuerdo en este cambio que para mí es necesario, analizaremos por qué mi pareja no lo ve de la misma manera. Quizá no se trate de un problema de comunicación, sino de otra cosa más importante.

- **Situación:** Mi amiga hace algo que me hace daño.

    Respuesta individualista: Voy a hacer otra cosa para hacerle daño yo a ella. Así sabrá lo que se siente.

    Respuesta interdependiente: Se lo voy a decir de manera asertiva cuando estemos a solas. Es mi amiga, no creo que lo haya hecho a posta. Le diré lo mal que me he sentido.

- **Situación:** Mi amigo me pide que pasemos más tiempo juntos porque siente que nos hemos distanciado.

    Respuesta individualista: Yo no siento que nos hayamos distanciado. Tiene que aprender a estar solo.

    Respuesta interdependiente: Yo no siento que nos hayamos distanciado, pero, si él tiene esa sensación, me gustaría saber por qué y ver qué podemos hacer. Quizá podamos hacer más planes juntos, si eso le hace sentirse bien, pero para mí también es importante dedicar tiempo a otras cosas. Podemos buscar formas de ajustar el tiempo en las que nos sintamos cómodos los dos.

- **Situación:** Acaban de despedir a mi pareja del trabajo y me ha dicho que va a necesitar que me encargue económicamente de algunos gastos de la casa por un tiempo.

Respuesta individualista: Yo no me voy a encargar de nada; no tengo por qué mantener a nadie. Seguiré pagando mi parte. Mi dinero es mío. Que hubiera ahorrado.

Respuesta interdependiente: Entiendo que es una situación complicada y que ahora me tocará a mí llevar el peso económico durante un tiempo, pero durante ese tiempo también tengo que ver que mi pareja se mueve y busca trabajo, porque para mí es importante compartir los gastos.

¿Qué es la seguridad?

Vamos a trabajar en la búsqueda de la seguridad en las relaciones.

Para saber encontrar la seguridad en una relación, hay que saber qué es la seguridad.

Hace mucho tiempo que digo que una relación sana es como un **lugar seguro**. Pero ¿qué hace que sea así? En una relación sana que se siente como un lugar seguro sabes que, pase lo que pase, tu pareja, tu amigo o tu familiar van a estar ahí para ti. Ante todo, sientes seguridad y tranquilidad, ya no solo en el vínculo, sino en aspectos relevantes de la relación como la confianza, el apoyo, el respeto, la lealtad, la validación y la comunicación.

Sin embargo, como cada persona puede tener un concepto diferente de seguridad, pregunté en Instagram a mis seguidores qué era para ellos la seguridad en una relación y estas son algunas de sus respuestas:

- Paz mental.
- Calma. Tranquilidad.
- Felicidad.
- Fidelidad.
- Que te diga de quedar.
- Saber que estamos ahí el uno para el otro.
- Confianza mutua para hablar de cualquier tema.
- Comunicación y empatía.
- Respeto.
- Cariño. Atención y cuidados mutuos.
- Sentirme visto. Que me tengan en cuenta.
- Sinceridad.
- Hogar. Casa.
- Compasión.
- Sentir que somos compañeros de batalla en la guerra de la vida.
- Tener compromiso y una visión conjunta de futuro juntos.
- Apoyo.
- Estabilidad emocional.
- Reciprocidad.
- Complicidad.
- Aprender de los errores.
- Que se hablen las cosas con naturalidad y no se presupongan malas intenciones o motivos ocultos.
- Que la pareja esté presente.
- Implicación.
- Defender en público y corregir en privado.
- Que cuando vienen tiempos difíciles no desaparezca.
- Que siempre me elija.
- Transparencia.
- No dudar de que quiere estar conmigo.

- Amar y disfrutar de hacer planes de manera individual y en conjunto.
- Poder estar en silencio.
- Que sus palabras y sus actos vayan de la mano.
- Amistad.
- Que no me amenace con dejar la relación en cada discusión.
- Que la primera persona en la que piense para contar sus cosas sea yo.
- Sentirnos como aliados, incluso en los conflictos.
- Compartir tiempo de calidad.
- Que me sostenga cuando no estoy bien.
- Responsabilidad afectiva.
- Que hable de sus sentimientos.
- **El lugar al que siempre tengo ganas de volver.**
- Que respete mi necesidad de tiempo a solas.
- Acogernos día a día, sin miedo al abandono. Es una certeza en el corazón.
- Que se active mi sistema nervioso parasimpático (que me relaje).
- Luchar juntos por amarnos y respetarnos.
- Que siempre se pueda hablar para construir.
- Armonía familiar y priorizar la familia siempre.
- Que me tenga presente en sus decisiones y me haga partícipe de ellas.
- Que no busquen en mí una perfección que no existe.
- Que, si me pasa algo bueno o malo, sea la persona a la que puedo llamar para contárselo.
- Saber que está.
- Que el esfuerzo mutuo sea constante y equilibrado; altruismo y dedicación.
- Intentar en cualquier circunstancia ponerse en la piel del otro. Ver las cosas también desde su perspectiva.

- Que te elija siempre antes que a nadie y que nada.
- Que no me manipule o me chantajee emocionalmente.
- Sentir que la vida empieza a ir más lento cuando estoy con esa persona.
- Que juntos la vida sea un poco más fácil.
- Que no te genere duda o ambivalencia.
- Saber que no te va a dejar de un día para otro porque te demuestra que te quiere.
- Respetar mis límites y respetar mis vínculos individuales con otras personas.
- Que no me tenga que encargar yo de todo. Igualdad.
- Pensar en momentos con esa persona y sonreír.
- Alguien a quien abrazar o darle la mano cuando tengo miedo para que me acompañe y me ayude a superarlo.
- Discutir sabiendo que luego hay perdón, sin miedo a consecuencias dramáticas.
- Que se informe de mi trastorno (TLP) para saber qué necesito.
- Poder tener momentos/conversaciones incómodas sabiendo que todo irá bien.
- Sentirme arropada.
- Poder verbalizar sin miedo cosas que todavía no tienen ni forma.
- Que cuente conmigo para pedirme ayuda o me pregunte cuando no sepa algo, con toda confianza.
- Que me haga partícipe de su vida.
- Que me permita expresarme en todos los sentidos (sobre todo en la estética). Que acepte mis gustos, mis sueños y mis inquietudes.
- Que muestre interés por mí.
- Poder mostrarle mis sombras.
- Que me acerque a Dios.

- Sentir que siempre puedo ser yo, sin ser juzgada.
- Que confiemos el uno en el otro para hablar de cosas íntimas.
- Que nos hagamos saber que nos queremos.
- Poder mostrarme vulnerable con esa persona sin miedo.
- Que valide mis sentimientos.
- Poder llamarle cuando me pasa algo importante.
- No estar constantemente preguntándome por el estado de relación o por el riesgo de la relación.
- Saber que podemos contar el uno con el otro cuando haya dificultades.
- Poder llorar delante de esa persona y que me permita estar triste sin miedo a ser juzgado.
- Que el silencio no sea incómodo.
- Que se alegre de mis logros.
- Poder contar con la otra persona para cualquier cosa.
- Que mi pareja se sienta cómodo siendo él mismo.
- Poder hablarlo todo.
- Ser escuchada.
- Saber que podemos construir juntos y que avanzamos en la misma dirección.
- Honestidad.
- Poder decir que no.
- Poder expresar necesidades.
- Que no exista juicio alguno, sino validación y aceptación, aunque no le guste.
- Que me acepte y me quiera con mis defectos.
- Que, si estoy nerviosa por algo, pueda hablarlo con esa persona y sentirme mejor después.
- Ser su refugio.
- Tener la certeza de que está ahí.
- No tener que pensar durante días cómo contarle algo por miedo a su reacción.

- Que me vaya a dormir y me despierte tranquila, sin ansiedad, sin comeduras de cabeza.
- Que mi pareja sea como una red que me protege y que siempre está ahí para suavizar mi caída.
- No estar en constante alerta y preocupación.
- Donde te aconsejen, pero no critiquen, tu forma de hacer las cosas.
- Donde poder expresarte sin que se tomen las cosas a mal.
- Cuando has tenido un día muy duro y llegas a casa y, sin hablar, te abrazan.
- Esforzarse por crear momentos de pareja ajenos a la rutina.
- Saber que se toman decisiones en pro del equipo.

Lo cierto es que las respuestas son bastante similares e incluso podríamos decir que tienen un trasfondo muy parecido: estar en un lugar seguro es tener la confianza de saber que tienes una relación sólida y que la otra persona es **tu refugio**, que puedes buscar una conexión con ella en cualquier momento y que esa conexión te va a satisfacer.

En *Tú eres tu lugar seguro* te hablaba del **círculo de seguridad** y, pese a que no me gustaría resultar repetitiva, creo que en este contexto es un concepto muy importante en el que debemos hacer más hincapié si lo que queremos es enfocarnos en lo que deseamos y no en lo que evitamos.

El círculo de seguridad es un programa de intervención desarrollado por Bert Powell, Glen Cooper y Kent Hoffman para apoyar a padres y madres que quieren establecer un vínculo de seguridad con sus hijos. Sin embargo, pese a que la teoría está enfocada a las relaciones materno- y paternofiliales, desde mi trabajo en consulta he comprobado que el **círculo de seguridad es también aplicable en las relaciones entre adultos**. Vamos a conocer la teoría original.

El círculo se divide en tres partes: manos, exploración y regreso. Veamos cada una de estas partes en detalle.

- **Manos:** la palabra «manos» es sinónimo de seguridad. Las manos del adulto responsable del niño están ahí para lo que el pequeño necesite y apoya la necesidad de exploración del mundo que le rodea.
- **Exploración:** el niño se siente seguro explorando el entorno porque sabe que su adulto de referencia está en la sombra, disponible para cubrir cualquier necesidad. En esta fase, el adulto debe vigilar al niño, ayudarlo y alegrarse y disfrutar con él.
- **Regreso:** el niño vuelve a las «manos» del adulto para cubrir sus necesidades, que pueden ser protección, consuelo, alegría por algún logro y gestión de las emociones.

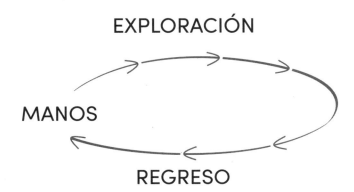

Los creadores de este círculo sostienen que estas tres partes son las claves para que la relación cuidador-hijo se considere «un lugar seguro» para el niño. El círculo de seguridad en las relaciones entre adultos es lo mismo, salvo por algunos matices.

Para empezar, no podemos cuidar de nuestra pareja, amigo o familiar como si fuera nuestro hijo (a menos que sea nuestro hijo de verdad), esto nos llevaría a una relación completamente desigual. Lo que sí podemos hacer es generar esta sensación de seguridad de manera mutua. La idea es lograr que las personas que conforman la relación tengan la sensación de que ambas estarán siempre ahí la una para la otra, esperándose con los brazos abiertos, pase lo que pase. Evidentemente, la idea de «estar ahí siempre» no equivale a estar las veinticuatro horas del día pendientes del otro, me refiero a que tiene que existir la creencia de que pueden contar el uno con el otro. Y no solamente eso, también tiene que existir el sentimiento o la sensación de que, ante cualquier problema que pueda surgir, el clima no será de castigo o pasotismo, será de interés y entendimiento, incluso si se trata de un problema entre ambos.

De pequeños, salimos de las «manos» de nuestros adultos de referencia para trepar árboles, pintar dibujos, ir al cole o jugar con nuestros amigos. De adultos, salimos de las «manos» de nuestra pareja, amigo o familiar para trabajar, ir a hacer la compra, practicar nuestras aficiones o quedar con nuestros amigos para tomar algo. De adultos, al igual que cuando éramos niños, nos gusta sentirnos acogidos por las personas que amamos.

El escáner de las cosas positivas

No podemos procesarlo todo, pero sí podemos elegir qué procesamos.

Te propongo hacer el ejercicio del escáner de las cosas positivas, que te permitirá cambiar la forma en la que percibes la realidad. A diferencia del escáner de las cosas negativas, con el que tendemos a enfocarnos en los errores, los defectos y, en definitiva, lo malo, el escáner de las cosas positivas nos invita a buscar y destacar lo bueno (la seguridad, en este caso). Aunque lo puedes hacer en cualquier ámbito y situación de la vida, te invito a que lo uses para prestar atención a esas cosas buenas que tienen tus relaciones.

Al activar el escáner de las cosas positivas empezamos a mirar nuestra vida y nuestro entorno con otros ojos.

Focalizarnos en las cualidades que valoramos de manera positiva no va a hacer que aparezcan, claro. Esto no es magia. Sin embargo, es una forma de usar los mecanismos del cerebro a nuestro favor y de dar una segunda oportunidad a las cosas buenas que están en el «campo visual» de nuestra vida, pero que pasamos por alto (como el gorila del experimento).

La parte del cerebro que se encarga de este proceso es el sistema reticular activador ascendente (SRAA), una red de neuronas ubicada en el tronco encefálico. El SRAA no solo regula la atención, sino también el sueño y la vigilia. Este entramado de neuronas difusas se puede «entrenar» indirectamente para promover un estado de alerta óptimo. Los hábitos saludables, como el descanso, el ejercicio físico, la alimentación sana, la gestión del estrés o la meditación, ayudan mucho. Sin embargo, el escáner de las cosas positivas es un ejercicio que va un poco más allá. Como el SRAA prioriza la información que es relevante para nosotros, si la tenemos clara y sabemos bien qué queremos, nos ayudará a detectar antes los estímulos y oportunidades asociados a eso que consideramos valioso.

Para tu cerebro es importante lo que para ti es importante.

Dicho esto, la idea es que hagas una lista de lo que hace que una relación sea un lugar seguro para ti.

¿Recuerdas que en el capítulo cinco hablábamos de los sesgos de la mente? Bueno, pues lo que yo te estoy proponiendo es que cojas las riendas de tu mente, juegues con el miedo a tu favor y **generes un sesgo positivo**. Lo que pretendo con este ejercicio es que te vengas arriba y digas: «¡Abstracción selectiva, te quiero en mi equipo! Pero, en lugar de usarte para las cosas negativas, te voy a usar para las positivas». ¡Toma ya!

Repasa e interioriza lo que escribas en esa lista, así, poco a poco y gracias a la neuroplasticidad del cerebro, conseguirás que tu SRAA priorice todos esos aspectos que valoras en una relación a fin de que tú, a partir de ahora, les prestes más atención.

Puedes colocar la lista en la pared de tu habitación o tenerla en tu agenda o en las notas de tu móvil, así podrás verla y leerla cuando quieras.

He descubierto en varias ocasiones a mi SRAA trabajando de extranjis. Una de esas veces fue cuando escribí mi novela *Mujeres que arden*. La historia transcurre en Toledo, una ciudad preciosa que ya había visitado en muchas ocasiones. Conocía a la perfección muchas de las leyendas toledanas y la historia de los sitios más emblemáticos. Sin embargo, cuando me propuse crear la trama de la novela, me di cuenta de detalles de la ciudad que antes me habían pasado completamente desapercibidos. La catedral, la plaza, las calles…; todo parecía diferente porque lo miraba con otros ojos. De repente todo era nuevo para mí. Aunque conocía la historia de Toledo, mi SRAA entendía que había interés en otro tipo de detalles, y comenzó a enfocarse en ellos.

Es impresionante lo que nos puede ayudar conocer cómo trabaja nuestro cerebro, ¿verdad?

El chip se cambia con teoría y con práctica

Igual que hemos perdido la sensación de seguridad, la podemos recuperar. Como veíamos en el capítulo anterior, el cerebro necesita entender que no pasa nada, que no hay amenaza, que el peligro que imaginamos no existe. Y, para conseguir esto, hemos de demostrarle de una forma práctica que es cierto.

Si me sigues en redes o has leído mis otros libros, sabrás que hasta que conocí a Alberto no lo pasé muy bien en el ámbito de pareja. Viví muchas decepciones, cometí infinidad de errores y tomé decisiones malísimas. Así que, para explicarte cómo se le puede demostrar al cerebro de una forma práctica que «no pasa nada», te hablaré de la única relación de pareja cuya experiencia ha sumado en mi proceso personal de sanar mis heridas.

Cuando conocí a Alberto allá por 2015, yo tenía un amplio historial de relaciones dependientes y tóxicas. Había pasado un tiempo desde mi última ruptura, me había trabajado bastante y, pese a que no estaba muy segura de si estaba preparada o no para comenzar una nueva aventura, pensé: «Sola estoy bien, pero, si lo pienso detenidamente, no tengo nada que perder. Si la historia sale bien, conoceré a alguien interesante y, si la historia sale mal, nada habrá cambiado» (recuerda: «Si me tengo que morir, me muero»). Aun así, dudé antes de dar el salto, porque no tenía muy claro si era el momento. Finalmente, me atreví a quedar con él porque, a diferencia de otras veces, era consciente de que yo no tenía la necesidad de tener que estar con alguien para sentirme bien; quería conocerlo porque me apetecía, no para cubrir una carencia emocional o afectiva. Esa señal era indicador de que todo el trabajo realizado por mí misma estaba funcionando. Ahora bien, no te voy a mentir, había una duda que me carcomía por dentro: «¿Sería ese trabajo personal suficiente?».

Con Alberto fuimos muy poco a poco, yo era como un animal herido al que había que tratar con cariño y él era (y lo sigue siendo) una persona con mucha paciencia. Valoré esa cualidad y me dejé llevar un poco más, pero solo un poco. Por dentro seguía muerta de miedo.

De pronto, la relación llegó a un punto en el que empezamos a chocar. Cada vez que mi chihuahua interior reaccionaba, el suyo también lo hacía. Un día, nos dimos cuenta de que nuestras discusiones no podían ser así, si queríamos estar juntos no podíamos vernos como enemigos. A partir de entonces hablamos mucho para analizar qué estaba pasando y qué podíamos hacer al respecto. Los dos teníamos claro que no íbamos a sufrir y que, si la relación no salía bien después del esfuerzo, lo dejaríamos definitivamente. Durante el tiempo que estuvimos «de prueba», trabajamos mucho el tener una actitud de equipo, y eso significaba apostar por el otro. Analizamos nuestros puntos débiles y fuertes, hablamos sobre nuestros fallos y nuestros aciertos, sobre lo que necesitábamos en esos momentos y sobre lo que esperábamos del otro. Compartimos recuerdos, miedos, malas experiencias y emociones del pasado que creímos olvidadas. El miedo se disfrazaba de enfado en los conflictos y nosotros fuimos capaces de verlo entre tanto camuflaje. Con el tiempo, nos dimos cuenta de que al miedo no lo calman los desaires, el silencio o las malas formas, lo calma la compasión.

Aprendimos a ver al otro desde la compasión, y esa fue la clave.

Durante esta travesía, me di cuenta de algo muy importante: la sinergia entre nosotros era increíble. Solos estábamos bien, pero juntos éramos geniales. Poco a poco, mi cerebro fue comprobando que no había nada que temer, que mi relación con Alberto no poseía una seguridad que yo mágicamente atribuía, sino que realmente era un lugar seguro porque, día tras día, había cosas que así me lo demostraban. Podíamos seguir teniendo conflictos, sí, pero ya no eran los propios de un campo de batalla, eran lugares en los que escucharnos, apoyarnos, pedirnos disculpas y remar en una misma dirección. Con el tiempo aprendí a confiar y ceder parte de mi individualismo, fui cambiando aspectos en mi manera de relacionarme que jamás habría podido cambiar sin la práctica. Me di cuenta de que aprender a confiar era superar miedos, y que los miedos solo se podían superar mirándolos a la cara. Fui consciente de que, por muy trabajada que estuviera, sin práctica no habría sido capaz de convencer a mi cerebro de que las relaciones de pareja también pueden ser lugares seguros. Mi cerebro necesitaba verlo, vivirlo, sentirlo… Mi chihuahua interior necesitaba que alguien le mostrara que la seguridad en las relaciones existía con un «¿ves como sí?». Y ese alguien era yo. Yo era la única persona capaz de exponerme a lo que temía y cambiar mi manera de verlo. Mi miedo fue mi debilidad, pero se transformó en mi poder.

La ley del péndulo

Los cambios son difíciles porque nos obligan a salir de la zona de confort y aprender cosas nuevas. No hay procesos perfectos ni lineales, todos tienen sus luces y sombras. Nadie sale de un punto, vive una travesía maravillosa y llega a la meta. Por el camino hay errores y frustración, pero también aciertos y alegrías. Es muy pero que muy complicado alcanzar el equilibrio a la primera. Empiezas en un polo y terminas en el opuesto con una frustración de caballo. «¿Qué estoy haciendo mal? ¿Por qué no me siento bien? ¿Tal vez esta perspectiva no es buena para mí? ¿Debería volver a lo anterior?», te preguntas una y otra vez. Lo que te pasa, te pasó o te pasará es normal; en psicología lo llamamos la **ley del péndulo**, que describe que los cambios de las personas, ya sean individuales o sociales, tienden a oscilar entre dos extremos.

Estos dos extremos pueden hacer referencia a cualquier situación de la que nos gustaría escapar y a cualquiera a la que queramos llegar.

Si tuviéramos que colocar los conceptos que estamos trabajando en el péndulo, quedaría algo así:

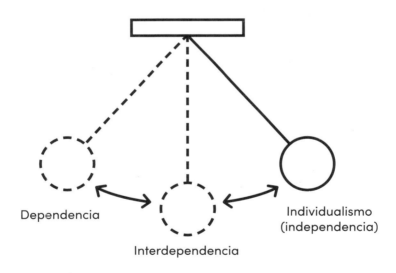

El equilibrio estaría, por lo tanto, en la interdependencia.

> Curiosidad: la ley del péndulo también se utiliza para explicar fenómenos sociales. Por ejemplo, tras una fase de represión sexual, puede haber una fase de libertad excesiva (como en la España de mediados de los setenta y adelante con «el destape») y, más tarde, un ajuste hacia el centro.

Nuestras conductas, emociones y pensamientos necesitan llegar al punto medio de la interdependencia, sin embargo, como te decía, esto no suele ocurrir de manera paulatina, sino siguiendo un movimiento pendular, yendo de un extremo a otro.

Hay algunos motivos que podrían explicar este *modus operandi*:

- **Tendemos a idealizar lo opuesto cuando nos sentimos atrapados en algo:** aunque (y aquí abrimos un pequeño paréntesis) también puede ocurrir que seamos conscientes de este péndulo (sin tener por qué conocer la teoría) y temamos uno de los extremos. Tuve una paciente hace unos años a la que le daba mucho miedo poner límites porque pensaba que, si lo hacía, se convertiría en una borde. Le daba miedo llegar a ese extremo. Le hablé de esta teoría y le dije que, si su miedo era llegar al extremo del péndulo, dado que ella ya era consciente de ello y, por ende, de esa posibilidad, no tendría por qué llegar si no quería. La consciencia que mi paciente había adquirido respecto al péndulo le daba ventaja y la ayudaba a equilibrar su movimiento desde ese mismo momento.

- **Es parte del cambio explorar el lado contrario y experimentar:** necesitamos vivir de verdad eso que hasta el momento solo conocemos en la teoría, llevarlo a la práctica para comprobar si estamos cómodos y observar qué funciona y qué no funciona. A partir de ahí, vamos modulando el cambio, con lo que la oscilación del péndulo es cada vez menor; es decir, tendemos a recorrer cada vez menos camino de un extremo a otro, hasta que al final nos frenamos en el punto de equilibrio.
- **Necesitamos reafirmarnos y dejar claro que estamos haciendo un cambio:** que no nos queden dudas a nosotros mismos ni a los demás.

10
MIEDO EN LAS RELACIONES

Las personas podemos sentir miedo en cualquier ámbito de nuestra vida. No solo tenemos miedo a la muerte o a las enfermedades, también podemos sentir miedo al abandono y al rechazo en nuestras relaciones sociales.

Para un niño es tan importante sentir el amor de sus padres que es más probable que deje de quererse a él mismo antes que dejar de quererlos a ellos o imaginar siquiera que ellos pueden dejar de quererle a él. Aunque de adultos esto es diferente, la necesidad de pertenencia sigue teniendo mucho peso. Así, cuando crecemos, pasamos de ser niños dependientes de adultos a ser adultos con capacidad para autorregularnos y ser interdependientes, pero con mochilas emocionales que tienen el peso suficiente para condicionar nuestras relaciones.

En esas mochilas emocionales es donde cargamos los miedos. Esas mochilas emocionales son las guaridas donde se esconde el miedo a perder a alguien, a no ser suficiente, al abandono, a estar solo... Tener mochilas emocionales equivale a tener unos aprendizajes arraigados adquiridos en el pasado que pueden generar consecuencias en el presente.

Por otra parte, cabe destacar que no solo traen problemas a las relaciones los miedos asociados con ellas. Hay otros miedos que acaban afectándolas porque el abordaje que se hace de ellos dentro de la relación no es el correcto (lo que puede derivar en miedos asociados a las relaciones). Por ejemplo, imagínate que tengo miedo a que las cosas vayan mal en el trabajo, aunque la responsabilidad de manejar ese miedo es mía y es un temor que no tiene nada que ver con mi pareja, si lo expreso con ella y esta lo ignora, invalida o no hace el esfuerzo de escucharme o entenderme, no se está haciendo un buen abordaje de este miedo dentro de la relación. Esto puede derivar en falta de confianza («La próxima vez prefiero no contarle nada») y miedo a contar otras cosas a futuro por la reacción del otro, lo cual, como digo, también afecta al vínculo.

Sea como fuere, los seres humanos somos, por definición, sociales y, como tales, necesitamos relacionarnos por el bien de nuestra salud mental, pero debemos aprender a hacerlo de una manera sana.

Nos tratamos y tratamos según nos trataron a nosotros.

En este capítulo, vamos a ver cómo podemos abordar el miedo en las relaciones, sean del tipo que sean. Me centraré, sin embargo, en las relaciones entre personas adultas y dejaré de un lado las que tenemos con los hijos menores, porque entiendo que eso daría para otro libro.

La importancia de acompañar

Como bien sabemos, las personas necesitamos sentir que nuestro entorno es seguro y estable. A lo largo de estas páginas, te he mostrado cómo nuestro cerebro trabaja continuamente para garantizar esa sensación.

Sin embargo, la vida no siempre es sencilla. A menudo nos enfrentamos a situaciones difíciles: eventos negativos, problemas inesperados, momentos críticos o simplemente días malos. En estos casos, el cerebro intensifica su actividad para responder ante las posibles amenazas. A partir de ese punto, pueden ocurrir dos cosas:

- **Que podamos con las amenazas en solitario.**
- **Que no podamos con las amenazas en solitario.** Es decir, que necesitemos a alguien de nuestro entorno que nos acompañe y ayude a afrontar esa amenaza, ya sea real o imaginaria. Alguien que sabe acompañar es alguien capaz de aportar estabilidad emocional, aunque no entienda o no comparta nuestra misma percepción. Es alguien que se convierte en un punto de apoyo estable, que sabe escuchar y preguntar y que está presente de alguna manera, porque es consciente de que la responsabilidad afectiva también es esto. Demostrar estabilidad emocional no significa solucionar problemas o responsabilizarse de la emoción, simplemente es acompañar y, mediante comunicación verbal o no verbal, hacer llegar el mensaje tranquilizador de «Estoy aquí, contigo». Por supuesto, nosotros también debemos responsabilizarnos de manejar nuestras emociones de forma individual, sin embargo, si esa otra persona no está ahí cuando la necesitamos, aportándonos estabilidad y apoyo, lo que hagamos por nuestra cuenta no servirá de nada o servirá de muy poco. Esa persona que nos acompaña puede ser mi pareja, mi madre, mi amigo, mi hermana o mi psicóloga, no importa, lo que importa es que sepa acompañar.

¿Y si esa persona en quien confiamos no sabe acompañarnos tal cual esperamos?

A veces esperamos mucho de las relaciones porque tenemos unas expectativas muy altas.

Puedes dejar la relación, siempre puedes dejarla, claro, pero, si no es dañina para ti, deberías probar a poner en marcha otras opciones, como intentar pedir lo que necesitas o simplemente saber apreciar lo que la otra persona es capaz de dar (y reflexionar acerca de si eso, para ti, es suficiente). Hay quien se desvive por ti cuando le cuentas un problema y quien se bloquea y no sabe qué decir, pero tiene otras maneras de demostrarte su apoyo y cariño.

Con Desiré, una paciente de veintisiete años que acudió a mí para mejorar sus relaciones, hice un trabajo muy chulo que consistía en analizar qué esperaba de sus relaciones y qué valoraba de lo que realmente le daban las personas con las que mantenía vínculos cuando ella necesitaba sentirse acompañada. Pero no debía entrar a valorar lo que echaba en falta, a modo de «Me da esto, pero me gustaría que también me diera esto otro». Estos fueron los resultados:

Lo que espero de mis relaciones (expectativas)	Lo que puedo valorar de lo que realmente me da cada una de mis relaciones (realidad)
Que me escuchen Que me pregunten Que me ayuden a reflexionar Que me validen Que me muestren su apoyo Que me den consejos	Mamá: me escucha, me aconseja y me da abrazos Papá: me da consejos o posibles soluciones Hermana: me da abrazos Amigas: me escuchan y me ayudan a distraerme con risas y salidas de amigas Novio: me escucha, me entiende y salimos a pasear juntos para distraerme

Desiré llegó a la conclusión de que, cuando estaba con cada una de esas personas, debía activar el escáner de las cosas positivas y apreciar y valorar lo que podían y sabían darle. Entendió que debía valorar la forma que cada uno de ellos tenía de aportarle seguridad. Entendió que no podía buscar lo mismo en su novio que en su madre o en su hermana. Vio que cada relación era un universo diferente y que, pese a que todas eran sanas, ninguna le ofrecía el mismo apoyo; sin embargo, todas esas personas que la querían la acompañaban a su manera en los momentos difíciles.

¿Y si esa persona en quien confiamos no quiere acompañarnos?

Si, ante el malestar emocional, la otra parte, sea quien sea, se muestra distante y no se hace cargo de esa pequeña parte que le corresponde, sufrirás más. Como ser humano, necesitas ese apoyo de vez en cuando. No se trata de cargar al otro con tus problemas, se trata de que esa persona sepa estar a tu lado cuando te sientas sobrepasado por ellos.

Buscar seguridad en una relación donde no la hay o donde solo la hay de vez en cuando es como buscar una aguja en un pajar: agota y frustra.

¿Y si no tengo a esa persona en quien confiar?

A veces, la sensación de no tener a nadie en quien confiar puede estar relacionada con la ansiedad, la depresión o experiencias pasadas en las que nos sentimos traicionados o rechazados. Recuerda que dentro del bucle activamos la visión en túnel y somos como caballos con anteojeras. El dolor emocional puede nublar nuestra percepción hasta el punto de hacer invisible o subestimar el apoyo que nos ofrecen las personas que tenemos a nuestro alrededor. Tal vez sí haya personas en tu vida dispuestas a escucharte y a acompañarte emocionalmente si les das la oportunidad.

Un día, hablando en redes sociales de la importancia de acompañar, me hicieron la siguiente pregunta: **«¿Atender los miedos e inseguridades de mi pareja hace que se refuercen y vayan a más?»**.

Aunque esta persona se refería a su pareja, la pregunta se puede extrapolar a cualquier tipo de relación entre adultos. Curiosamente, varias personas estaban convencidas de que no había que atender los miedos de la pareja, que esta era la que debía responsabilizarse de ellos. Decían que ayudar a nuestra pareja a enfrentarse a sus miedos es como poner una tirita, una especie de estrategia de evitación que podía incrementar o perpetuar esos temores.

Supongo que llegar a esa conclusión tiene mucho que ver con el hecho de que los de nuestra generación hemos crecido escuchando frases como «No tengas miedo», «No pasa nada», «No es para tanto», las cuales lo único que hacen es invalidar y borrar nuestro malestar. También es cierto que ahora hay mucho bombardeo de información sobre psicología (o seudopsicología) en todas partes, y eso contribuye a que nos hagamos un lío con tantos datos y tantas fuentes; es lo malo de que algo se ponga de moda.

Si lo pensamos bien, estas perspectivas defienden posturas muy individualistas. Las relaciones se establecen para disfrutar y compartir lo bueno, pero también para estar ahí en lo malo, y lo malo, en muchas ocasiones, no es algo material, sino enemigos invisibles que viven en nuestra mente.

Vamos a verlo con un ejemplo.

Imagina que estás con un niño y este te dice que tiene miedo al monstruo que hay en su armario. Tú, como adulto, piensas que eso es imposible. ¿Cómo va a haber un monstruo en su armario si los monstruos no existen? Precisamente por este razonamiento te dices: «¡Qué tontería!», y dejas la emoción del niño sin atender. ¿Qué crees que pasará? Efectivamente, el pequeño no dejará de tener miedo. Es más, es posible que su cabeza empiece a elucubrar y ese miedo se incremente.

Pues con los adultos pasa lo mismo, pero sin monstruo y sin armario.

Pensamos que, como tenemos una capacidad mucho mayor de razonamiento, somos capaces de calmar nuestros propios miedos. Y sí, esto es así, pero solo en parte. A veces, los miedos cogen mucha fuerza y, como ya hemos visto, perdemos la capacidad de razonamiento, por muy irracional que sea el miedo. Por eso, es importante rodearnos de personas que sean capaces de validarnos y ayudarnos a ver otras perspectivas en esas situaciones.

Cualquier miedo que exista en la mente de una persona adquiere carácter de realidad, aunque ni mucho menos se trate de algo real. Por eso tenemos que atenderlo.

La importancia de validar cuando la otra persona está atrapada en un bucle

Es importante validar lo que siente el otro, incluso cuando está sumergido en un bucle de pensamientos negativos o aunque sea evidente que se trata de miedos completamente irracionales.

Imagina que pienso que no valgo para nada. Este pensamiento es irracional porque seguramente sí valgo para muchas cosas que en este momento estoy ignorando. A pesar de ello, si es lo que pienso, es normal sentirme mal. No hay una lógica en mi pensamiento, pero sí que hay una lógica causa-consecuencia entre lo que pienso y lo que siento.

Como ya sabes, los pensamientos negativos tienden a arrastrarnos a bucles infinitos en los que un pensamiento negativo nos lleva a otro aún peor y, además, nos genera una emoción que retroalimenta aún más ese tipo de pensamientos. Esto hace que nos encerremos y seamos incapaces de ver otras perspectivas. Pasamos de ser personas libres a ser prisioneros de nuestra propia mente.

Si desde fuera viene alguien a decirme que lo que me pasa son tonterías porque lo que pienso no tiene sentido, aunque racionalmente sepa que esa persona tiene razón, me voy a poner a la defensiva porque estoy encerrada en ese círculo pensamiento-emoción que para mí tiene mucha lógica. Es decir, no voy a dejar de pensar en lo que pienso porque alguien me diga que no es real, sobre todo porque estoy sintiendo una serie de emociones que me generan malestar. No puedo darle voz a mi cerebro racional si tengo el emocional con un chihuahua activadísimo.

Pero, si esa persona me dice que entiende que me sienta mal, tendrá muchas más posibilidades de ayudarme a ver la realidad, puesto que el hecho de que comprenda mi malestar aliviará mi dolor y calmará a mi chihuahua. Esto quiere decir que esa red de pensamientos negativos y emociones desagradables que hasta el momento solo se retroalimentaba y se hacía más fuerte empieza a resquebrajarse.

Fíjate, esto quiere decir que, cuando alguien a quien queremos está mal, es mucho mejor enfocarse primero en entender y validar lo que siente.

La empatía ayuda a romper el bucle autodestructivo.

Luego, si queremos, podemos hablar de lo irracional es que suenan algunos pensamientos. Piensa que con un chihuahua calmado es mucho más fácil escuchar y razonar que con uno alterado.

¿Qué ocurre cuando la amenaza no proviene del exterior, sino que surge dentro de la relación?

Cargar en nuestra mochila emocional el miedo al abandono, a que nos hagan daño, a la soledad, a no ser suficientes o a ser rechazados puede afectar a nuestras relaciones.

Aunque parezcan distintos, estos miedos están profundamente interrelacionados y pueden tener su origen en **experiencias traumáticas** de la infancia o de otras etapas de la vida, que pueden ser incluso recientes. Pueden ser el resultado de crecer con cuidadores distantes, ambivalentes o ausentes; de sufrir con intensidad pérdidas tempranas; de experimentar rupturas dolorosas o rechazos, o de haber estado en relaciones donde no hubo suficiente compromiso. Como ya sabemos, según la teoría del apego, estas experiencias influyen en la manera de relacionarnos con los demás en la edad adulta, activando miedos que afectan a la vivencia de la intimidad emocional.

Las experiencias adversas del pasado afectan a la manera en la que procesamos el miedo y la inseguridad, por lo que la activación del miedo, en mayor o menor grado, no dependerá tanto de la experiencia en sí misma, sino de cómo se procesa la experiencia.

Cualquiera de estos miedos puede generar comportamientos de acercamiento o de evitación de la intimidad emocional. Las personas con un estilo de apego ansioso tienden a buscar pruebas constantes de que su pareja no las abandonará, mientras que quienes tienen un estilo evitativo rehúyen la intimidad para protegerse del sufrimiento anticipado.

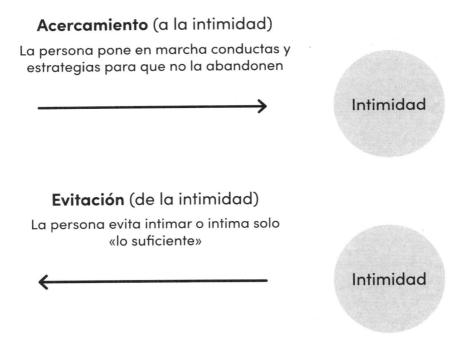

El miedo al abandono nos abre las puertas a explicar el resto de los miedos mencionados, dado que todos guardan relación.

Miedo al abandono

Se caracteriza por una intensa sensación de inseguridad ante la idea de que las personas importantes de nuestra vida puedan irse de nuestro lado.

Conductas problemáticas

De acercamiento: ante el temor a ser dejado o rechazado, la persona suele poner en marcha conductas y estrategias para que los demás no la abandonen, lo que hace que pueda caer en dinámicas peligrosas. Estos comportamientos están relacionados con estilos de **apego ansioso** y se caracterizan por:

- Comportamientos posesivos y controladores.
- Interpretar de manera errónea lo que hace la pareja («Seguro que me ha dicho de ir al cine porque no tiene otro plan mejor, no porque realmente le apetezca»).
- Dar más importancia a los deseos y necesidades de los demás que a los suyos propios. Esto sucede porque esas personas han aprendido que es mucho mejor ser serviciales que pensar en sí mismas («Si soy servicial, los demás me querrán y no me abandonarán»).
- Interpretar cualquier señal de distanciamiento como que puede haber un posible abandono. Este tipo de interpretaciones suelen traer problemas, dado que vienen acompañadas de comportamientos «a la desesperada», lo que paradójicamente a veces hace que la pareja se aleje.
- Buscar constantemente pruebas que demuestren que la pareja no se va a ir («Voy a vigilar su ubicación en el móvil para ver si realmente está donde me ha dicho que está», «Voy a ver si sus seguidores en Instagram siguen siendo los mismos después de que haya salido de fiesta»).
- Buscar «pruebas de amor» («Voy a ver qué hace si dejo este plato sin recoger. Si lo recoge sin decirme nada, es porque realmente me quiere»).
- Celos mal manejados, en que cualquier señal de atención a otros se interpreta como una amenaza.

De evitación: también puede ocurrir que el miedo sea tan abrumador que la persona adopte una conducta evitativa, lo que implica no establecer un vínculo profundo con nadie. Este tipo de conducta está relacionado con un **apego evasivo** y puede generar relaciones superficiales en las que la persona evita la intimidad afectiva por miedo a sufrir si es abandonada («Si no intimo o intimo lo justo, aunque me abandonen, no sufriré»). En este caso, las personas anticipan y ajustan su comportamiento a lo que podría ocurrir. Esta estrategia de afrontamiento puede reducir el sufrimiento a corto plazo, pero a largo plazo no funciona y lleva al aislamiento y a relaciones insatisfactorias.

En ambos casos, las estrategias que se aplican son intentos de lidiar con el miedo y la inseguridad, pero, spoiler, sale mal porque resultan contraproducentes.

> Dato curioso: este miedo está estrechamente relacionado con la **dependencia emocional** y puede derivar en dinámicas de dependencia y codependencia, en que el bienestar personal depende de la permanencia de la otra persona.

¿Cuándo puede activarse el miedo al abandono en una relación y qué hacer para calmarlo?

Siempre que una persona perciba una amenaza de abandono, real o imaginaria, aparecerá este miedo. Es decir, siempre que haya cualquier indicio que la amígdala considere que puede llevarnos a una situación de abandono, el chihuahua se activará.

Aunque, por supuesto, depende de la persona y su mochila emocional, vamos a ver una serie de situaciones en las que el miedo al abandono puede activarse y qué podemos hacer al respecto para tratar de calmarnos.

Inicios de la relación

Cuando la relación aún no está lo suficientemente afianzada, hay personas que se agobian y que desean consolidarla rápido y como sea para sentir que tienen algo estable y estar tranquilas.

Es normal querer algo estable, pero no es normal sufrir mientras ese algo se construye. Hay que aprender a disfrutar del proceso, independientemente de dónde nos lleve. Vamos, que hay que fluir.

Si eres como yo, que cada vez que me dicen «Hay que fluir» mi mente contesta: «Vale, pero dime dónde y cuándo hay que fluir, y así me organizo», presta atención a esto.

> ### Hay que fluir, pero hay que saber hacia dónde fluir.

Las personas podemos fluir, pero también necesitamos saber hacia dónde fluimos. Sé que hay quienes no lo necesitan, pero también sé que una gran mayoría sí.

Si nuestra pareja es una persona que necesita esa estabilidad, lo que podemos y debemos hacer si queremos continuar con esa relación es hablar a menudo de lo que vamos sintiendo.

Los extremos no son buenos, no es sano ni dejarlo todo en

manos del azar ni intentar mantenerlo todo controlado sabiendo a ciencia cierta hacia dónde nos va a llevar la relación, pero sí está bien hablar de hacia dónde queremos ir.

Sé que puede resultar incómodo, pero también es una cuestión de responsabilidad afectiva hablar de estos temas.

Así que fluyamos, pero ¿hacia dónde? Esa es la pregunta a la que hay que responder en una relación que se está empezando a construir. Esto ayudará a disipar el miedo de manera sana y nos dará paz y calma.

Conflictos en la relación

Los conflictos no necesariamente nos llevan a una ruptura, pero las personas con miedo al abandono, ante cualquier conflicto, pueden sentir que la relación pende de un hilo porque han aprendido que «discusión» equivale a «malestar», «mal rollo» y «ruptura» (ergo posible abandono). Este aprendizaje, como sabemos, proviene en gran parte de nuestra historia personal, y en ella encontramos aprendizajes de todo tipo: sociales también. Recordemos que somos seres biopsicosociales, así que hay una parte social que también nos influye. Socialmente, percibimos los conflictos como algo malo, algo vinculado a la pelea, al llevarse mal y a la ruptura. Tenemos muy poca cultura del consenso. Así no es de extrañar que, cuando hablemos de conflicto o discusión, la mayoría aún no entienda que hablamos de no estar de acuerdo, y que no estar de acuerdo es, a veces, una oportunidad para crecer y evolucionar en la relación, no el apocalipsis.

Una vez trabajé con una pareja en la que a él se le activaba el miedo al abandono cada vez que había un conflicto en la relación. Joaquín, que así se llamaba el chico, sufría mucho cada vez que su pareja se mostraba disconforme con cualquier cosa de la relación. Tras hablar con ambos y asegurarme de que la impresión de Joaquín no era fruto de un ultimátum o amenaza real, me di cuenta de que, para él, **un conflicto equivalía a una amenaza real de ruptura**, aunque su pareja ni siquiera mencionara o comentara sutilmente tal cosa. El chico, tras malas experiencias con relaciones del pasado, había hecho esta asociación y, claro, ese aprendizaje traía al presente comportamientos evitativos bastante contraproducentes, como no querer hablar de las cosas, evitar cualquier conflicto pese a que eso supusiera callarse aspectos que le molestaban en la relación o escabullirse de posibles conversaciones incómodas y momentos de tensión.

El abordaje consistió en insistir en la idea de que un **conflicto no equivale a una ruptura, sino que puede ser una oportunidad para hablar y mejorar como pareja**.

Redefinir el concepto de conflicto o discusión ayuda mucho, pero, claro, esto no solo hay que hacerlo a nivel teórico, sino también práctico, por eso la intervención en pareja en este caso fue importantísima. Si teóricamente le explico a Joaquín que conflicto no es igual a ruptura y luego, a la hora de la verdad, la lían en cada conflicto, no se está llevando esa idea a la práctica, es decir, el chihuahua de Joaquín no está comprobando de primera mano que la teoría que vemos en la consulta es cierta, más bien al contrario.

Necesitamos que el cerebro entienda que no tiene por qué temer eso que tanto miedo nos da.

Con esta pareja el trabajo fue el siguiente:

- Cada vez que tenían que hablar de algo importante, lo intentaban hacer de manera calmada y relajada.

- Para lograr el punto anterior, los dos se instruyeron en técnicas de comunicación. El objetivo era evitar escaladas en las conversaciones y que hubiera tensión entre ellos.
- Hicimos un repaso de aquellas frases o palabras que podían activar cualquier herida emocional (para que el chihuahua estuviera tranquilo). A Joaquín le activaba mucho la expresión «Tú verás» porque le aumentaba su incertidumbre en relación con el vínculo que tenía con su pareja.
- Ella le recordaba constantemente que una discusión era un espacio más de comunicación y que, aunque fuera algo incómodo, no implicaba que lo fueran a dejar.
- Ambos se comprometieron a aprender, comprender y respetar los tiempos del otro.

Sensación de falta de atención

Si la pareja cambia ligeramente su comportamiento (no responde de inmediato a los mensajes o no pone un emoji cuando dice «Te quiero»), la persona con miedo al abandono puede interpretar que eso es señal de que la va a dejar.

Cabe destacar el uso del sentido común en este apartado. Hablamos de la interpretación de un cambio ligero, no de un cambio radical. No es lo mismo no responder de inmediato a los mensajes que tardar tres días en responderlos o notar un pasotismo real en la relación. Cancelar planes, no proponer quedadas, pasar de preguntar mucho a no preguntar nada, desaparecer…; esos comportamientos sí se pueden considerar un cambio radical, especialmente si con anterioridad eran cosas que nunca sucedían.

Ante la duda, pregunta. Cualquier respuesta que te dé la otra persona es información.

Ya sé que muchas veces da pavor preguntar, especialmente si la respuesta que te imaginas es tamaño monstruo. Pero vamos a recordar algunas cosas:

1. Seguramente la respuesta no será tan terrible como te imaginas.
2. Y, si lo es, siempre será mejor conocerla que imaginarla o que quedarte con las ganas de hablar de algo que te reconcome por dentro.
3. Y, si la otra persona te da una respuesta desagradable, recuerda que eso no te hace menos válido (de hecho, un feedback negativo no tiene por qué ser la realidad objetiva).

Tenemos que aprender a escuchar y procesar sin la necesidad de llevar a misa lo que escuchamos y procesamos, solo para ver qué nos sirve y qué no de todo lo que escuchamos y procesamos.

Miedo a no ser suficiente

> La percepción que tenemos de nosotros mismos y de nuestro valor en la relación influye mucho en cómo nos comportamos con nuestra pareja.

Las personas que temen ser abandonadas suelen sentir que no son lo suficientemente valiosas para que alguien se quede a su lado.

El miedo a no ser suficiente puede activar el miedo al abandono y, además, puede ser la explicación en esencia a la aparición de los **celos**.

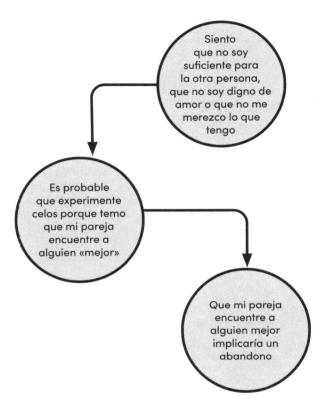

Los celos son una expresión del miedo. Hemos hablado en ocasiones anteriores de ellos, pero quiero recordar que son una emoción como cualquier otra y que el problema no es que aparezcan, sino no saber manejarlos y terminar recurriendo a dinámicas de control y posesión.

Cuando sientes que no eres lo bastante bueno, puedes temer que, en cualquier momento, tu pareja o tu amigo se dé cuenta y te abandone. Esto me recuerda el síndrome del impostor. Siempre se habla de él en el ámbito profesional, pero también puede aparecer en otros ámbitos de la vida, como en la maternidad («Soy una mala madre y alguien algún día se dará cuenta») y en las relaciones personales, especialmente en las de pareja y amistad. Vamos a hablar de ello.

El **síndrome del impostor en las relaciones** puede verse así:

- Sientes que no eres lo suficientemente bueno para la otra persona. Aunque ella no te minimice, ni te compare, ni te haga sentir inferior, tú dudas de forma constante de tu valor.
- Sientes que estás engañando al otro al hacerle creer que mereces su amor o amistad.
- Temes que en un momento dado la otra persona se dé cuenta de que no vales lo suficiente y se fije en alguien «mejor». Aunque tu pareja o tu amigo no descuide la relación y sea responsable afectivamente, tu miedo y tus celos se pueden activar ante cualquier indicio que interpretes como una amenaza.
- Aunque la otra persona no te exija nada, ni te compare con nadie o compare vuestra relación con otras, tú no dejas de medirte con los demás y de autoexigirte muchísimo para compensar lo que sientes que no puedes aportar de normal, y ello te lleva al agotamiento emocional.
- En lugar de confiar y disfrutar de estar con tu pareja o tu amigo, sufres en todo momento por culpa de tus dudas y miedos, y no haces más que crear tensión y conflicto con tus comportamientos, saboteando la relación y consiguiendo el efecto contrario al deseado.
- Aunque tu pareja o tu amigo te demuestre que te quiere y te valora, tienes dudas constantes sobre si eso realmente es cierto porque a ti te parece increíble que alguien como tú pueda ser amado.
- Minimizas tus propias virtudes.
- Te sientes incapaz de cumplir con las expectativas que crees que los otros tienen contigo.

Cuando la otra persona no es la responsable de generar esta sensación, es decir, cuando no es quien está constantemente comparándote o haciéndote sentir que no vales nada, solo podemos hablar de un miedo propio.

¿Qué podemos hacer? Si te has sentido identificado con lo anterior, es el momento de cambiar de estrategia.

1. Trabajar en la propia valía personal

A veces tenemos una imagen muy distorsionada sobre nosotros mismos y esto afecta a nuestra autoestima. Te invito a que identifiques y reemplaces creencias limitantes sobre tu valor.

Este ejercicio te puede gustar. Se trata de responder a las siguientes preguntas:

- ¿Cómo te ves?
- ¿Cómo crees que te ven los demás?

Una vez que hayas respondido, invita a la gente que te rodea a contestar la siguiente pregunta. Puedes apuntar todas las cosas que te digan y quién te las dice (la pareja, los amigos, los hermanos, los padres, los abuelos, los tíos, los primos, los compañeros de trabajo...).

- ¿Cómo te ven los demás realmente?

2. Aprende a valorarte por lo que eres, no por lo que deberías ser

Haz un esfuerzo consciente para reconocer tus fortalezas. Todo el mundo las tiene, aunque a veces no siempre seamos conscientes de ellas porque el bucle y el malestar nos impiden verlas.

Te propongo hacer una lista de tus fortalezas. Puedes empezarla hoy y seguir completándola durante los próximos días, ya que puede que hoy no te vengan a la cabeza todas las cosas que desearías anotar (tampoco hace falta hacer una lista kilométrica). La idea es apuntarlas todas para ser consciente de ellas.

3. Trabaja en tu seguridad

Puedes seguir trabajando en lo que te deseas convertir, pero que sea realista; de lo contrario, terminarás agotando tu batería mental y te desgastarás física y emocionalmente.

Me estoy acordando de la vez que le pregunté a una paciente llamada Vanesa quién quería ser y me contestó que Beyoncé.

Probablemente la pregunta estaba fatal formulada porque yo lo que quería era entender qué pretendía lograr con los cambios que estaba dispuesta a trabajar, pero su respuesta me pareció original y curiosa, así que seguí por ahí.

—¿Te gusta Beyoncé? —pregunté.

—Sí, mucho.

—¿Qué es lo que admiras en ella? —Quizá la expectativa de ser Beyoncé era un pelín elevada, pero si Vanesa quería ser Beyoncé era porque había algo en ella que le resultaba deseable.

—Me gusta la seguridad que tiene en sí misma —respondió tras varios segundos de reflexión.

Ya no teníamos la expectativa por las nubes. La meta realmente no era ser otra persona, sino ser alguien seguro de sí mismo.

—Está bien. Me gusta eso. No puedes ser Beyoncé, pero sí puedes trabajar para lograr esa cualidad que admiras en ella.

—¿Y cómo puedo hacer eso?

—¿Por qué no empezamos haciendo una lista de las cualidades que crees que tiene alguien seguro de sí mismo?

Y así fue como comenzamos a trabajar en la seguridad que Vanesa anhelaba poseer. Tú también puedes hacerlo.

4. Analiza los desencadenantes

Si sabes qué desencadena exactamente tu miedo, puedes reconocer con rapidez cuándo se activa tu chihuahua.

5. Trátate con compasión

Es fácil hablarse bien cuando las cosas van bien, pero cuando las cosas van mal:

- ¿Cómo te hablas?
- ¿Te has escuchado alguna vez?
- ¿Te gusta cómo te tratas?
- ¿Dónde aprendiste a decirte esas cosas?
- ¿Te las decía alguien?
- ¿Por qué empezaste a decírtelas tú?
- ¿Te ayudó en ese momento?
- ¿Te ayuda ahora?
- ¿Tratarías igual a alguien a quien quieres mucho?

Nuestro cerebro se cree todo lo que le decimos.

En el capítulo tres hablamos del origen del miedo y de la infancia, y en mi libro *Tú eres tu lugar seguro* traté el tema del niño interior y de la importancia de conectar con él para darnos, como adultos, lo que no tuvimos o nos faltó en la infancia (y lo que puede que nos siga faltando hoy). A veces tratarse con compasión es acordarse de ese niño que fuimos y conectar con nuestra vulnerabilidad.

6. Trabaja tus pensamientos

Puedes recurrir al capítulo cinco y, concretamente, al ejercicio de la página 162. Te ayudará a reorganizar tu mente.

7. Ante el miedo, «Si me tengo que morir, me muero»

Recuerda la paradoja del capítulo ocho.

8. No dejes que el bucle te domine

Puedes releer el capítulo seis y usar las estrategias que he explicado en él.

Como ves, este libro puede ser un recurso para trabajar cualquier miedo, solo hay que saber analizar de qué se trata en el contexto adecuado y aplicar las herramientas pertinentes.

9. Comunicación con la otra persona (pareja, amistad, familiar)

Hablar es importante para reducir la intensidad del miedo, calmarnos, aclarar dudas, evitar sobrepensar, demostrar que nos preocupamos por la relación y ver de qué manera un problema se está dando y cómo lo podemos solucionar.

Hay que hablar con el otro (amigo, pareja, etc.), pero no con la intención de que cambie su comportamiento para acomodar los miedos, sino con la intención de que nos comprenda, nos acompañe, nos calme y nos apoye. Hay que seguir siendo un equipo a pesar del miedo.

Aquí tienes una serie de **autoinstrucciones** que puedes usar para trabajar contigo mismo y la otra persona.

Si soy yo quien siente el miedo:

1. ¿A qué tengo miedo?
2. ¿Qué está pasando por mi mente?
3. ¿He tratado de trabajar conmigo mismo antes de contar con alguien?
4. Si considero que necesito el apoyo de la otra persona, debo planteárselo de manera honesta y sincera.
5. Trataré de hacer una pausa y respirar profundamente varias veces para calmarme un poco antes de hablar.
6. Se lo contaré todo tratando de que lo comprenda. Si siento que no me entiende bien, le daré más información y contexto o buscaré nuevas formas de explicárselo.
7. Dado que ahora entiendo cómo funciona mi cerebro, le puedo explicar también qué está pasando en mi cabeza para que me entienda mejor.
8. Le diré que estoy intentando razonar y trabajarlo de ma-

nera individual, pero que igualmente necesito hablarlo para sentirme mejor.
9. Si necesito algún consejo, lo pediré y, si no, le comentaré que lo que quiero es desahogarme y sentir que está.
10. Es importante recordar que mostrar la vulnerabilidad me conecta más con la otra persona y que una situación así, bien trabajada, fortalece nuestra relación.

Si es la otra persona quien siente el miedo:

1. ¿Qué es lo que le da miedo? Se lo preguntaré. Puede que se trate de algo que ya hemos hablado, pero sé que cuando el miedo aparece puede ser tan intenso como la primera vez.
2. Trataré de ser paciente cuando me lo cuente, aunque ya lo hayamos hablado otras veces.
3. Le preguntaré qué necesita y en qué puedo ayudar.
4. Le puedo hablar de la amígdala (o el chihuahua), de los bucles y de los sesgos o distorsiones cognitivas para que recuerde lo que su mente es capaz de hacer en estas situaciones. Según como esté, a lo mejor puedo usar algún meme para poner un toque de humor a la situación y que no haya tanta tensión.
5. Tengo que recordar que no he de «arreglar» su miedo, sino acompañar en el proceso.
6. Le recordaré que no tiene por qué afrontar esto a solas y que estoy aquí para acompañar. Somos un equipo.
7. Le recordaré también los recursos que ya tiene. Cuando el miedo se dispara, se nos olvida todo lo que sabemos porque el chihuahua toma el control de la situación y el cerebro racional se apaga.
8. Quizá tenga que repetirle el mismo mensaje tranquilizador de la última vez para que se calme.

9. Si veo que el miedo es muy intenso, puedo ofrecerle hacer algo juntos para despejar la mente.
10. Es importante recordar que el hecho de que muestre su vulnerabilidad conmigo nos conecta más y que una situación así, bien trabajada, fortalece nuestra relación.
11. Si esto es muy recurrente y yo también me agobio, trataré de decirle con cariño que, tal vez, podamos pedir ayuda profesional para que no sienta que su única salida sea hablar conmigo. Un profesional de la salud mental puede aportarle un abanico más amplio de posibilidades.

Momentos de vulnerabilidad física y emocional

No será la primera ni la última vez que veo en consulta a personas que temen ser abandonadas por su pareja cuando enferman, cuando surfean un problema psicológico, cuando experimentan grandes cambios físicos (como, por ejemplo, el que se vive durante el embarazo) o cuando pasan por importantes baches personales.

- «Es que tengo miedo de que se canse de escucharme».
- «No quiero ser pesado con mis problemas».
- «Es que siempre es lo mismo, y al final se va a cansar de mis rayadas».
- «El embarazo me ha hecho engordar mucho. Estoy muy fea, seguro que ya no le atraigo como antes».

He visto casos de todos los ejemplos que te acabo de exponer y sí, en todos, la raíz del problema es el miedo al abandono. Mira:

- «Es que tengo miedo de que se canse de escucharme (y me deje)».
- «No quiero ser pesado con mis problemas (porque si resulto pesado puede que se canse y me deje)».
- «Es que siempre es lo mismo, y al final se va a cansar de mis rayadas (y se va a ir)».
- «El embarazo me ha hecho engordar mucho. Estoy muy fea, seguro que ya no le atraigo como antes (por eso se terminará yendo)».

Marian estaba embarazada de siete meses y le preocupaba lo mucho que su cuerpo estaba cambiando. La decisión de traer un bebé al mundo fue consciente y consensuada entre ella y su pareja, y ambos sabían todo lo que esa decisión podría traer consigo, incluyendo los cambios que su cuerpo experimentaría durante el proceso.

A Marian le costó asimilar un cambio tan rápido; sin embargo, me contó que, poco a poco, se fue adaptando a su nuevo aspecto y que el motivo de su consulta era por algo que había observado y que necesitaba trabajar conmigo. Tenía la sensación de que su pareja se estaba alejando de ella, sexualmente hablando. Su petición era (y cito textualmente) «recuperar a mi marido».

De primeras, esto me chocó mucho. Por una parte, me generaba incomodidad la idea de que su marido la hubiera rechazado en un proceso tan vulnerable y, por otra, me daba mucha pena que ella se sintiera culpable por no resultarle lo suficientemente atractiva y, además, se quisiera hacer responsable del proceso. Traté de poner orden, en mi interior algo me decía que me faltaban piezas del puzle. Intenté indagar más para conocer en qué sentido mi paciente percibía ese alejamiento.

—Es que siento que emocionalmente Ángel está distante. Sé que me quiere porque sigue muy presente en el día a día, se preocupa por mí y me colma de atenciones, pero siento que ya no le atraigo.

—¿Qué cambios has notado para llegar a esa conclusión?

—Antes, cuando nos despertábamos, estábamos un ratito juntos en la cama, disfrutando el uno del otro. No hacíamos nada sexual, pero nos acariciábamos entre besos y miradas cómplices. Para mí eso era importante porque formaba parte de nuestro poco tiempo de calidad.

—¿Qué sucede ahora?

—Ahora él se levanta rápido y hace el desayuno.

—¿Has notado más cambios?

—Sí, siempre soy yo la que lo busca. María, a mí no me apetece nada sexual, de verdad. Solo busco estar un ratito en la intimidad con mi marido, pero noto que él me rehúye.

—¿Y esto lo has hablado con él?

—Sí, y dice que le sigo atrayendo y que no me preocupe.

Visto así, Marian tenía razón, parecía que su marido se estaba alejando de ella y que no estaba siendo del todo sincero. Sin embargo, antes de sacar conclusiones precipitadas, quise reunirme con él, y menos mal que lo hice. Es en estas situaciones cuando entiendes lo importante que es hablar con los dos miembros de la pareja para comprender el problema en su totalidad.

La versión de Ángel fue completamente diferente.

—Marian me sigue atrayendo, te lo prometo. Pero tengo miedo —confesó tras un buen rato hablando.

—¿A qué tienes miedo?

—Tengo miedo de hacerle daño al bebé.

—¿A qué te refieres? —pregunté. Me sentía más perdida que un pulpo en un garaje.

—Cuando Marian se acerca a darme algún beso en cualquier momento del día, intento no seguirle el rollo porque tengo la sensación de que lo que realmente quiere es tener relaciones sexuales. Y me da miedo tener relaciones sexuales estando ella embarazada porque no quiero hacerle daño al bebé.

Menudo *plot twist*, ¿verdad? Lo que al principio parecía un marido desconsiderado, terminó siendo un problema de comunicación. En este caso analicé hasta tres puntos diferentes que trabajar.

1. La **falta de una comunicación eficiente** había dado pie a malinterpretar las acciones e intenciones de uno y de otro.
2. Ángel y Marian habían caído en la típica **trampa del sexo**. Ella se acercaba a Ángel a través de los besos sin la intención de tener sexo, pero él entendía que los besos siempre traían algo sexual porque, por experiencia, asociaba ambas cosas. En esa misma sesión me contó que sus relaciones sexuales siempre empezaban besándose. Si las relaciones sexuales siempre empezaban con besos, aunque ahora la intención de ella fuera diferente, el aprendizaje por asociación tenía más peso.
3. El **miedo**.

A Ángel no le atraía en absoluto mantener relaciones sexuales en este momento porque había un miedo imponiéndose: hacerle daño al bebé. Un miedo irracional, dado que, por norma general, se sabe que mantener relaciones sexuales no afecta al bebé de manera negativa y, en su caso, tampoco había contraindicación médica al respecto.

A Marian, el hecho de interpretar que su pareja se estaba alejando le había activado el miedo irracional al abandono. Quizá pueda parecerte que había exagerado en su percepción. ¿Cómo vas a sentir miedo al abandono solo porque pienses que no atraes a tu marido? Pues sí, puede ocurrir en cualquier momento de la vida, pero especialmente cuando estás pasando por un momento tan vulnerable como un embarazo (y añado: o un posparto, o una depresión, o un duelo, o la búsqueda prolongada de un embarazo, o una enfermedad física que te destroza emocionalmente).

—¿Y crees que ese ratito de estar juntos por la mañana lo podríais recuperar? —le pregunté casi al final de sesión.

—¡Sí, claro! A mí me encanta. Mira, yo me levantaba rápido y hacía el desayuno, pero no porque no quisiera ese rato para los dos, sino porque creía que ella necesitaba dormir y descansar más. Pensaba que lo estaba haciendo bien.

—¿Y por qué creías eso?

—Porque Marian siempre me dice que está muy cansada y que no duerme bien por las noches.

—¿No se te ocurrió preguntarle si era eso lo que necesitaba?

—No, lo deduje. Me puse en su lugar y pensé que dormir un ratito más es lo que a mí me habría venido bien en su situación. Como siempre hablamos de que la empatía es importante…

—Pero, Ángel, la **empatía no es ponerse en el lugar del otro desde tu propia experiencia, es preocuparte por saber qué piensa, qué siente o qué prefiere la otra persona. Y para eso tienes que preguntar**.

Estaba claro que tenía que juntarlos a los dos en una sesión para hablar del tema. Ambos se dejaron llevar por su miedo, interpretaron lo que pudieron (porque sin comunicación efectiva no hay más opción que interpretar) y se encontraron con un problema de pareja.

Una vez juntos en consulta, ambos se abrieron de verdad y pudieron comprender los miedos y motivaciones del otro.

Heridas emocionales sin cicatrizar que se activan durante la relación

A veces cargamos con heridas emocionales que se mantienen latentes hasta que un día, sin saberlo, se activan y nos pasan factura en nuestras relaciones.

Cuando explico esto, siempre pongo el mismo ejemplo, porque creo que es una manera superfácil de entender a qué me refiero.

Pongamos que María Amparo tiene una relación con José Antonio.

Él es infiel, pero jamás se lo dice a ella.

María Amparo comienza a observar comportamientos raros en José Antonio, así que le pregunta por un par de ellos:

- Por qué da la vuelta al móvil y lo deja bocabajo cuando están juntos.
- Por qué tarda más de la cuenta en llegar a casa.

Ante estas preguntas, José Antonio responde que él no tiene nada que esconder y que es ella que se lo está imaginando. A todo esto, cuando él se pone nervioso, levanta mucho la ceja derecha.

Pasa el tiempo y, un día, María Amparo descubre que, en realidad, José Antonio sí le está siendo infiel. En ese momento, la relación termina.

María Amparo lo pasa realmente mal por la traición que supone una infidelidad. Este episodio en su vida la marca mucho: se siente muy poquita cosa, tiende a compararse con otras mujeres, piensa en todas las cosas que pudo hacer mal, se machaca por no haberlas hecho mejor y cree que jamás podrá volver a confiar en nadie.

Con el tiempo, María Amparo corre un tupido velo sobre lo ocurrido, mejora su estado de ánimo y conoce a un chico llamado José Luis con el que comienza una maravillosa historia de amor.

Un día, José Luis le da la vuelta al móvil y lo deja bocabajo mientras está con María Amparo.

En este momento, parece que la herida emocional de María Amparo quiere activarse y que el chihuahua de su cabeza empieza a sospechar de una posible amenaza.

María Amparo procura no rayarse, así que intenta concentrarse en otra cosa y lo deja pasar.

Otro día, queda con José Luis en su casa después del trabajo y él tarda más de la cuenta en llegar.

La herida emocional de María Amparo está al borde de la activación. Sin intención de liarla, cuando José Luis llega por fin, le pregunta directamente si está con alguien más.

José Luis se pone nervioso porque no entiende a qué viene eso y, en un momento de puro descontrol de sus gestos, su frente se arruga y realiza un microgesto en el que parece que arquea levemente la ceja derecha.

—¡Igual que hacía José Antonio! —exclama el hipocampo a la amígdala (chihuahua) de María Amparo.

El chihuahua de María Amparo se activa en todo su esplendor y se hace con el volante. Su mente la conduce un chihuahua poseído, lo que se traduce en un alto nivel de nerviosismo, preocupación, miedo y un comportamiento fuera de control.

María Amparo teme que de nuevo la vayan a traicionar y abandonar, y eso su chihuahua lo sabe, por eso se activa.

En realidad, José Luis es un hombre fiel, pero, debido a que se ha activado la herida emocional en María Amparo y esta, dado que no es consciente de ello, se está dejando llevar, le está cayendo un chaparrón tremendo.

Así es como una herida emocional sin trabajar puede activarse y activar con ello el miedo al abandono.

Parte del trabajo de María Amparo es, en efecto, conocer cómo su pasado afecta a su presente y observar con qué se activa la herida y de qué manera.

José Luis, si quiere seguir con María Amparo, también deberá trabajar con ella.

Como te decía más atrás, hay que continuar siendo un equipo a pesar del miedo. En el apartado «El miedo está presente en cada conflicto, pero se transforma en ira» veremos cómo se hace esto.

Un caso real de heridas emocionales sin cicatrizar que se activan durante la relación es el que le ocurrió a Adrián, un chico de treinta y ocho años.

Adrián tuvo en el pasado una relación de pareja en la que sentirse rechazado era la norma. Su relación con Gerardo comenzó siendo seria y estable, sin embargo, lo que Adrián vivió antes de que rompieran fue como navegar por el mar de la incertidumbre. Al parecer, Gerardo quería dejar la relación y no sabía cómo, así que, cada vez que Adrián le proponía quedar, le ponía excusas, como que estaba cansado, que se encontraba mal o que no podía porque ya había quedado. Adrián vivió todo esto con muchísimo nerviosismo. La actitud de Gerardo le hacía dudar constantemente («¿Me seguirá queriendo?», «¿Le seguiré interesando?», «¿Será que me va a dejar?»). Sin embargo, cuando le planteaba estas preguntas a Gerardo, este no decía la verdad y se escudaba en sus excusas.

De pronto, un día, Gerardo le comunicó por WhatsApp que no quería seguir con la relación. Para Adrián eso supuso una traición tremenda y un dolor insoportable; había estado mucho tiempo intentando convencerse de que todo iba bien, y, de la noche a la mañana, entendió que lo que había estado procurando negar todo este tiempo era, muy a su pesar, una realidad. Se sintió profundamente traicionado y le costó mucho superar aquello. Una herida emocional acababa de originarse.

Con el tiempo, Adrián se recuperó y se adentró de nuevo en la aventura de conocer gente. Parecía que el amor llamaba de nuevo a su puerta cuando Rubén llegó a su vida. Adrián estaba muy ilusionado, aunque también tenía muchísimo miedo de que la historia le volviera a salir mal.

Un día, en consulta, me contó algo que había sucedido en la relación: Adrián wasapeó a Rubén para quedar y este le respondió que ese día no podía. Automáticamente, su herida emocional se activó, su miedo al abandono apareció y su chihuahua se encendió. Me contó en sesión cómo de «secuestrado» se sintió por su propia mente en ese momento.

—No podía pensar en nada más que en que Rubén ya no quería nada conmigo. ¡En nada más! Intentaba pensar en las cosas buenas que estaba empezando a construir con él, pero no recordaba ninguna.

—¿Podrías decírmelas ahora?

—Sí, ahora puedo. Pero en ese momento no. Era completamente incapaz.

—Claro, tenías el chihuahua activado.

—Lo tenía activadísimo. Me pasé toda la tarde llorando y pensando: «¿Ves? Otro chico que tampoco quiere nada serio contigo». ¡Menudo bucle de mierda!

—Esa afirmación a la que dabas vueltas el otro día está sesgada.

—Sí, totalmente. Es el sesgo ese de confirmar lo que ya creías de antes.

—Sesgo confirmatorio.

—¡Eso! ¿Por qué se me activó ahí?

—Porque estabas en modo supervivencia y en ese estado de alerta el cerebro va un poco por libre, así que tiende a activar los mecanismos de siempre.

—¿Y lo nuevo que he aprendido?

—Sigue estando ahí, lo que pasa es que aún no lo tienes tan automatizado. Ese aprendizaje está en tu parte más racional y consciente del cerebro. Ten en cuenta que, cuando estás «secuestrado» por el chihuahua, se apaga la parte racional del cerebro.

—¡Ah! Ostras...

—¿Qué sentías en ese momento?

—Me sentí rechazado.

—¿Y qué emoción básica dirías que había detrás? Recuerda que las básicas son: ira, tristeza, miedo, felicidad, sorpresa y asco.

—Pues... —Reflexionó varios segundos—. Yo diría que miedo, aunque también lloré mucho y sentía rabia e incluso algo de tristeza.

—¿Cuál sería la que más destacarías de todas esas? La emoción raíz.

—El miedo, sin duda.

—Antes has dicho rechazo y ahora dices miedo. ¿Es posible que sintieras miedo al rechazo?

—Pues sí, ya lo creo que sí.

—¿Y esto no tiene relación con todo aquello que te pasó con tu ex?

—¡Es verdad! Me recordó a las mentiras de mi ex y la ruptura. Lo pasé fatal.

—Tu mente estaba reaccionando a esta situación actual como si aquello que ocurrió en el pasado estuviera volviendo a ocurrir.

—Tal cual.

—Pero lo que tienes con Rubén es otra relación. Rubén es otra persona.

—Lo sé...

Durante la sesión le pregunté qué pasó después. Me interesaba ver cómo había gestionado aquello, tanto a nivel individual como de pareja. Adrián pudo tolerar su malestar e intentó cuidarse y mimarse en casa mientras aquella tempestad pasaba. Rubén, por su parte, le llamó esa misma tarde para proponerle quedar otro día.

—¿Te sentiste mejor cuando te propuso otra quedada?

—Sí, mucho. Aunque ya estaba algo más calmado gracias a que puse en marcha alguna técnica de relajación y me distraje un poco; ahí pude calmarme algo más. Con esa llamada, Rubén me demostró que sí tiene interés en mí, y mi chihuahua comprobó que su versión de que no podía quedar era real, así que supongo que eso ayudó.

—Esto demuestra la importancia de conocer cómo funciona tu mente para saber cómo actuar, y la importancia de lo que haga la otra parte.

—Pues sí, porque yo puedo tratar de calmarme, y de hecho lo estaba consiguiendo, pero, si Rubén hubiera pasado de mí ese día, seguro que me habría puesto peor, aunque su intención no fuera hacerme creer que no había interés en la relación.

—¿Qué habría pasado si Rubén hubiera pasado de ti? —Quise ponerle en la peor situación posible.

—Pues me habría sentido fatal de primeras, y supongo que le habría dicho que eso no me gusta. Según cuál fuera su reacción y según si volviera a pasar algo así o no, ya vería lo que hacer. De todas formas, esas cosas, si se repiten, también son señales que me hacen ver que ahí no es. No me gusta esa forma de actuar.

Las siguientes semanas, Adrián trabajó en su escáner positivo: hizo una lista de las cosas buenas que estaba empezando a construir con Rubén para que, en momentos de vulnerabilidad, no se aferrara a lo que su amígdala/chihuahua le gritaba. También trabajamos en un plan de acción para llevar a cabo en esos momentos de activación y bucle, repasamos las distorsiones cognitivas que aparecían en esos instantes y analizamos las consecuencias exactas que esa activación podría acarrear (más adelante tienes las instrucciones para hacerlo tú). La activación de su herida emocional sin una buena gestión podía condicionar de manera extrema su percepción de las relaciones de pareja y, por ende, su relación actual, y eso era algo que queríamos evitar.

Infidelidad

Tras una infidelidad cuesta muchísimo remontar la relación y cualquier motivo puede activar la desconfianza en el otro y, por ende, el miedo al abandono.

Rupturas previas con la misma pareja

Situaciones que recuerden rupturas previas con la misma pareja con la que se está pueden activar el miedo al abandono porque es algo que ya se ha experimentado. Recuerda que el cerebro tiende a almacenar las cosas que considera importantes.

En este caso, aparte de aportar seguridad en la relación (como veíamos en el capítulo nueve), es superimportante hacer un trabajo parecido al que hicieron Joaquín y su pareja: la pareja de Joaquín le recordaba constantemente que una discusión era un espacio más de comunicación y que, aunque fuera incómodo, no implicaba que lo fueran a dejar. A veces es bueno recordar que lo que tememos no va a suceder.

Cambios vitales

Tendemos a querer perpetuar las cosas, y es normal, la estabilidad nos aporta mucha calma. Sin embargo, los cambios vitales a veces son irremediables y, además, siempre conllevan crisis. El problema es que con las crisis nos pasa como con los conflictos, los asociamos a una ruptura. Sin embargo, que en una relación haya una crisis no quiere decir que la relación vaya a acabarse. De hecho, las crisis también pueden ser oportunidades de mejora. Tras una, la relación cambiará, sí, pero probablemente a mejor porque, tras ella, habremos dado un paso más. Por el contrario, si la relación no sobrevive, es que la cosa no iba bien desde antes y el cambio vital ha puesto en evidencia las deficiencias de la estructura.

En los cambios importantes de la vida hay que redefinir la relación. Esto puede activar la incertidumbre y, por ende, el miedo al abandono:

- «¿Querrá la otra persona asumir estas nuevas responsabilidades?».
- «¿Qué pasará si, a partir de ahora, nos vamos a ver menos que antes?».
- «¿Y si no sale bien este paso que daremos?».
- «¿Cómo nos organizaremos?».

Hay muchos tipos de cambios vitales: el comienzo de una convivencia, cambios de trabajo, mudanzas, ir a vivir a otra ciudad, matrimonios, divorcios, nacimiento de un hijo, enfermedad grave, crisis financiera…

Relaciones a distancia

La distancia física en una relación, especialmente de pareja, es complicada de manejar. Cuando hay distancia en una relación, hay que apañárselas muy bien para tratar de hacer sentir a la otra persona que estamos ahí; de lo contrario, la pérdida de la comunicación no verbal y del contacto físico hace que podamos sentirnos distanciados emocionalmente, lo que puede activar el miedo al abandono.

Algunos tips que pueden servirte:

- **Comunicación constante.** Puede que os separen unos cuantos kilómetros, pero os tenéis que sentir cerca.
- **Potenciad vuestras habilidades de comunicación verbal.** Dado que todo lo demás se pierde, es importante mostrar todo el cariño posible con palabras.
- **Planead citas por videollamada.** Podéis cenar juntos, ver una peli, quedar para hablar, para jugar a algún juego online… ¡Sed creativos!
- **Planead citas en persona.** Si la distancia es mucha, podéis quedar cada vez en un punto diferente y aprovechar para visitar nuevos lugares.
- **Estableced metas comunes.** Mantener una visión compartida de futuro os ayudará a manejar la distancia.
- **La distancia tiene que tener fecha de caducidad.** De lo contrario, la espera puede hacerse eterna. La idea es que una relación a distancia no se mantenga durante mucho tiempo.

Mostrarse tal cual uno es

Aunque mostrarse tal cual somos es deseable porque es como más a gusto estamos con los demás, a veces da miedo porque somos conscientes de que existe una posible amenaza: que al otro pueda no gustarle cómo somos en realidad, y entonces nos rechace y nos abandone.

Intentar ser alguien que no eres para gustar no resulta nada atractivo. ¿Cómo va a gustar una persona que es todo fachada?

La sinceridad se nota y la falta de sinceridad también. Ser alguien que no eres no se sostiene en el tiempo y, si eres capaz de sostenerlo, te agotas. Puede que a corto plazo la aceptación genere cierta satisfacción, pero, a largo plazo, se sufre menos cuando te rechazan por lo que eres que cuando te aceptan por lo que intentas ser. A veces, especialmente cuando somos jóvenes, no somos capaces de ver esto y necesitamos que el grupo nos acepte a toda costa, pero, cuando crecemos, nos damos cuenta de que no vale de nada que alguien nos aplauda por algo que hemos hecho o dicho si no nos sentimos a gusto con nosotros mismos. Madurar también es esto.

El miedo a mostrarnos como somos surge del temor a mostrar nuestra vulnerabilidad. Abrirnos en canal y exponernos emocionalmente implica barajar la posibilidad de ser rechazado o abandonado, lo que a su vez conecta con el **miedo a que nos hagan daño**.

«Tengo miedo de que me hagan daño» es una frase que he escuchado muchas veces, y no, no se refiere a un daño físico, sino emocional.

Entiendo perfectamente que este miedo pueda aparecer cuando iniciamos relaciones nuevas, sobre todo si antes hemos tenido malas experiencias. Cuando este miedo está presente, nos cuesta mucho intimar, confiar y mostrar nuestra vulnerabilidad. Así, iniciamos una serie de conductas evitativas «por lo que pueda pasar», llegando a caer en actitudes defensivas, de desconfianza e incluso de autosabotaje. Estos comportamientos de autosabotaje normalmente aparecen acompañados de dos pensamientos opuestos que pelean entre sí:

> «Quiero una relación»
> *versus*
> «No quiero una relación porque he aprendido a través de mis experiencias pasadas que relación implica daño y sufrimiento»

Lo que da lugar a personas que dicen unas cosas y hacen otras o que ceden a todo con tal de no generar conflicto y eliminar la mínima posibilidad de sufrimiento.

Las personas que tienen miedo a que les hagan daño en las relaciones han de entender que, si quieren establecer relaciones con los demás, jamás estarán libres de esta posibilidad. Quizá suene desesperanzador, pero, igual que no podemos evitar enfermedades o muertes, tampoco podemos evitar que alguien nos haga daño, consciente o inconscientemente, porque no podemos controlar lo que hacen o dejan de hacer los demás (recuerda, no puedes tener el control absoluto). El único poder que tenemos en estas situaciones, si se dan, es el de ser conscientes de cómo algo nos está afectando y salir de ahí, por eso **no tengas miedo a mostrar tu vulnerabilidad en una relación**. Según cuál sea la reacción de la otra persona, te darás cuenta de si merece la pena o no. Si esa persona es para ti, abrirte emocionalmente os ayudará a fortalecer la relación. Si no es para ti, mostrar lo que sientes te habrá permitido ver una reacción que no va contigo. Esto te ayudará a salir de esa relación lo antes posible. Mostrarte vulnerable te ahorrará muchas decepciones en el futuro. Las reacciones de los demás nos dan mucha información sobre cómo son y qué tipo de relación podemos tener con ellos.

Poner límites

Poner límites también está relacionado con el miedo al abandono.

Hay personas que han aprendido que poner límites no mola, y solo pensarlo les genera una sensación de vértigo tremenda. ¿Por qué? Mira este curioso esquema.

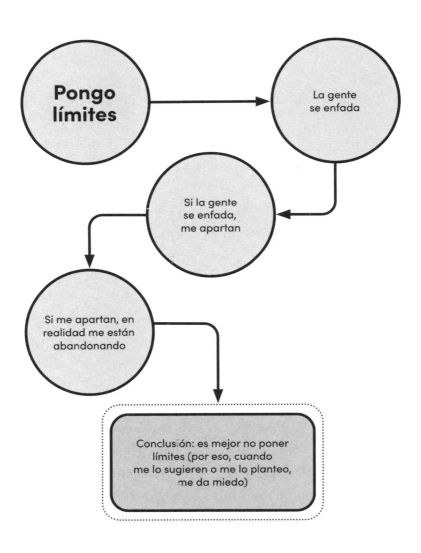

Es posible que algunas personas se hayan enfadado cuando has puesto límites, y es justamente por eso por lo que nunca más los has vuelto a poner.

Recordemos que nuestro cerebro interpreta el abandono como una amenaza, así que, cuando procesa que hay una mínima posibilidad de ello, recula y vuelve a usar sus estrategias de siempre, como, por ejemplo: ceder a todo o hacer favores.

Muchas veces solo nos sentimos cómodos poniendo límites si vemos que la otra persona los acepta bien, pero, si creemos que un límite va a generar conflicto, no nos atrevemos a ponerlo. No obstante, no podemos olvidar que para cuidarnos es necesario poner límites, aunque esto no siempre guste a los demás. Es legítimo que a alguien no le guste que le limiten, pero hay que saber que muchas veces la respuesta del otro tiene más que ver con su historia que con la tuya.

Tenemos que aprender a sostener el «no gustar».

Te voy a contar con una metáfora para que puedas ver más claro por qué, cuanto más cedes con las personas de tu alrededor, más egoístas se vuelven estas personas, y por qué, cuando decides poner límites, terminas reculando.

Me gustaría que entendieras los conceptos altruismo y egoísmo sin las connotaciones sociales de buena o mala persona que, respectivamente, les solemos asociar.

- El egoísmo es una actitud centrada en el interés propio (personas que reciben).
- El altruismo es una actitud enfocada en el bienestar de los demás (personas que dan).

Dicho esto, imagina dos polos opuestos (altruismo-egoísmo) separados por una línea continua.

Entre estos dos polos opuestos hay una línea que marca dónde empieza el altruismo y dónde el egoísmo.

Para cada polo opuesto, hay otras dos líneas más que marcan dónde empiezan los extremos. Entrar en ellos equivaldría a actuar, pensar y sentir de manera disfuncional (los extremos en psicología nunca son buenos).

La persona que da, por definición, es altruista y, como consecuencia, la que recibe es egoísta. Recordemos, esto no va de buenas ni de malas personas, va de personas que dan y personas que reciben.

Por cada paso hacia el altruismo de la persona que da, la persona que recibe da uno hacia el egoísmo.

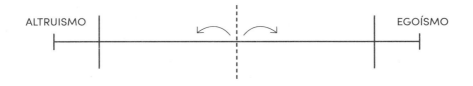

A lo largo del tiempo, las relaciones tienden a estar marcadas por patrones y estilos de comportamiento. Esto quiere decir que, una vez escogida esa tendencia, si no existen límites, la persona altruista será cada vez más altruista y la persona egoísta será cada vez más egoísta…

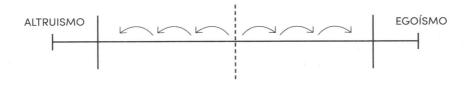

… hasta llegar a un punto en el que traspasen esa línea que marcaba los extremos y lo disfuncional.

Poco a poco, la zona extrema se convierte en la zona de confort para cada una de ellas. Por muy sorprendente que parezca, el ser humano es capaz de acostumbrarse a todo.

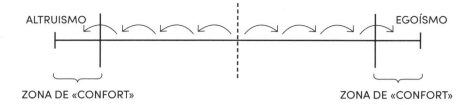

Un día, la persona altruista se da cuenta de que, de tanto dar, se está desgastando, así que decide poner límites, pese al miedo y la incertidumbre acerca de cómo pueda reaccionar la otra persona. Al poner límites, sale de lo que con el tiempo se ha convertido en su zona de confort (que de confort realmente tiene poco).

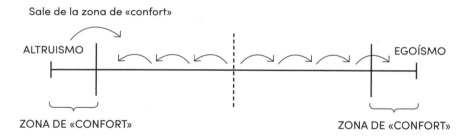

Al salir de esa zona, la persona que ejerce el rol de egoísta en la relación también sale por consecuencia directa.

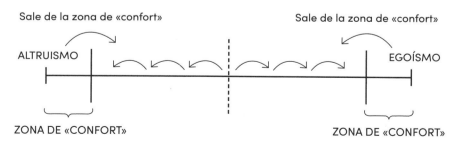

Una vez que las dos personas están fuera de su respectiva zona de confort, es habitual que la altruista reciba, por parte de la persona egoísta, comentarios de este tipo:

- «Has cambiado».
- «Tú no eres así».
- «Me has decepcionado».
- «No me esperaba esto de ti».
- «No creo que esto vaya a salir bien».
- «Mira, mejor lo dejamos porque esto no es propio de ti».

¿Por qué sucede esto? Aquel que hasta el momento solo recibía nota que, de repente, deja de recibir.

Cuando empiezas a poner límites donde antes no los ponías, es normal que los demás se asusten o muestren su disconformidad.

Es normal que note una diferencia, puesto que el cambio de actitud (salir de la zona de confort) resulta brusco en comparación con el cambio progresivo hacia los extremos. Los cambios progresivos no se perciben de manera tan agresiva, ni siquiera aunque eso suponga actuar desde los extremos.

En este punto, la persona que actúa de forma altruista tiene dos opciones:

1. **Volver a la zona de confort, no poner límites, que todo vuelva a la «normalidad» y hacer como que aquí no ha pasado nada.**

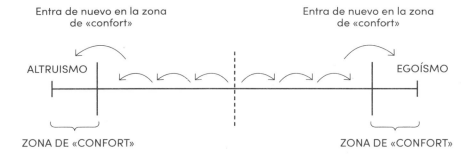

2. Mantenerse firme, pese al miedo.

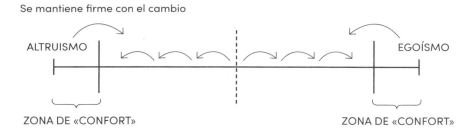

Tú y yo sabemos que, pese a que la segunda opción es la más difícil, es la mejor.

A veces también puede ocurrir que la persona egoísta salga de la zona de confort de uvas a peras. Esto, como consecuencia, también hace que la persona altruista salga de su zona de confort y, además, puede tener asimismo un impacto en la relación.

La persona egoísta: siente que se está esforzando mucho por la relación (claro, acostumbrada a no hacerlo, cualquier movimiento que le haga salir de la zona de confort lo magnifica).

La persona altruista: puede generar malestar cuando percibe que la otra persona se está esforzando (está acostumbrada a esforzarse únicamente ella y que el otro solo reciba), así que tiende a magnificar las atenciones que recibe de la persona egoísta.

Las relaciones sanas son equilibradas, y esto no es equilibrado.

Cabe decir que, siendo realistas, una relación no siempre es 50/50. A veces es 30/70 o 65/35, porque la vida no es fácil y a menudo surgen impedimentos, así que unas veces toca dar más y desempeñar el rol altruista y otras veces toca recibir más y ser el egoísta. Pero eso sí, lo importante es que, a la larga, haya un equilibrio y no nos encerremos en roles extremos.

Trabajar el miedo al abandono

> El abandono implica dolor y sufrimiento. El miedo al abandono es, por lo tanto, la posibilidad de que algo doloroso esté esperándonos a la vuelta de la esquina.

Según un estudio de la Universidad de California, el dolor emocional de sentirse rechazado o excluido es similar al dolor físico, neurológicamente hablando.

Cuando una persona siente dolor físico (una herida, una lesión, una fractura…), se activa la corteza cingulada anterior. Esta zona del cerebro es la misma que se pone en marcha cuando nos sentimos rechazados. En otras palabras, el sentimiento de exclusión nos provoca el mismo tipo de reacción que la que podría causar un dolor físico.

El ser humano tiene la necesidad de pertenecer o de estar socialmente conectado con otras personas y el dolor puede ser el mecanismo que el cerebro usa para informarnos de que estar solos a la fuerza y sin escogerlo no es deseable para nosotros.

Interesante, ¿verdad?

Cuando planteo el miedo al abandono como algo importante que hay que trabajar en las relaciones, la gente, por norma general, no reconoce tener miedo al abandono. Sienten que es algo que no va con ellos y con lo que no se identifican. Sin embargo, creo firmemente que con este concepto pasa como con el de las heridas emocionales: nadie identifica tener heridas emocionales hasta que les cuentas qué son.

Es posible que a ti te haya pasado algo parecido y que, tras leer el apartado anterior, hayas identificado este miedo en algunas situaciones de tu vida. Recuerda que el miedo sabe camuflarse muy bien y que a veces se esconde en cosas que, aparentemente, no tienen nada que ver con él.

Si es así, me gustaría aportarte más recursos para trabajarlo. Aunque ya hemos visto algunos, quisiera hacer hincapié en otros para que este trabajo sea lo más completo posible y para explicarte algunas cosas más que también se esconden en los problemas que nos pueden surgir en el día a día con nosotros mismos y con los demás.

Aprende a estar a solas

Saber estar solo es importante para perder un poquito el miedo al abandono. Por el momento, si nuestro cerebro entiende que no puede estar bien si no está constantemente rodeado de personas (o de esa persona en cuestión), interpretará el estar a solas como una amenaza. Esto nos lleva a otro miedo (ya te dije que estaban todos muy relacionados): al **miedo a estar solos**.

A mí me encanta estar sola, me encanta compartir tiempo conmigo misma, disfrutar del silencio y de mi propia compañía; sin embargo, sé que hay muchas personas que odian estar solas, y lo entiendo. Estar a solas con uno mismo y los propios pensamientos da miedo, **porque te escuchas más y, si lo que oyes son problemas y preocupaciones, generas ansiedad**.

Hay personas que hacen muchas cosas y están con mucha gente para no estar a solas con sus propios pensamientos. De esta manera nunca se escuchan y nunca dan forma ni salida al ruido mental.

Aprender a estar solo empieza por tolerar el malestar que supone el ruido mental.

Asociamos la soledad con el malestar que supone la carga mental y el vacío emocional, pero la soledad no tiene por qué ser eso siempre que tú la escojas. Evidentemente, si ese no es el caso, si te la imponen o te la impones, puede llegar a ser una tortura: abordar un miedo de manera obligatoria y solo porque es bueno para ti hacerlo es como comerte un plato de brócoli a disgusto solo porque lo necesitas; cada vez le irás cogiendo más asco, por muy bueno que sea para tu salud.

Recordemos que durante la pandemia del la COVID-19 en 2020 todos nos encerramos en casa por obligación y como una medida buena para nuestra salud física (que no emocional). Hubo gente que se tuvo que enfrentar a una soledad no deseada de la noche a la mañana, lo que los llevó a una exposición repentina y brusca a algo aversivo. Ahí comprobamos como sociedad que la soledad impuesta, ya sea a título individual o como núcleo familiar, se tolera peor.

Apoyarte en alguien de confianza cuando lo necesitas es sano, pero procurar tener siempre a alguien alrededor porque no toleras ni una pizca de malestar no lo es.

Si te apetece trabajar el estar a solas, puedes empezar por esto:

1. Tienes que aprender a tolerar un poquito el malestar

Pero un poquito es un poquito. Sí, al principio será desagradable porque no estás acostumbrado, pero luego ese malestar irá desapareciendo. Lo que no hay que hacer es darse un atracón de soledad para aprender cuanto antes a estar solo. No por mucho madrugar amanece más temprano. Ve poco a poco.

Una vez, una paciente, en su primer intento de aprender a estar sola, me dijo que lo probó durante todo el fin de semana, pero que se agobió muchísimo. ¿Cómo vas a aprender a estar a solas y que eso te parezca agradable si lo que estás haciendo es atiborrarte de soledad? Estás poniendo en marcha una estrategia de aversión. Es como si al que le apetece un cigarro le recomiendo que fume veinte de golpe, le van a sentar fatal y, por asociación, le va a coger asco a eso de fumar. O como si te gusta la pizza y comes pizza durante tres días seguidos a todas horas, al final la aborreces.

Puedes empezar a aprender a estar solo dedicándole un ratito el fin de semana: una mañana, una tarde y, si eso te parece mucho, también puedes iniciarte estando solo nada más que durante unas horas.

2. Escribe lo que tu mente grita

Dale salida a lo que tienes en la mente, no lo dejes ahí. En la cabeza, las cosas se hacen bola y parecen más de lo que son; cuando las escribes, van organizándose. Así que, si observas que tu mente no para y eso te abruma, coge papel y boli, y apunta.

3. Convierte tus ratitos de soledad en momentos que te hagan sentir bien

¿Qué es lo que te hace sentir bien de estar acompañado? Que te lo pasas bien, que te ríes, que estás a gusto, ¿no?

Pues vamos a trasladar la misma fórmula a esta situación. Vas a crear un ambiente guay para cuando estés solo que te genere las mismas sensaciones positivas. Esto nos lleva al paso 4.

4. Trabaja el autoconocimiento

Conócete para saber qué cosas te gusta hacer y aprovecha los ratos en que estás solo para hacerlas. Así conseguirás generar bienestar y tu mente asociará ese momento con el estado emocional.

Recuerda que aprender a estar solo es un proceso gradual, y que puedes empezar estando a solas unos minutos y, con el tiempo, ir extendiendo cada vez más este ratito.

5. Mantente alejado de las redes sociales

No vale pasar un rato a solas conectado a las redes sociales. Se trata de estar a gusto contigo mismo, no de dedicar el tiempo a deslizar el dedo por la pantalla y entrar en ese bucle de autodestrucción dopaminérgico.

Acepta la incertidumbre

Recuerda lo que te decía en el capítulo siete, no puedes controlarlo todo. Parte del miedo al abandono está relacionado con el deseo de controlar lo que va a pasar y, por ende, de controlar el dolor.

Céntrate en el presente

Este tip se puede trabajar con las estrategias que vimos en el capítulo dos.

Vive el ahora, no anticipes el abandono y, si te cuesta porque el chihuahua te secuestra, recuerda todo lo que vimos en el capítulo seis.

Evalúa tus creencias irracionales

Nunca está de más revisar la azotea y observar qué pasea por tu cabeza. Recuerda el capítulo cinco y todas las distorsiones cognitivas y sesgos. A menudo están ahí, agazapados, esperando el momento. ¡Intenta pillarlos!

Identifica estrategias que ya no te sirvan

Me explico.

A veces usamos estrategias (como las que veíamos anteriormente de acercamiento o evitación) que no nos sirven y que, a menudo, incluso resultan contraproducentes. Si te has visto reflejado en alguna de ellas, intenta cambiarla.

Trabaja tu interdependencia

Recuerda que, en las relaciones, igual que hay una parte en común, también hay una parte individual.

Es importante aprender a construir relaciones en las que, además de compartir parte de nuestra vida, tengamos tiempo para desarrollar intereses propios.

Los refugios son espacios en los que nos tenemos que sentir a salvo de cualquier mal que pueda ocurrirnos fuera.

Hay personas que tienen físicamente esos refugios (por ejemplo, una habitación de su casa) y personas que los construyen imaginariamente o que los viven a través de experiencias como el baile, la escritura, la pintura, la confección, etc.

La única condición para que algo sea un refugio es que no debe depender de nada más que de ti mismo.

El mío, por ejemplo, es la escritura. Me puedo pasar horas y horas escribiendo sobre lo que sea. Lo mismo escribo este libro que escribo una novela en la que evadirme o un diario en el que reflejar cómo me siento. Para mí, escribir es mi refugio, un espacio en el que soy yo misma, sin obligaciones y sin imposiciones. ¿Cuál es el tuyo?

Apóyate en los demás

Ya sabes lo importante que es esto.

En cualquier relación, la empatía, la comprensión y el acompañamiento pueden ayudar a aliviar los miedos. Muestra tu vulnerabilidad.

El miedo está presente en cada conflicto, pero se transforma en ira

Más allá de que el miedo al abandono pueda surgir ante un conflicto, en este apartado vamos a hablar del miedo en general. De cualquiera que pueda aparecer por cualquier motivo en cualquier discusión.

Los miedos tienden a activarse en los conflictos y suelen distorsionar la forma en la que percibimos las acciones de los demás, haciéndonos interpretar situaciones cotidianas como amenazas. Además, el miedo puede invitarnos a actuar de manera defensiva desde la ira. Esto sucede porque, neurobiológicamente hablando, ambos estados emocionales comparten circuitos neuronales y mecanismos similares en el cerebro.

> Del miedo a la ira hay un paso.
> El miedo puede transformarse en ira como una forma de protegerse o defenderse ante una amenaza percibida.

Sentir miedo e ira en un conflicto también es tener una amígdala en modo supervivencia (o un chihuahua alterado y listo para atacar), e intentar resolver un conflicto relacional con una amígdala activada es como tratar de matar moscas a cañonazos.

Esto se ve así:

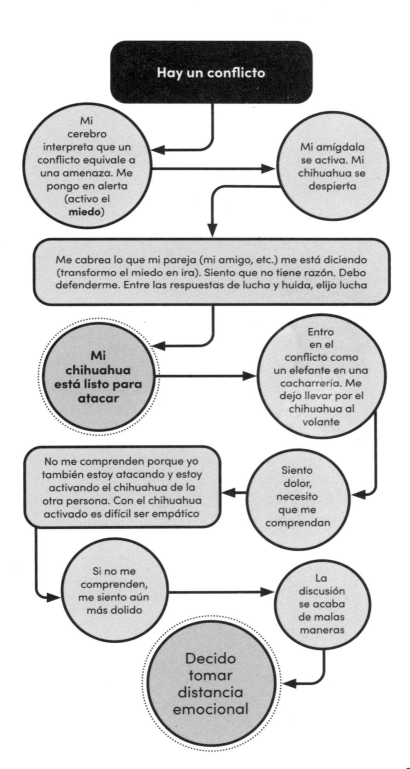

Aquí tenemos la explicación de por qué la mayoría de los conflictos no se resuelven de manera amistosa si nos dejamos llevar por los impulsos de nuestro cerebro y no nos entrenamos.

¿Qué pasa llegados a este punto? ¿Recuerdas que en el capítulo seis te hablaba del **secuestro amigdalar**? Es hora de recuperar el concepto.

Cuando el chihuahua (cerebro emocional) se hace con el control, el cerebro racional se apaga y solo puedes prestar atención a aquello contra lo que el chihuahua quiere que reacciones. Por mucho que te plantees no decir esto o lo otro, con una amígdala activada te costará muchísimo no hacerlo.

En el capítulo seis lo veíamos aplicado a situaciones en las que el miedo y la ansiedad se apoderaban de nosotros y, aunque ahora hablamos de ira, el mecanismo es el mismo.

Vamos a ver una representación visual de cómo sería exactamente eso del secuestro amigdalar. En *Me quiero, te quiero* te lo mostraba para hablar de la dificultad a la hora de hacer el contacto 0; en este caso, vamos a verlo aplicado a situaciones en las que la ira se dispara y el chihuahua se apodera de nosotros en un conflicto relacional.

En este dibujo, cada escalón representa un estímulo con carga emocional. Así, cada escalón en este contexto corresponde a comportamientos, mensajes y actitudes que la otra persona emite y que a ti no te gustan, te enfadan y te irritan.

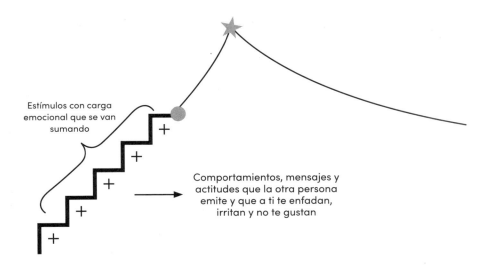

Aquí tienes algunos ejemplos de situaciones en general:

1. Que le pida que baje la basura y no la baje.
2. Que le haya dicho muchas veces que algo me molesta y lo siga haciendo.
3. Que no tenga en cuenta que odio ir con prisas a los sitios y, aun así, hayamos vuelto a salir tarde de casa.
4. Que me repita siete veces lo mismo.
5. Que hayamos quedado a las 15.00, sean las 15.30 y aún no haya aparecido.

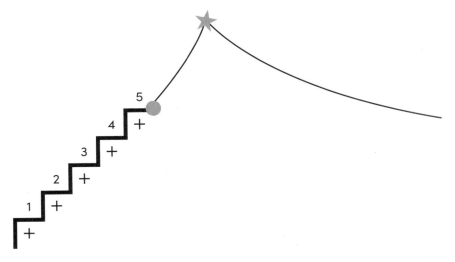

Esos estímulos, como ves en el esquema, se van sumando unos a otros y van añadiendo intensidad emocional al momento. Tras esta suma de estímulos lo siguiente es que llegues a tu «punto de no retorno», es decir, el momento en el que ha habido suficiente activación cognitiva, fisiológica y emocional como para que tu chihuahua se active, se ponga tras el volante y tu conducta y tu mente se descontrolen (no es que te vuelvas un autómata, pero digamos que en ese momento te cuesta más razonar las cosas y pensar como una persona adulta).

Veamos esta fase con un ejemplo de conflicto que va en escalada. En primer lugar, se dan estímulos con carga emocional que se van sumando:

1. Le he transmitido una queja y siento que para mí no es suficiente con la conversación que hemos tenido.
2. Encima no me dice nada.
3. Ni me mira.
4. Pienso que quizá le dé igual.
5. Ahora se pone a ver la tele… ¡Vamos, que se la pela todo!
6. Hasta los mismísimos estoy, se va a enterar.

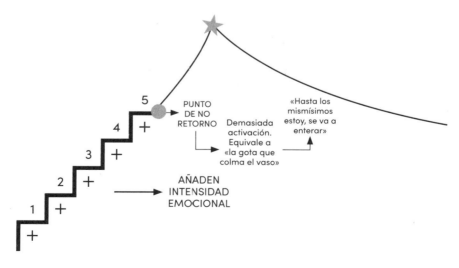

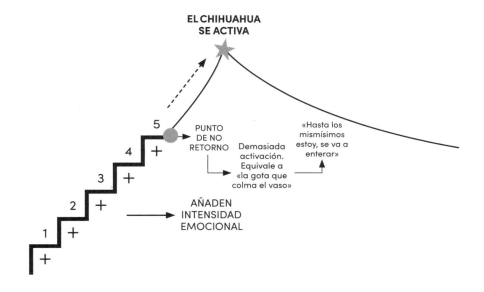

Una vez que tu chihuahua se activa, ya no hay vuelta atrás y lo único que te queda es subir rápidamente en intensidad hasta actuar de manera emocional e impulsiva.

¿Cuándo vuelves a la calma? Cuando tu chihuahua se tranquiliza, es decir, cuando tu mente interpreta que ya no estás ante ese estímulo peligroso del cual tienes que defenderte y relajas tu mente y tu cuerpo.

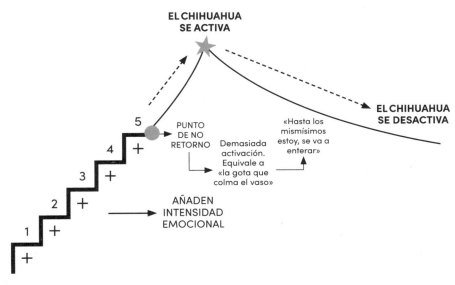

Una vez relajados, en frío y con el cerebro racional ya activo, nos arrepentimos de lo que hicimos en caliente.

Esto que te cuento no es una justificación de cualquier comportamiento ni una excusa para hacer siempre lo mismo, es una explicación sencilla y metafórica de lo que está pasando en tu mente.

Al saber con detalle lo que sucede en esos momentos, es más fácil abordar el problema.

Estrategias para manejar la ira

Hay una manera de lograr que el chihuahua no se descontrole: frenar cuando aún puedes hacerlo; es decir, cuando identificas que estás subiendo escalones, porque en ese momento todavía no estás con el chihuahua desbocado, así que, fisiológica, emocional, cognitiva y conductualmente hablando, tu cuerpo te va a permitir tomar consciencia de la situación y frenar. Para identificar que estás subiendo escalones, debes reconocer cuáles son esos peldaños, es decir, qué cosas te llevan a activarte.

Esto es algo que podéis trabajar solos o en equipo. Tratad de responder a las siguientes preguntas:

PREGUNTAS INDIVIDUALES (para que respondáis individualmente, por separado)	PREGUNTAS EN EQUIPO (para que respondáis conjuntamente)
Sobre mí: • ¿Qué situaciones que pueden suceder en la relación me llevan a sentir enfado? Identifica tus disparadores • ¿Qué reacciones suelo tener cuando mi chihuahua se activa? • ¿Qué consecuencias suelen tener esas reacciones? • ¿Me gustan esas consecuencias? ¿Por qué? • ¿Cómo me gustaría reaccionar? **Sobre la otra persona:** • ¿Reconozco las reacciones del otro cuando su chihuahua se activa? • ¿Cómo me hacen sentir? • ¿Cómo me gustaría que reaccionara?	• ¿Qué soluciones podemos poner en marcha? • ¿Podemos aportar algo diferente a lo que ya hacemos?

Una vez identificados los estímulos que nos llevan a activar nuestro chihuahua y comentados otros posibles escenarios y soluciones, es el momento de pasar a la práctica. A continuación, te voy a dar una serie de autoinstrucciones para que sepas de qué manera empezar. Puedes modificarlas y personalizarlas todo lo que quieras.

Autoinstrucciones para manejar al propio chihuahua

Recuerda que el enfado, como cualquier emoción, es sano sentirlo y tiene una utilidad. No está mal sentir ira, lo malo es que se apodere de nuestra conducta y resulte una emoción arrolladora. También necesito que recuerdes que las emociones no se van cuando nosotros queremos que lo hagan, se van cuando ellas quieren. Lo importante, para que no nos generen más malestar del necesario, es qué hacemos mientras están presentes.

Sigue las siguientes autoinstrucciones cuando estés enfadado y quieras manejar tu enfado de diferente manera, sin dejarte llevar por el chihuahua.

1. Identifico mi emoción. ¿Es ira o enfado lo que siento?
2. ¿Qué reacciones físicas, pensamientos y conductas tengo en este momento?
3. ¿Qué ha pasado para que sienta esta emoción?
4. ¿En qué punto de la activación estoy? ¿Podría frenar ahora mismo?
5. Tengo que recordar que la ira servía para «luchar». ¿Contra qué tengo que luchar exactamente? ¿Qué veo de amenazante en el entorno para que me sienta de esta manera?
6. ¿Acaso la otra persona es mi enemiga?
7. ¿Qué es lo bueno que puedo conseguir de esto que siento? Voy a intentar ver el lado bueno de esta emoción. Si siento ira, es porque, de alguna manera, necesito poner límites, quejarme de algo o comunicar alguna cosa. Tal vez pueda hacer todo eso sin que mi chihuahua despierte.
8. Si me activo demasiado, mi sistema nervioso simpático se pondrá en marcha. Mi cerebro interpretará que tengo que defenderme de un peligro, mi chihuahua despertará y es posible que no pueda pararlo. En ese caso, puedo llegar a perder la razón solo por mis formas y generar una escalada en la discusión que no me aportará nada.
9. ¿Normalmente, suelo arrepentirme de mis reacciones cuando «todo pasa»?

10. ¿Qué me gustaría evitar tratando de abordar la situación de diferente manera?
11. Si normalmente suelo arrepentirme, quizá deba actuar en esta ocasión de otra manera.
12. ¿He llegado adonde estoy por no haber puesto el límite antes?
13. Voy a echar un vistazo a la lista de cosas que respondí a la pregunta del ejercicio anterior: «¿Cómo me gustaría reaccionar?».
14. Antes de poner en marcha cualquier conducta, respiraré tranquila y profundamente para calmar mi activación fisiológica.
15. Si lo necesito, me despejaré yendo a otro sitio o haciendo alguna cosa que me ayude a calmarme, para luego poder seguir hablando. Si elijo irme a otro sitio y eso afecta de alguna manera a mi pareja (amigo, familiar, etc.), he de decirle que me voy, pero que mi intención es volver y retomar el tema cuando esté más tranquilo, porque para mí la relación y estar bien es importante. La otra persona necesita entender por qué me voy.
16. ¿Qué ha dicho o ha hecho el otro para sentirme así de mal?
17. ¿Por qué creo que él o ella se puede sentir así? Intentaré practicar la empatía.
18. Es posible que algo de razón tenga, aunque en este momento no sea capaz de verlo. Y, si creo que no la tiene de ninguna manera, tengo que intentar validar lo que siente antes de confrontar y explicar mi punto de vista. La empatía calma.
19. Cada persona tiene su propio marco de referencia y su forma de entender las cosas y de actuar.
20. Es importante recordar que todos cometemos errores.

21. Es mejor no hacer interpretaciones de sus intenciones y preguntar cuando hablemos.
22. Quizá estoy catastrofizando (pensar en el peor resultado posible) o generalizando (pensar en términos como «nunca», «nada», «siempre», etc.). ¿Encuentro alguna otra distorsión cognitiva más en todo lo que está pasando por mi mente en este momento? (Capítulo cinco).
23. ¿Qué es lo peor que puede pasar por lo que ha dicho o hecho? ¿Cómo afecta a nuestras vidas o a mi vida?
24. ¿En este momento puedo valorar algo positivo de lo que normalmente suele hacer el otro? Cuando estamos enfadados, activamos el escáner de las cosas negativas y nos cuesta mucho valorar las cosas buenas de la relación o de lo que la otra persona aporta. Quizá eso me ayude a ver que no todo es tan malo siempre y que ahora estoy muy enfadado porque estoy centrándome en este tema.
25. ¿De qué manera puedo resolver la situación junto a la otra persona?

Autoinstrucciones para acompañar el manejo del chihuahua de la otra persona

1. Mi pareja (amigo, familiar, etc.) siente enfado ahora.
2. Yo también estoy enfadado, pero tenemos que intentar no dejarnos llevar por el chihuahua.
3. Es mejor no hacer interpretaciones de sus intenciones o pensamientos. Le preguntaré qué le ocurre.
4. Antes de iniciar una conversación, es mejor que respire profundamente e intente relajarme. Tenemos que mantener la actitud de equipo.

5. Mi objetivo es solucionar el problema y entender a qué se debe esa emoción y cómo puedo ayudar.
6. Si la otra persona está muy activada, puedo recordarle el fenómeno del secuestro amigdalar y cómo eso nos afecta en las discusiones.
7. Puedo marcharme y dejar sola a mi pareja hasta que se le pase. Le preguntaré si es eso lo que necesita (tiempo fuera). Si me dice que sí, me iré, pero no sin antes decirle: «Voy a estar haciendo equis cosa. Si necesitas hablar, puedes llamarme en cualquier momento. Recuerda que te quiero». Cuando retomemos la conversación, puedo decirle cómo me siento cuando reacciona así y pedirle que me explique qué le sucede, porque quiero ayudar.
8. No contestaré a las ofensas, si las hubiera.
9. Voy a pedirle que se siente y me cuente de una forma calmada lo que le sucede y cómo puedo ayudarle.
10. Validaré lo que siente, aunque no esté de acuerdo o no me parezca lógico el argumento que está exponiendo. Es importante validar las emociones para calmar al chihuahua, porque para la otra persona sí hay una lógica entre emoción y pensamiento. Luego tendremos tiempo de ver otras perspectivas. Si de primeras entro a ver otros puntos de vista o a contarle mi opinión, mi pareja (amigo, familiar, etc.) no se sentirá escuchada ni comprendida, y eso la activará más. Tengo que recordar que la empatía calma.
11. No pienso contratacar.
12. Puede que yo también me canse y me agote. Si necesitara una pausa para despejarme y darle una vuelta al tema, se lo haré saber, pero dejándole claro que la idea es recuperar el tema más adelante.
13. Si la situación se vuelve agresiva, puedo marcar un límite

claro y explicarle que hasta que no se calme no voy a seguir hablando.

Frases que puedes repetirte a modo de mantra para no perder la actitud de equipo

- «Lo que estoy escuchando es su punto de vista, no un ataque a mi persona. Lo importante es resolver el problema, no quién tiene la razón».
- «Mi objetivo principal es entender, no ganar».
- «Voy a concentrarme en escuchar lo que dice, no en cómo me siento al respecto».
- «Quiero mejorar la situación, no deteriorarla».
- «Nuestras diferencias pueden ser un recurso, no un obstáculo».
- «Su perspectiva es tan válida como la mía».
- «Puedo no estar de acuerdo sin que eso implique dejar de respetar a la otra persona».

Lo que te voy a proponer ahora es una estrategia de comunicación que podéis usar para que no se os olvide que no sois enemigos. La intención es seguir siendo un equipo incluso cuando discutís.

A este ejercicio lo llamo «las cajitas» porque consiste en imaginar que tenéis dos cajitas: una que reúne las cosas buenas de la relación y de la otra persona, y otra que reúne las críticas que quieres hacer.

Antes de hacer la crítica, rellenad la tabla con lo que consideráis que debe haber en cada una de las cajitas.

Es recomendable no rellenar las cajitas cuando estéis enfadados. Cuando el chihuahua se activa y el enfado nos inunda, no somos capaces de ver las cosas buenas de la relación y de la otra persona.

CAJITA DE LAS CRÍTICAS	CAJITA DE LAS COSAS BUENAS
Ejemplos:	*Ejemplos:*
Me gustaría que cambiaras _____	Me gusta mucho cuando piensas en mí para hacer planes los fines de semana
Cuando haces _____, yo me siento _____	Me gusta cuando me escuchas
No me gusta cuando tú _____	Me gusta cuando me validas
He estado observando que últimamente pasa mucho _____. Me gustaría que no se repitiera porque me hace sentir mal	Me encanta que seas una persona tan responsable
	Me halaga que siempre me veas con buenos ojos
	Me encanta que seas tan perseverante con tus objetivos

Una vez que tengáis las cajitas llenas, la idea es que, cuando vayáis a hablar, construyáis vuestro discurso teniendo en cuenta lo que habéis escrito en ambas cajitas.

Lo que solemos hacer cuando estamos enfadados es centrarnos solo en la cajita de críticas. Por eso las consecuencias suelen ser estas:

- Solo veis un montón de cosas malas de la relación.
- Generáis un malestar complicado de sostener, porque, de repente, no veis nada bueno a lo que aferraros.

- Tanta crítica y malestar os lleva a percibir la relación como algo amenazante y a entrar, por lo tanto, en un bucle de dolor y decepción.
- Activáis vuestros respectivos chihuahuas.
- La pelea está servida.

Si vais mezclando de aquí y de allá, tendréis anclajes constantes que os recuerden lo bueno de la relación y de la otra persona, lo que os ayudará a:

- Recordar que sois un equipo.
- Impedir que vuestros chihuahuas se activen.

EPÍLOGO

La resiliencia es la capacidad de adaptarse a las situaciones adversas, de surfear la ola aun cuando el mar está agitado, de no tirar la toalla cuando las cosas se ponen difíciles.

La resiliencia no es ser siempre fuerte, sino encontrar fuerza en la vulnerabilidad. Qué contradictorio, ¿verdad? Pero ¿hay algo que no lo parezca a estas alturas? Verás, esto no va de ser fuerte todo el tiempo o de no sentir dolor, esto va de ser consciente de lo que sientes, de darte permiso para sentir y de usar ese sentimiento como punto de partida para sanar. Va de aceptar las turbulencias del viaje de la vida, de mirar al horizonte e, incluso lleno de dudas e incertidumbres, saber que siempre vas a encontrar un motivo para seguir adelante y que podrás dar un paso más por muy complicado que se vuelva el camino.

Ser resiliente es tener las habilidades necesarias para enfrentar desafíos, aprender de ellos y salir más fuerte pese a las magulladuras y cicatrices.

De resiliencia, entonces, sabemos bastante quienes no hemos tenido más remedio que aprender a convivir con el miedo. Nosotros sabemos que no es una capacidad innata, sino que la hemos tenido que desarrollar a lo largo de nuestra vida. Hayamos tenido o no ejemplos que seguir, quienes tratamos de convivir con nuestros demonios internos sabemos que ser resiliente implica un cambio en la manera de pensar, de creer, de sentir y de hacer las cosas. Y cuesta, claro que cuesta, pero el miedo aprieta y nos empuja a usarlo como catalizador. Esto, para mí, tiene una lectura muy importante: **somos más fuertes de lo que creemos**. Seremos imperfectos y cometeremos errores, sí, pero hemos aprendido a levantarnos después de cada caída.

No, el miedo no va a desaparecer, sin embargo, ahora puedes verlo con distintos ojos. Ya sabes cómo funciona y se manifiesta; conoces sus trampas y entiendes de qué manera te afecta. Ahora, para cultivar seguridad, toca atreverte y, como si fueras un niño que empieza a caminar, comenzar a dar tus primeros pasos. La confianza no la hallarás al principio, pero la irás ganando con el tiempo y la experiencia.

En la película de *Batman Begins*, cuando Alfred pregunta a Bruce por qué ha elegido los murciélagos como símbolo, este le responde que es porque les tiene miedo. Y quiere que sus enemigos compartan su miedo. Aunque no hace falta que nos pongamos tan épicos, tú también puedes hacer como Batman y encontrar el poder en tu miedo. Entenderlo, darle forma. Convertirlo en tu aliado. Ahora dispones de herramientas para manejarlo, para aliviarlo, para que no te limite. Y el miedo te dará pistas para conocerte mejor y ganar en seguridad.

Es el momento de salir al mundo y hacer trabajo de campo. Adquirir seguridad no es solo un trabajo introspectivo, recuerda que la teoría es solo una parte, ahora el cerebro necesita experimentar y comprender que sí puede confiar, y para eso nada mejor que las propias vivencias. Pero seamos realistas, esto no va a ser dicho y hecho. Una de las mayores dificultades a la hora de exponerse a los miedos, reales o imaginarios, es que la exploración de lo nuevo siempre supone cierta activación, y eso implica encontrar el equilibrio en medio del caos.

Cada vez que vayas a salir de tu zona de confort, sentirás una punzada en tu pecho: es el miedo asomándose por enésima vez. Déjalo estar, esto no consiste en ganar o perder. Acepta su presencia. No hagas lo de siempre. Contémplalo con perspectiva. ¿Podrías acercarte a él desde el interés y la curiosidad?

Cuando el miedo aparezca, muéstrale quién eres hoy. Ahora cuentas con muchas más herramientas que antes: ahora puedes transformarlo y usarlo a tu favor.

El miedo no es tu enemigo y no te pide que retrocedas, sino que te transformes y alces el vuelo. Y, si de alzar el vuelo se trata, créeme, ya tienes todo lo que necesitas para empezar a volar.

Paciencia, lo estás haciendo bien.

Porque puede que el sendero sea oscuro, pero recuerda que el secreto está en iluminar el camino mientras bailas con las sombras.

Que tu miedo no sea tu debilidad.

Que tu miedo sea tu poder.

BIBLIOGRAFÍA

American Psychiatric Association (2014). *Manual diagnóstico y estadístico de los trastornos mentales* (5.ª ed.). Madrid: Editorial Médica Panamericana.

Anicama, J. (2014). *Tratamiento cognitivo-conductual de la ansiedad. Fobias*. Seminario Aprende de los mejores. Madrid: ISEP.

Bilbao, Á. (2017). *El cerebro de los niños explicado a los padres*. Madrid: Plataforma.

Bowlby, J. (1977). «The making and breaking of affectional bonds». *The British Journal of Psychiatry*, 130(3): pp. 201-210.

Bucay, Jorge. (1994). *Déjame que te cuente*. Barcelona: DeBolsillo.

Casal, E. (6 de marzo de 2016). «¿Se puede dejar la mente en blanco? Sí, pero no le va a gustar el modo». *El País*.

Cialdini, R. B. (2009). *Influence: The Psychology of Persuasion* (Edición revisada). Nueva York: HarperBusiness.

Esclapez, M. (2020). *Ama tu sexo*. Barcelona: Bruguera.

— (2022). *Me quiero, te quiero*. Barcelona: Bruguera.

— (2023). *Tú eres tu lugar seguro*. Barcelona: Bruguera.

Frankl, V. E. (2004). *El hombre en busca del sentido* (Obra original publicada en 1946). Púlsar.

Fundación BBVA (12 de septiembre de 2023). *La evolución de la pareja en España: del rito del matrimonio para toda la vida a la diversidad de relaciones basadas en el pacto privado y la aceptación de la ruptura y el re-emparejamiento.* Disponible en: <https://www.fbbva.es/noticias/la-evolucion-de-la-pareja-en-espana-del-rito-del-matrimonio-para-toda-la-vida-a-la-diversidad-de-relaciones-basadas-en-el-pacto-privado-y-la-aceptacion-de-la-ruptura-y-el-re-emparejamiento/>.

González, A. (2023). *¿Por dónde se sale?* Barcelona: Planeta.

— (2023). *Lo bueno de tener un mal día* (13.ª ed.). Barcelona: Planeta.

Hernández Pacheco, M. (2019). *Apego y psicopatología: la ansiedad y su origen. Conceptualización y tratamiento de las patologías relacionadas con la ansiedad desde una perspectiva integradora.* Bilbao: Desclée De Brouwer.

— (2021). *Apego, disociación y trauma: trabajo práctico con el modelo PARCUVE* (2.ª ed.). Bilbao: Desclée De Brouwer.

ISEP (7 de noviembre de 2019). *Crianza con apego seguro basada en el círculo de seguridad.* YouTube. Disponible en: <https://www.youtube.com/watch?v=yQmkFFJz0ag>.

Levine, A., y R. Heller. (2016). *Maneras de amar.* Barcelona: Urano.

Ortega y Gasset, J. (2014). *La rebelión de las masas* (Obra original publicada en 1930). Madrid: Alianza.

Powell, B., G. Cooper, K. Hoffman y R. Marvin (2014). *The Circle of Security Intervention: Enhancing Attachment in Early Parent-Child Relationships.* Nueva York: Guilford Press.

Psicología y Mente. (s. f.). *Sistema reticular activador ascendente.* Psicología y Mente. Disponible en: <https://psicologiaymente.com/neurociencias/sistema-reticular-activador-ascendente>.

Rojas, E. (2024). *Cómo superar la ansiedad* (4.ª ed.). Barcelona: Planeta.

Rojas, M. (2019). *Cómo hacer que te pasen cosas buenas* (11.ª ed.). Barcelona: Planeta.

— (2024). *Recupera tu mente, reconquista tu vida.* Barcelona: Planeta.

Rosenthal, R., y L. Jacobson (1968). *Pygmalion in the Classroom: Teacher Expectation and Pupils' Intellectual Development.* Nueva York: Holt, Rinehart & Winston.

Seligman, M. E. P., y S. F. Maier (1967). «Failure to Escape Traumatic Shock». *Journal of Experimental Psychology*, 74(1): pp. 1-9.

Simons, D. J., y C. F. Chabris (1999). «Gorillas in Our Midst: Sustained Inattentional Blindness for Dynamic Events». *Perception*, 28(9): pp. 1059-1074.

Wegner, D. M. (1994). «Ironic processes of mental control». *Psychological Review*, 101(1): pp. 34–52.

— (1997). «When the antidote is the poison: Ironic mental control processes». *Psychological Science*, 8(3): pp. 148-150.

Wegner, D. M., D. J. Schneider, S. R. Carter y T. L. White (1987). «Paradoxical effects of thought suppression». *Journal of Personality and Social Psychology*, 53(1): pp. 5-13.

No te pierdas los libros de la psicóloga que ha ayudado a más de 250.000 personas a vivir una vida plena.

Este libro se terminó de
imprimir en enero de 2025.